KU-389-063

Irish Minstrelsy

JAMES HARDIMAN

IRISH MINSTRELSY

or

Bardic Remains of Ireland
with English Poetical Translations

Volume II

Introduction by
Máire Mhac an tSaoi

IRISH UNIVERSITY PRESS
Shannon · Ireland

First edition London 1831

This IUP reprint is a photolithographic facsimile of the first edition and is unabridged even to the extent of retaining the original printer's imprint.

Irish University Press Shannon Ireland

SBN
Two volumes: 7165 0333 6
Volume II: 7165 0628 9

Irish University Press Shannon Ireland
DUBLIN CORK BELFAST LONDON NEW YORK
T M MacGlinchey Publisher

MANUFACTURED IN THE REPUBLIC OF IRELAND AT SHANNON
BY ROBERT HOGG PRINTER TO IRISH UNIVERSITY PRESS

IRISH MINSTRELSY;

OR

BARDIC REMAINS OF IRELAND.

IRISH MINSTRELSY,

OR

BARDIC REMAINS OF IRELAND;

WITH

ENGLISH POETICAL TRANSLATIONS.

COLLECTED AND EDITED,

WITH NOTES AND ILLUSTRATIONS,

BY JAMES HARDIMAN, M. R. I. A.

"Bíonn grádh agam ar dhantaigh is ar cheoltaigh."

" I will give thee a book—it containeth the Songs of the bards of Erin, of the bards of the days that are gone." John Philpot Curran.

VOL II.

LONDON:

JOSEPH ROBINS, BRIDE COURT, BRIDGE STREET.

1831.

CONTENTS OF VOL II.

PART III.—JACOBITE RELICS.

CONTENTS.

PART IV.—ODES, ELEGIES, ETC.

Those thus marked * are not translated.

CONTENTS.

CONTENTS.

PART III.

JACOBITE RELICS.

" Quæ quidem Cantilena ita scite facta, ita concinnis rhythmis modulisque suis est attemperata, ut plebis animos mire ad Principis, Libertatisque Patriæ amorem excitaverit."—" That song was so artfully contrived, and so well composed in its rhimes and notes, that it stirred up in the minds of the people a wonderful affection for the prince, and the liberty of their native country."

VERHEIDEN, *in elogiis, quoted by Bayle*, V. 20, *a*.

JACOBITE RELICS.

The publication of the popular songs of the modern Greeks,* is considered as one of the most remarkable events which have taken place in the literature of our days. The Border and Jacobite ballads of Scotland are long before the world, and have been received with deserved approbation, but the political songs of Ireland, *more patrio*, have hitherto remained unnoticed and unknown. That these effusions are not, however, inferior to those either of the Scots or Greeks, and particularly in strong expression of national feeling, will it is rather confidently anticipated, appear from the few specimens, now for the first time, laid before the public.

The political situation of the Irish with respect to England, has been frequently compared with that of the Greeks in their

* Chants populaires de la Greçe Moderne.—8*vo. Paris*, 1824.—See the New Monthly Magazine, *vol.* xi. *p.* 139.

relation to Turkey. Lord Byron emphatically called the Greeks, " A kind of Eastern Irish Papists," thereby intending to convey in the strongest possible manner to an European mind, the idea of Turkish despotism and Grecian slavery.* The bards of these devoted nations have nearly in the same manner embodied in their songs the feelings of the conquered

---

* The present prime minister of England, Mr. Canning, in a poem entitled *The Slavery of Greece*, feelingly describes the condition of that suffering country. May the highly gifted author now turn his attention to the oppressed " land of his fathers ; " and, as he possesses the power, talents, and disposition, so may he, by one decisive blow, extend civil liberty to Ireland. The bigot may oppose, but every bigot is a coward. Though he talk loud, he trembles and withers before the high resolve of fortitude and virtue. The following passage in Mr. Canning's poem, by mere change of scene, is but too applicable to the state of Ireland.—

" Thy sons (sad change !) in abject bondage sigh ;
Unpitied toil and unlamented die.
Groan at the labours of the galling oar,
Or the dark caverns of the mine explore.
The glitt'ring tyranny of Othman's sons,
The pomp of horror which surrounds their thrones,
Has awed their servile spirits into fear,
Spurned by the foot they tremble and revere.
The day of labour, night's sad, sleepless hour,
Th' inflictive scourge of arbitrary power,
The bloody terror of the pointed steel,
The murderous stake, the agonizing wheel,
And (dreadful choice) the bowstring, or the bowl,
Damps their faint vigour, and unmans the soul.
Disastrous fate ! still tears will fill the eye,
Still recollection prompt the mournful sigh ;
When to the mind recurs thy former fame,
And all the horrors of thy present shame."

and oppressed people of both countries; but the cry of suffering humanity is the same in every age and clime. Whoever shall take the trouble of comparing the histories of Greece and of Ireland, and of observing the systematic conduct of their respective rulers, will find, the difference of condition between the "Eastern Irish Papists," and the Western Greek Helots, not so great as may at first view appear. The former were oppressed by Turks, the latter by Christians, and to the shame of these English Christians be it recorded, that in the exercise of their tyrannic sway in Ireland, they have excelled the most furious followers of Mahomet in Greece. Circumstances may arise, when the infliction of death becomes an act of mercy, and the preservation of life a refined cruelty, by reserving the victim for more exquisite torture. Adrian, the Pope, "let slip the dogs of war." *Debilitentur—Deleantur*, weaken—exterminate, became, for centuries, the war cry in Ireland. From Henry the Second, to Henry the Eighth, the land was deluged with the blood of the natives. Elizabeth depopulated Munster. James the First depopulated Ulster. Cromwell cut off thousands of the Irish, and treated the survivors with more than Turkish cruelty. William closed the sanguinary scene, and the genius of England, satiated with blood, amused itself under Anne, and her successors, to George the Third, in erecting the most hideous monument of legal persecution ever exhibited to the view of an astonished world. During these horrible scenes, a priest, a bard, and a wolf, were alike objects of state vengeance in Ireland. The same reward was proclaimed for the head of each. The bards have been exterminated; but the priests, sustained by a higher power, survive, for what end yet remains to be developed.

The persecuted bards of Ireland, like their brethren of ancient Wales, had long, and assiduously laboured in the service of their country. They sung of its ancient glories, they mourned over its woes, and lamented its downfall. They incessantly exerted themselves to rouse their fellow countrymen to resist the invader, and stimulated them to almost incredible deeds of heroism and romantic valour.* Hence they became particularly obnoxious to the English, by whom they were invariably proscribed and persecuted. This extraordinary succession of men, has, notwithstanding, left behind imperishable memorials

* The following eloquent passage, from Remarks on the Speeches of our famous countryman, Grattan, in a modern periodical, presents a true picture of Irish warfare, for centuries after the invasion :—

" What Ireland might have been with her great original qualities of war and peace, cultivated and guided to her true interests, is now beyond conjecture. In the recent struggles of the empire, she has not fallen behind any of its kingdoms in the vigour of her genius, or the valour of her soldiers. It cannot be doubted, that, in her historic darkness, many a bold hand and mighty intellect arose and perished. Men fought from the rage of appetite, from the madness of faction, from the impulse of gallant blood; without direction and without reward. History recoils from this furious gladiatorship, and leaves the heroic slaves without a name. Yet, in a nobler cause, and in a later time, those men might have stood among the glorious of the earth. If, in the spirit of the Homeric prayer, the light had been let in upon the conflict round that trampled and defaced corpse, their native sovereignty, the world would have seen, grappling hand to hand, many a form worthy of kings and chieftains, many a noble courage and superb mind, stamped by nature to have led armies to battle, and guided the councils of empires."—*New Edinburgh Review, vol.* iii. *p.* 554.

of patriotism and genius. Many of these remnants have escaped the destroying hand of time, and the yet more destructive rage of the relentless persecutor. Some will be found in these volumes, but several are still scattered through the country, which it is hoped may yet be wrested from oblivion.

The few contained in this work, relate chiefly to the times of the second James, and his descendants. Although the Irish fought for that monarch, it was more from a principle of allegiance, with, perhaps, a vain hope of regaining their freedom and confiscated estates, than from any particular attachment to him, or his ungrateful race. With characteristic bravery, they resolved to conquer or perish in his cause; but, the pusillanimous king betrayed them on the very verge of victory by his dastardly conduct. This sunk deep in their hearts. For his descendants there was but little sympathy in Ireland. The attempts of 1715 and 1745 in Scotland, excited no correspondent sensation or movement here; neither "tongue, pen, or sword," was moved in their favour.

For a long period, however, after the revolution, the last of the race of our bards, indignant at the national oppressions, and disregarding the terrors of death or exile, which inevitably followed detection, poured forth their feelings of political hope, enmity, revenge, or despair, in strains, which roused and strengthened those passions in the breasts of their desponding countrymen. These "heart home lays" of their venerated bards, the people treasured up in their memories;

and, as it was treason to sing them openly, they were chaunted at private meetings, or by the cottage fire-sides throughout the land, with feelings little short of religious enthusiasm. By these means, the embers of discontent were fanned and kept alive, until they burst forth in those terrible conflagrations which afterwards entailed so much misery on the country. The effect the government could punish, but it could not prevent the cause. Perhaps, if a remedy were sought, the best would have been to give publicity to those proscribed stanzas. The spell of secrecy would thus be broken, and the charm from which they derived their principal influence dissolved. Time, however, has rendered them harmless. They are now remembered, merely for some favorite expression or poetic beauty; and sung, more for the sake of the charming airs with which they are associated, than for any political sentiments which they may contain. The claims of the ill-fated Stuarts are forgotten. These once national hymns can, therefore, at the present day, be considered only as curious literary fragments; and, as such, they are now laid before the public.

Although the present part of this work is entitled "Jacobite Relics," yet some poems of an earlier date have been admitted. The "Lament of the Gael," in the time of Elizabeth; "John O'Dwyer of the Glen," in the days of Cromwell; and perhaps, one or two others. The greater number, however, were composed at, and since the period of the Revolution of 1688. Of the authors but little is known. In a country groaning under the inflictions of penal laws, and the influence of a system of universal espionage, the utmost caution was necessary to avoid detection. Many of these pieces were, therefore, composed under circumstances of impenetrable secrecy. The few particulars, however, that could be gleaned, will be found in the notes.

Eire agus Righ Seumas.

Eire.—Cia sin amuich?—(Séamas) Tá Séumas faoi
 shioc,
 Gan éadach na cuid na h-óidhche.
Eire.—Mo léun-ghoirt-si sin! a chéad-sheairc gan sibh,
 A réim-cheirt ag scrios do náimhde;—
Acht daoradh na Scoit[2] 's mar traochadh a d-truip,
 A's gur céusadh an fuireann dílis,
D'fúig mé 'nois gan suilt, gan chléirich, gan chloig,
 Na caomh-chruit ag seinneadh laoithe.

Seam.—A chéile gan bhinib, budh éigean damh rith
 Go h-éasga ó iomad bíodhbhadh;—
Mar do chlaonadar cuid, 's do thréigeadar mé,
 'S am aénar gan fuireann bhídheas-sa.—
Gidh Phénics tu bh-fuirm, glégheal mar lil,
 'S do bhéul-sa mar mhil na bh-fír m-bheach
Ní'l éifeacht ann sin, 's a'tréud-so tá stigh
 Níos tréine 'ná sinne a ccóimheasgar.

IRELAND AND KING JAMES.[1]

BY HENRY GRATTAN CURRAN, ESQ.

Ireland.—What stranger turns for refuge to my hall,
Whose gate still opens wide to misery's call?—

James.—Thy James alas! in want and woe I come
To seek the shelter of thy friendly home.

Ireland.—Woe! that the sanction of thy sacred name,
Should come to deepen destitution's claim;
When foes discomfited should trembling flee
Before thy reeking blade!—but woe is me!
Gazing upon his baffled brand, the Gael
Curses the hordes that warp the eternal scale;
And rend with ruffian hand the trembling string,
That waked the heart to rapture's fervid spring;
Or at the shrine its deep devotion poured,
When Christ looked down where Christian priests adored.

Eire.—A thréun-dáir 's a chumann, ná tréig-si do mheis-
neach,
Gídh shéunadar cuid de'd bhuídheann thú,
Beidh an t-é rinne an chruinne, taobh leat a'd choimirc
O bhaeghal a's ó bhroid do náimhde ;—
Beidh faébhar agus fuil, beidh éirleach a's teimidh,
Air chraosmhuir ag teacht a'd chóimhdeacht
Ag Clément 's ag Philib a's Nápler gan time
A'd chaomhnadh 's a'd choimirc choídhche.

Seam.—Géilim gur tú, mo chéile a's mo chuid,
'S a'd éugmais go bh-fuilim claóidhte
'S gach tréun-churadh a ngoil, do traochadh air muir,
'S do céusadh le comann dílear,
Chum mé agus tú, ar g-cléir a's ar g-cloig,
'S gach laoch mear de chineadh Mhíleadh,
Bheith 'na n-aol-bhroig gan time, ag pléireacht 's ag
seinneadh,
Caol-chruit le milis laóithe.

Eire.—Ní'l baéghal ort anois, tá aon-mhac na cruinne
'S ar naomh-bhroingeal mhilis taoibh leat ;

James.—Spouse of my soul! I was constrained to flee—
The minions I dared trust abandoned me;—
Out on the false ones! thousand foes pressed on—
Betrayed—deserted—could I stand alone?—
Thy Phœnix form! thy cheek's fresh lily hue!
Thy fragrant lips distilling honied dew!
Dear victim! what are these, when churls prevail,
And thy sons curse the brand that thus could fail?

Ireland.—Bend not, my stately oak! nor let dismay
Blench thy bold brow! the craven may betray—
Desert thee—foes assail thee—but in vain!
God is with thee to shelter and sustain.
Gleams the bright blade! the ocean from afar
Wafts to thy aid all circumstance of war—
With Clement's—Philip's banner streaming high,
Naples shall shade thee, and thy foes defy.

James.—My spouse! my portion! in thy changeless faith
Is all my pride—my hope of glory's wreath—
Count o'er the valiant hearts—the true—the brave,
Whose truth, by sea or land, has earned a grave.

Réidhfid gach broid, a's géibheann ionn a bh-fuil,
　A's gléusfaid air muir na mílte ;
Beidh saér-chlanna Scoit,—Gaoidhil bhocht air mneal
　Go faehbhrach, fuilteach, fíochmhar,
Go séidfid tar sruth, na bréan-toirc le broid,
　Gan éadach ná cuid na h-oídhche.

In loyal strife, to bid our holy fane
Pour to approving heaven its welcome strain—
And lofty spirits of Milesian line,[3]
Freely in their white, happy homes entwine—
Proud and unfettered, from all controul,
Save the bright spell that binds them soul to soul—

Ireland.—But rest thee now! a firmer hope remains!—
A hand divine prepares to rend thy chains!
The Mother of the Man-God shall invoke,
The Eternal deal the liberating stroke.
The Scot—the Gael—the rallying thousands come;
The reeking sword half chokes the ravening tomb;
And o'er the deep the festering boars[4] shall flee,
Racked with "the want, the woe," they wrought for thee.

TUIREADH AIR BHAS MHNA AN DARA RIGHE SEUMAIS.

O'Neachtain[2] ró chan.

Fáth éugnach mo dheór, d'fáig Gaodhlaibh fá cheóidh,
Bean riartha na n-iarrthach, scáth dhiadha, cheart,
chóir,
Flaith fialmhar na seód, creach fhiannach na n-óg,
Gan bhíodhgadh fá líogadh, m'fháth caoínte go deóigh!

Air lí ghlan an óir, tá a dlaoídh tais, cas cóir,
A braoídhthe go díreach, air aon dath 'sa rós,
Bhídh caor ann a beól, gan chlaonadh ann a clódh,
Acht míne agus caoíne, gan staonadh do stródh.

A séimh-chorp ba tais, mar ghéis air a' n-eas,
Ba ghléigiol a géuga, a méur a's a bas,
Gan bhéim air a snas, a h-éadan ná'r chas,
Gur sháruigh a sála, 's a trácht do ba deas.

LAMENT FOR THE QUEEN OF KING JAMES II.[1]

BY HENRY GRATTAN CURRAN.

Dark source of my anguish ! deep wound of a land,
Whose young and defenceless the loss will deplore ;
The munificent spirit, the liberal hand,
Still stretched, the full bounty it prompted to pour.

The stone is laid o'er thee ! the fair glossy braid,
The high brow, the light cheek with its roseate glow;
The bright form, and the berry that dwelt, and could fade,
On these lips, thou sage giver, all, all are laid low.

Like a swan on the billows she moved in her grace,
Snow white were her limbs, and with beauty replete;
And time on that pure brow had left no more trace,
Than if he had sped with her own fairy feet.

So an Mháire ba mhó, d'á d-táinigh go fóil,
Acht Máire a's Máire, agus Máire nó dhó;—
So an Mháire gan ghó, rinne bás do na beódhaibh,
An Rígh-bhean mar d'íoc-súd, a chíos leis an g-cró.

Fraéch Shéumais ba mhó 'ná Caésar na slógh,
An Rígh-fhlaith ba naomhtha, ís budh dílse do'n Róimh.—
'Measg naomh agus ógh, tá'n dís so budh gnódh,
Sliocht Mhíleadh go h-ísioll, fá dhaóirse 'n a n-deóigh.

Bíodh fuath agus ár, gan fuascailt 'n a n-dáil,
Ag dian-sgrios na n-daóine, d'ár mhíongas a m-bás
A d-tuairisg 's a g-cáil, tá, luaidhte ann gach árd,
A g-caóineas, a g-críonacht, 's a n-daondhacht do dháimh.

Ní'l talamh, ní'l tír, d'ár'thairsdiol an ghrian,
Nach líonta gan fuígheallach, d'á d-teasdas araon;
Mo mhallacht do shíor, agus mallacht na naomh,
Do'n díne do dhíbir, á' bh-flaitheas an dís!

Whatever of purity, glory, hath ever
  Been linked with the name, lovely Mary was thine;
Woe! woe, that the tomb, ruthless tyrant, should sever,
  The ties which our spirits half broken resign.

Than Cæsar of hosts[3]—the true darling of Rome,
  Far prouder was James—where pure spirits are met;
The virgin, the saint—though heaven's radiance illume
  Their brows—Erin's wrongs can o'ershadow them yet.

And rank be the poison—the plagues that distil,
  Through the heart of the spoiler that laid them in dust;
The rapt bard with their glory the nations shall fill,
  With the fame of his patrons, the generous, the just.

Wherever the beam of the morning is shed,
  With its light the full fame of our loved ones hath shone;
The deep curse of our sorrow shall burst on his head
  That hath hurled them—the pride of our hearts! from
      their throne—

Fá theimhioll, fá cheóidh, tá an spéir ann san ló,
Mná-sighe atá caoineadh, gan sgíth air a m-brón,
Tá an t-aosda tá an t-óg, fá chlaoídhteacht a ngleóidh,
O d'íoc-sud an Rígh-bhean, a chíos leis an g-cródh!

'Slag géimneach na m-bó, air léana ní'l feór,
Na h-éin air na géugaibh, tá n-éugmais a g-ceóil,
Ní'l éisg air an ló, ní'l léim ag an eó,
O d'íoc-súd an Rígh-bhean, a chíos leis an g-cródh!

Táid gaodhlaibh gan treóir, do'n taobh-so de'n ghó,
Ann Síor-bhroid, a n-daoírsi, mo chnaoídhteacht, mo scleóidh!
Tá traochadh air mo shógh, ta sgíos air mo sceódh,
Ann sna ciantaibh mar a chídhthear, air díbirt an fó!

Is tearc ádhbhar is mó, 'ná ádhbhar na n-gleóidh,
Sgéul cráidhte do tharlaigh, 's an áit-so go nuadh
Tá gártha ann gach ó, tá a g-cairdeas do'n Róimh,
Na Spáinne mar fágbhadh, léir-bháidhte, mo dhóith!

The mid-day is dark with unnatural gloom—
  And a spectral lament wildly shrieked in the air,
Tells all hearts that our princess lies cold in the tomb—
  Bids the old and the young bend in agony there!

Faint the lowing of kine o'er the seared yellow lawn!
  And tuneless the warbler that droops on the spray!
The bright tenants that flashed through the current are gone!
  For the princess we honoured is laid in the clay.—

Darkly brooding alone o'er his bondage and shame,
  By the shore, in mute agony, wander the Gael—
And sad is my spirit—and clouded my dream,
  For my king—for the star my devotion would hail—

What woe, beyond this, hath dark fortune to wreak?
  What wrath o'er the land yet remains to be hurled?
They turn them to Rome! but despairing they shriek,
  For Spain's flag, in defeat, and defection is furled—

Ní'l tádhbhacht ann mo bhlór, 's ní fháigfead mo dhóich,
Na grása táid láidir, a's an t-árd-athair beóidh,
Léir-bháidhte ann sa n-gó, neart Pharaóh na m-bró,
'S rug Maóise gan dích leis, 's a dhaoíne gan clódhadh !

A ríogh-fhlaith cheirt, chóir, rug Maóise as a' d-tóir,
Na Gaodhail a tá taoíbh leat, trách dídeann a's fóir,
Scuir díomas as spleóid, luchd chraóisach na m-bód,
Do dhíbir go mí-cheart, ár n-daoíne 's ár nóich !

———

Though our sorrows avail not—our hope is not lost—
For the Father is mighty!—the Highest remains!—
The loosed waters rushed down upon Pharoah's wide host—
But the billows crouch back from the foot He sustains—

Just power! that for Moses the wave didst divide,
Look down on the land where thy followers pine;
Look down upon Erin! and crush the dark pride
Of the scourge of thy people—the foes of thy shrine.

———

Cliodhna na Carraige.

Uilliam Dall[2] ró chan.

Air ghuth Stáca an Mhargaidh.

Sealad a réir a g-céin chois leasa dhamh,
Ag déanadh leanna-dubh faén air easbaidh neirt,
O ró! faoi sgamallaibh bróin!
Do dhearcas le'm thaobh cé caéch gan amharc me,
Sbéir-bhean mhearsardha, bhéul-tais, bhanamhuil,
O ró! budh thaithneamhach snódh!
Budh dhaithte, tiugh, Dréimreach, néamhrach, camar-
sach,
Bachalach, sláédach, péurlach, cathaiseach,
Craébhach, casta, dubh, gan chéim a carnn-fhoilt
Léi 'n a m-beartaibh ag téacht air baille-chrith
O ró! go talamh 'n a deóigh!

CLIONA OF THE ROCK.[1]

BY HENRY GRATTAN CURRAN.

The night clouds gathered o'er me; anguish preyed
Upon my sinking spirit—forth I strayed,
'Till by a lonely fort I came—and there
Stood darkly brooding o'er my soul's despair;
When lo! revealed before my dazzled eyes,
Girt with the gushing radiance of the skies,
A nymph appeared;—exuberant and bright,
In sable lustre, o'er her brow of light
Fell the dark tresses, whose descending flow
Mantled the maiden's steps with tremulous glow.
She touched the harp—and, oh! the answering sound
That floated from the throbbing chord around!
Oh never yet could earthly feeling win
From harp such voice to pour its fervor in,
As trembled to that touch:—the song had ceased,
And scarce the etherial beam those fingers graced,

Do b'inniollta, sáébh-ghlan, réidh ó pháiliris,
Sáér ó fhád-thuirse air theúd do spreagadh Poirt,
O ró! re gliocas a meór!
Do sgríobhfadh le cáél-pheann néata air mheamram
Laóithe blasda agus dréuchda seanchais,
O ró! go soilbhir, sóghach!
A binne-ghuth cáémh, 's a béul gan dearmad,
A n-dlighthibh na n-éigs 's í léughadh na startha suilt
Gáédhailge ag aithris sgéul na bh-feara-chon
Air thígheacht na n-dragan fáoi réim go Banba,
O ró! a m-bartaibh na slógh!

Bhídh lasadh na g-cáér 'n a gnéidh mar eala air sruith,
Sgáéthe an t-sneachta go treún a n-deargan,
O ró! 'n a leacain gan cheódh
'S a mala budh cháél air a h-eadain leanbach,
Léir-ghlan, gheanamhuil, mháérdha, mhaiseamhuil,
O ró! budh chalma clódh!
Budh chealgach, fáébhrach, gáéthe a ramhar-rosg,
Ag caitheamh na sáéigheadh tre'm tháébh a' n-eachrann,
Le na h-áél-chrobh leabhair is néata tharraingfeadh,
Fáél-choin, marcaich, a's láech-mear fairge
O ró! air leathan-bhrat sróil!

While o'er the snowy page she poured along
The silent burthen of that wondrous song.
It was a glorious record—in those lays
Burned the bright memory of other days;
Meanwhile, with glowing lip, and voice that rolled
Symphonious to their theme, the maiden told,
In language of the Gael, the sage's lore—
The virtue—the emprise—in days of yore
That Banba nurtured [3]—and across the brine
She traced the prows of the Milesian line.
The berry's glow, the swan's unsullied plume,
Her cheek of softness blended to illume—
Her forehead—oh! t'was smooth as infancy
Exhibits, ere the soul forget the sky,
Its bright eternal home; ere mortal care
Hath left its shadow or its impress there.—
And, o'er its soft expanse, so brightly meek,
Her sable brow was arched with slenderest streak.
Her eyes with light, with lambent glory fraught,
Flashed deep into my soul—the maiden wrought
On satin garments, next, the mingling chase;
Wolves—hunters—hounds, were there in headlong race;
There too, the broidery portrayed the brave
Who gathered laurels o'er the bounding wave.
With faltering tongue, I said, celestial fair!
Vouchsafe a gracious answer to my prayer.

Aithris damh féin, le d'aén-toil aitchim ort,
Cread é an fearann fá'n n-gréin ar ghabhais chúcainn,
O ró! no ar casadh tú am chóir?
No an tu-sa an bhean shéimh an Traédh le'r treasgradh
Faén na feara-choin éuchtmhar', acmhaingeach',
O ro! do cailleadh 's an n-gleóidh?
Nó an bhroingeal d'á n-glaédhthar Deirdre mhaiseamhuil,
Le'r cailleadh a g-céin na tréun-fhir chalma?
Nó Céirnit mheasardha tré n-ar cearadh
Le céill air gheala-shruith, iar d-téacht ó Albain,
O ró! chuir muillte air seól?

Budh bhanamhuil, míonla, caoín, tais, carthannach,
A laóithe cneasda, gan mháill ag freagairt damh,
O ró! le labharthaibh a beóil:
Is dearbh ar sí nach díobh súd d'fhiossais,
Fíor gídh mheasaim gur brígh do sheanchas,
O ró! air ghairge na d-treón:
Acht is me-si Clíodhna ó thaóibh na carraige,
Do casadh ad líon ag ínnsin startha dhuit;—
Líontar beatha- uisge, díogaidh barraille,
An phíob le meanmain bíodh ad ghlacaibh-si,
O ró! d'á spreagadh gan cheóidh!

From some high region—thy resplendent home,
To mortal converse, since thou deign'st to come;
Say, art thou she, for whom the compassed towers
Of Ilium toppled o'er her failing powers?
Or Deirdre, lovely nymph, for whom the glave
Was purpled in the bosoms of the brave?
Or Ceirnit, sage inventress, she who taught
Our land the lesson she from Alba brought;
And bade the crystal current of the stream
Heave into life the mill's mechanic frame? [4]
In accents calm and sweet as ever filled
Man's ear and heart, from honied lips distilled,
The maiden answered,—doubtless true the fame
Which you recount to grace each storied name;
But mine is Cliona—the beetling side
Of the tall rock my home; [5] to pour the tide
Of coming things before you I am here—
Bright be the revel, let no envious tear
Dash the deep current of the mantling bowl,
In tones of rapture pour the joyous soul:
Exulting fiercely, Martin's followers [6] rave,
Your Charles, they say, lies mould'ring in the grave;
But heed them not, for in the forts of hills
A prouder theme the pealing anthem fills;
When bards with loftiest strains indignant vie,
Proclaiming that false broods mendacity.

As gídh mustarach, árd sliochd Mhártain mhalluighthe,
'G a rádh le sealad gur fágbhadh Carolus
O ró! faoí leacaibh ag dreóghadh!
'S é chluinim ag dáimh a's ag fáighibh air leasaibh cnoic
An trath do gairmthear spás chum sealad suilt
O ró! gur chanadar gó:
Is cumasach, cáigeamhuil air raib d'fuil Chaisil cheirt,
Ag druideadh gach lá le clár geal Banban
Is fearr mar mheasaim 'na Staca an Mhargaidh,
Is tláith bheidh Galla-phoic Sheághain chealgaich,
O ró! d'a leagadh 's an n-gleóidh!

Biadh aithfrionn árd de ghnáith ag eaglais
Cháidh, an t-seanchais, ghrádhmhair, gheanmnaich
O ró! do leanbh na h-óg!
A's startha gan cháimh 'na dheáigh sin agaibh-si,
Air chlár an tabhairne, ag trághadh gach barraille,
O ró! le fairsinge ceóil!
Seinnidh go sámh, gan sgáth roimh Ghalla-phoic,
Ag seinneadh gach dáin, gídh tláith le sealad sibh,
Tá bhur b-Patent le fághail gan dearmad,
Is fearr le tairgidh gan sgáth gan eagla,
O ró! sin deireadh le'm sgeól!

———

Truth beams upon the crest of Cashell's son;
Hosts gird him round; our own, our righteous one;
Banba's warm heart with him no despot shares,
The slumbering blade, lo ! tardy justice bares;
Down with the spoiler! till no English tread
May pause in anguish o'er the countless dead.
From every shrine redeemed, in choral swell
God's chosen priests his mighty works shall tell;
Our pastors, meek, and continent, and true—
And they shall register the deeds you do
To be a beacon light to other days—
Then crown the goblet—and exulting raise
The festive measure—let no abject sense
Depress your spirits; heaven is your defence;
Even now the impress of the eternal seal
Is on your freedom's fiat—fare thee well.

DUAIN NA SAOIRSE.

Aindrias Mac Craith [1] ró chan.

Air ghuth "Eire mo mhúirnín slán leat go bráth."

Is fada mé a g-cúmhaidh gan tnúth le téurma,
  Go dúbh-chróidheach, tréith-lag, tláith, gan treóir;
A'm bhascadh ag búir 's a'm bhrúghadh ag baothlaich,
  A lúib lom sléibhe faoi bhrácadh an bhróin;
Gan charaid a'm chabhair acht Donn 's a ghaolta,
  Do bheartuigh air d-túir damh túirling taebh leis,
Go n-aithriseadh dúinn gach rúin budh léir do,
  Le dúil gréinn, sgléipe a's gairdeas ceóil,

D' aithris air d-túir dúinn cúis na saor-fhlaith,
  Gan fiú suím gnéidh 'gus fáth a n-gleóidh
A's gur gairid beidh búir a n-dúthchas Fhéidhlim,
  A's crú chaóin Eibhir táir gan treóir.—

CANTICLE OF DELIVERANCE.

BY HENRY GRATTAN CURRAN.

Too long have the churls[2] in dark bondage oppressed me,
  Too long have I cursed them in anguish and gloom;
Yet hope with no vision of comfort has blessed me—
  The cave is my shelter—the rude rock my home:
Save Donn and his kindred,[3] my sorrow had shaken
All friends from my side, when at evening, forsaken,
I sought the lone fort, proud to hear him awaken
  The hymn of deliverance breathing for me.

He told how the heroes were fall'n and degraded,
  And scorn dashed the tear their affliction would claim!
But Phelim and Heber,[4] whose children betrayed it,
  The land shall relume with the light of their fame!
The fleet is prepared, and proud Charles is commanding,
And wide o'er the wave the white sail is expanding,
The dark brood of Luther shall quail at their landing—
  The Gael, like a tempest, shall burst on the foe!—

Tá Carolus lonn 's a chabhlach gléusta
　Ag tarraing tar abhainn le cabhair d'ár saoradh,
'S ní mhaithfidh se bonn do chlann Lútéruis,
　'S beidh fogha Gaoídhil tréun gan tlás 's an tóir.

Feasda beidh greann le fonn ag éigsibh,
　A's tiúin bhínn gléusta ag dáimh an cheóil,
Beidh cantain a d-Teamhair fa shamhain ag saor-fhlaith,
　As togha slíghe ag cléir le fághail ó'm leóghan,
Beidh cealla agus úird gan chúinse ag Papists,
　Beidh easbairt dia-domhnaich a d-teampoill Eireann,
Beidh scaipeadh agus scannradh air chomplucht éigin,
　'S as súbhach, sítheach gaoidhil go bráth 'n a dheóigh.

Sin agad ó chúis gach rún ba mhéinn liom,
　A's meamhruigh féin do chách mo sceól,
Tigeadh gach crobhaire a g-cobhair le Searlas
　Cuímhnigh an conradh réub go claon ar námhaid
Sin agaibh an tan a's gabhaidh le chéile,
　Preabaidh le fonn a's pleanncaidh méith-phoic,
Leanaidh an fogha air dhroing ann éithich,
　'S ná h-iompóigheadh aén le sgáth, ó'n n-gleóidh.

The bards shall exult, and the harp string shall tremble,
  And love and devotion be poured in the strain;
Ere "Samhain"[5] our chiefs shall in Temor assemble—
  The "Lion" protect our own pastors again:
The Gael shall redeem every shrine's desecration;
In song shall exhale our warm hearts adoration;
Confusion shall light on the foes usurpation,
  And Erin shine out yet triumphant and free.

The secrets of destiny now are before you—
  Away! to each heart the proud tidings to tell,
Your Charles is at hand, let the green flag spread o'er you!
  The treaty they broke[6] your deep vengeance shall swell:
The hour is arrived, and in loyalty blending,
Surround him! sustain! shall the gorged goat[7] descending
Deter you, your own sacred monarch defending—
  Rush on like a tempest, and scatter the foe!

———

Suil Cabhrach Eireann.

Air maidin gacha luain, bídhim air mearbhall suain,
'S mé ag amharc uaim air na maol-chnoic,
Mar nach cluinim an uaill, ag tarraing chum cuain,
Na lámhach gunnáidhe-mór a m-binn Eadair;—
Muna d-tagad síbh go luath, beidh ar námhuid-ne go buan,
A ngradam ró mhór a' n-Eirinn,
'S beidh clanna fir go fuar, fliuch, ag obair faói dhualgas,
'S a Mhuire nach truaigh súd Gaodhail bhocht'.

Is fada sinn ag súil libh, 'n ár g-codla 's 'n ár n-dúsgadh,
Sibh-si theacht chúgainn go h-Eirinn,
An gharsaidh lúthmhar, do ghlanfadh an smúit dhínn,
A's an t-sean-chulaith chúmhaidh tá air Ghaedhil bhocht';—

THE EXPECTED OF IRELAND.

BY HENRY GRATTAN CURRAN.

I turn to the hills, with the dawn as I waken,
And sickens my soul o'er its promise deferred;
The wave with no hearts exultation is shaken,
No cannon's deep voice o'er Ben-Edar [1] is heard.
Oh speed to sustain us! oh leave not the crown
Of green Erin the brow of her tyrant to press!
On her names of renown,
Her invaders look down,
And the Gael's aching heart sinks with shame and distress.

The hope of your coming o'er Erin has brightened,
In wakefulness present—in vision displayed—
Until in your promise her shackles seem lightened,
And rent from her bosom the shroud that arrayed.

Dá bh-feicfeamaóis bhur g-congnadh, ag treascradh na g-cúl-phoc,
Agus Carolus a d-túis na scléipe;
Bhiadh allamhar trúpmhar, ag seinneadh gailltrómpa
Air shliabh na m-ban bh-fionn 's air chnoc gréine,

'S dá d-tagadh sibh-se chúgainne, ní theibfeadh ar g-cóngnadh,
Bhiadh fearra na dúithche ann a léine;
Bh-fuil o Dhaingean uí Chúis, go cilldaraich an chúrsá,
Bhiadh Conacht agus cóige Uladh ag éiliomh;—
Bhiadh tuilleadh fós nach dúbhras, ag tarraing tar triúch chughainn,
Go lannamhar, lúthmhar, éudtrom,
Buain allais as an g-cuanfhuirt, do lagaidh ar g-congnadh,
'S beidh Donchadh agus Una ag á chéile.

Dá n-gabhadh clanna Néill, a sciath a's a g-cloídheamh,
Agus prionnsa na n-Gaodhal Mac Cárthaich,
Bhiadh O'Suilliobháin bhéara, ag tarraing go tréun chúgainn,
Agus Mac-con-Mara ná'r thréig riamh a cháirde;—

Oh gleam but your swords on the goats to advance !
Bid our Charles in the front his position to take,
And at liberty's glance,
A wide host from their trance,
Over bright Sliev-na-mon and Knock-Greny will wake.[2]

Oh fly to our shores, and should weapons be wanted,
Our hands in the blood of the despot we'll dye ;
They'll come from Kildare, and from Dingle undaunted,
For Conaught with Ulster in Glory will vie :
Every spot of the land burning spirits will send,
And oh, when regenerate they leap from the chain,
What shield may defend
Those who taught them to bend,
When with Una her Donald's united again.[3]

The clan of O'Neill with the sword redly gleaming,[4]
Will come with Mac Carthy the prince of the Gael—
And O'Sullivan's banner from Bear-haven streaming—
Mac Mahon our strong one, that never could fail—
On Mac Morogh of Leinster the scourge shall be laid ;
Blarney's lord his disgrace with Mac Awliffe will share—
When her ranks are arrayed,
With the pole and the blade,
Then shall Sabia[5] rejoice and her tyrants despair.

Beidh O'Murchaidh Laíghean, d'á ghreadadh go bínn,
  Mac Amhálgha agus óighre na Bláirne,
Beidh an chleach ag Sadhbh, a's ann a bárr a bheidheas
    saíghiott,
  Beidh ar námhaid agus aghaidh a b-póill a n-áirde.

Fóillseóchaidh Gearróitt, agus déanfaidh se cullóid,
  Gídh gur fada é a b-Piollóir na druídheachta;—
Biadh ar scéul-ne corcóir, 'n Eirinn ag boicht fós,
  Agus crochfaidhear a bh-fuil beódh dhe'n t-síol úd;—
Gheabhaidh siad lom-ghleódh, 'n íochdar gan fonn spóirt,
  'N ionad gach sógh do bhídh aca,
Gan chóiste, gan chronóig, gan fhíon, gan mhairt-fheóil,
  Agus guídhídh le'm sceól gabhail thímchioll.

The magical pillar where Garret lies sleeping,[6]
Shall thrill to the war-cry—his spirit shall come ;
The day spring whose radiance illumines our weeping,
Will glare like a sun stroke on them to consume ;
In their darkness of soul they shall turn from the ray
That arises, their dream of despondence to break,
When the pageant display,
And the banquet decay,
Oh swift be the bolt Erin's vengeance to wreak !

———

UAILL-CHUMHAIDH NA N-GAEDHAL.

Brónach fuireann críche Chuinn!
Deaghladh an fhuinn mhín, ghlain, mhaéth :—
Mar táid tréunaibh le truaidh,
Athruíghe uainn dlíghe Dé.

Le plantásion triallaidh siad,
Guidhmuid Dia dhuinn go d-tí,
Mar thug le míorbhaile mór,
Iónas beódh as bhroínn an mhíl.

Naoídh 's a chlann ó'n n-dílinn n-dóimhinn,
O thóinn go tóinn bliadhain beódh ;—
O'n phlantásion saérfaidh sé,
A n-guídhe Dé a tá ar n-dóich.

LAMENT OF THE GAEL.[1]

BY HENRY GRATTAN CURRAN.

Woe to the land of Con,[2] for o'er the plains
The bounteous soil his sons in freedom trod;
With blind and fierce misrule, the spoiler reigns,
And mocks and mars the eternal laws of God.

Outcast in climes remote, his children weep,
Conjuring Him to be our safety's tower;
Who from the writhing monster of the deep
Redeemed the trembling prophet of his power—

Stretched forth his hand to Noah's faithful race;
And bade them o'er the waves securely ride,
That veiled a slumbering world—He can release
Our sinking land—in Him our hopes abide.

Clann h-Isráeil líon a sluaigh,
Gan ghráin gan ghuais do thug sé,
O'n muir robhartaich, ruaidh;
Béarfam-ne buadh de dheóin Dé.

Creideamh daingeann, dóchchus a's grádh,
Lean do ghnáith guídhe an ríghe,
Iób air fhóighid is sé fuair
Furtacht do ghluais ó fhlaitheas Dé.

Fuair Longínus 'g a mhó mairg,
Aghaidh do cháilg croídhe an Ríghe,
Le hiomad grás a's déur
Do fuair féin ar son a ghníomh.

Do gheabham go bríoghmhar, buan
O rígh na n-dúl do cheannaigh chlann,
Fearann saidhbhir, suathain, saér,
Gan chíos dhaor na síneadh sreang.

Fada sin rómpa 'n a rún,
Bagar bhuan d'ár g-cur ó ar bh-fód;
Mar liaighear Lásarus gan léun,
Scaóilfidh go réidh sinn ó bhrón.

His arm upheld the host of Israel safe,
When countless perils round their path were poured—
Weak in His grasp they saw the billows chafe—
The mightiest shall be His people's sword!

Faith, Hope, and Charity—confiding pray'r—
Breathed to the King of kings, in anguish deep,
The mercy won for Job's unmurmuring care,
That o'er the mourner's trust will never sleep.

Longinus too, with gathering ills opprest,
That solace earned, with tears and holy deeds,
Which heav'n exults to pour upon the breast
That loves, and bows confiding while it bleeds.

And He, the Holy One, whose gushing veins
Spilled their redeeming current for our weal—
He shall be with us—and shall rend our chains,
Our burthens lighten, and our freedom seal.

The extinction of our race—our country's shame,
The tyrant threatens—but the power that shed
Through Lazarus' cold lips the vital flame,
A shield of safety for the Gael shall spread.

TARNGAIREACHT DHOINN FHIRINNIGH.

Aogan O'Raghallaigh [2] ró chan.

An truagh libh na faélchoin an éithigh 's an fheill duibh,
Ag ruagairt na cléire a's d'á léir chur fá dhaóirsi?
Mo nuar-sa! go tréith-lag mac Shéarluis ba rígh
 aguinn,
Ann uaigh curtha a n-aonar 's a shaér-dhalta air
 dibirt!

Is truailligthe, claonmhar 's is tréaron do'n droing oile,
Cruadh-mhionna bréige fá shéula a's fá scríbhinn,
'G á m-bualadh re béulaibh ar g-cléire a's ar saóithi,
'S ná'r dhual do chlainn Shéamuis c'róinn shaor na d-trí
 ríoghachta.

THE PROPHECY OF DONN FIRINNEACH.[1]

BY HENRY GRATTAN CURRAN.

Does thy spirit despond that these wolves[3] perfidious,
forsworn,
Should banish God's priests, and laugh his religion to
scorn;
Feeble, exiled, is Charles, the son of the monarch we
loved,
Far, far from the hearts, that would bleed to sustain him,
removed.

Oh foul is the treason, that bids us our truth abjure,
Our faith to our own regal race—oh! dark and impure
The breast that devised, and the traitor lip that proclaims
Our throne and our truth to belong to any but James.

Stadfaidh an tóirneach le fóirneart na gréine,
A's scaipfidh an ceodh-so de phór-shleachtaibh Eibhir;
An t-Impire beidh deórach a's Flóndrus faoí dhaor-smacht,
'S an Brícléir go móbrach ann seómra rígh Sémuis.

Beidh Eire go súghach 's a dúnta go h-aédh'rach,
A's Gaédheilg 'g á scrúdadh 'n a múraibh ag éigsibh;—
Béurla na m-búir n-dubh go cúthail faoí néulltaibh,
A's Séamas 'n a chuirt ghil ag tabhairt cúngánta do Ghaodhlaibh.

Beidh an bíobla sin lúiteir 's a dhúibh-theagasg éithigh,
'S an bhuídhean so tá cionntach nach úmhluígheann do'n g-cléir chirt,
'G á n-díbirt tar triúchaibh go Neuu-land ó Eirinn;
An Laóiseach 's a Prionnsa beidh cúirt aca a's aénach!

The sun shall burst forth, and the clouds shall melt in his
sight,
And Heber's proud race shall awake in their native
might;
And the emperor shall weep, and Flanders writhe in the
chain,
And the "Brickler"[4] exult in king James's chambers
again.

Erin's soul shall be glad in the hall, at the festive board—
And in science and song her sweet language o'er earth
be poured;
And the tongue of the churl shall in darkness and shame
go down,
And James shall return, the full joy of our hearts to
crown.

And the fables of Luther, that darken the holy word,
And the false ones that knelt not where God's own priests
adored;
That hour's retribution shall scatter from Erin's shore,
And Louis shall see what hearts our own prince adore.

SEAGHAN BUIDHE.

M'fhadthuirse thraochda na feara-choin aosda,
  Air lannaibh budh léir a's air lámhach sáighiott,
Do ghlanfadh as Eirinn mar Dhainfhir na méirlich,
  'S ar m-bailte do shaoradh ó árd-chíos:
Dá mairfeadh na Féinne 's ar n-arm bheith séunmhar,
  Ar ngairm budh tréunmhar ag tracht síos,
'S as mairg do bhéurfadh leas-ainm air Shéurlas
  Go m-bainfeadh a réim cheart de Sheaghan buídhe.

Do cailleadh le tréimhse ar g-cealla lé chéile,
  O d'easgair na faol-choin a bh-Fáil-chríoch,—
Do leagadar laochra chum catha budh thréine,—
  Ní'l acht creachadh agus céusadh agus crádh croídhe:
Is árd atá an béurla 's gan tapaidh 's an n-Gaodhailge,
  Is balbh ar n-Eigsi ag gnáth-chaoídh,
Go d-tagadh lá éigín tar fairge Séurlas,
  Do bhainfeas a réim-cheart de Sheaghan bhuídhe.

SHANE BUI.[1]

BY HENRY GRATTAN CURRAN.

Oh where are the heroes—the lights of our story,
  Our land from the Dane that defended?
Could death yield them back, with their bright wreath
    of glory,
  One more living leaf might be blended;
Could our pray'rs the proud Finians recall from their
    slumber,
  Oh the pride of the world we'd again be!
Not a foe to our prince Erin's soil should encumber,
  And woe to the power of *Shane Bui*.

The shrines of our faith are destroyed and polluted,
  By treacherous wolves that assailed us;
The race of our mighty is fall'n and uprooted—
  Oh weep, for our high hope has failed us.

Mar theangmhaidh is méala, tar calaich gur bh'éigean
  Do'n b-fharaire thréightheach-so sáthadh a rís,
Le cealg 's le claonadh na h-aicme nach déarfad
  Thug banbha déurach mar tá sí :
Aitchim a's éighmhim air athair an aén-mheic,
  Gídh athair gach aen-neich an t-Ard-rígh,
Go g-casadh ar Séurlas 's an bhanbha go gléusda,
  Do bhainfeas a réim-cheart de Sheághan bhuídhe.

Rude jargon our sweet native language supplanting ;
  Mute, mute, shall the harp's thrilling strain be ;
Till Charles, with his flag on the ocean breeze flaunting,
  Shall humble the power of *Shane Bui.*

Oh sad is my heart, that for exile and danger,
  Our generous prince should have left us ;
But Banba's wild curse shall alight on the stranger,
  Whose perfidy thus hath bereft us :
Dread Avenger Supreme ! hear my soul's supplication !
  Swift, swift, let his course o'er the main be !
Our Charles shall bind up the deep wounds of the nation,
  And Erin exult over *Shane Bui.*

SILE N-UI 'GHADHRA.

'S é deir Dómhnall O'Mórdha, a's é air árd leasa-gréine,
  Gur fada tá an óig-bhean, gan pósadh le Séurlas,
O milleadh, ó leónadh, ó seóladh, tar tréun-mhuir,
  Na fearra-choin chródha, dhe chóir-sliochd Mhiléisius,
Lassamaóid tóirseadha, a dhóighfeas an saoghal!
  Agus bainfeamaóid tóirneach, as chrón-phoic le
    faobhar;
Glanfam Clár Fódhla, ó na Cóbaich go léir,
  Beidh slóighte air na bóithribh, go módhmharach,
    meadharach,
Ag triall chum do phósda-sa, a Shíle n-í Ghadhra.

SHEELA NA GUIRE.[1]

BY JOHN D'ALTON.

On the height of Lisgreny[2] cried Daniel O'More,[3]
  "Oh, Erin! dear maiden, how long shall it be,
Ere thy bridesman in triumph will come to thy shore?—
  But ruin has fallen on thy warriors—and thee!
Yet the torch, that must kindle a world in thy cause,
  May haply the zeal of our cannons inspire,
Against those who would trample thy freedom and laws,
  And flout at the wedding of *Sheela na Guire*.

Sin teachtaire tráthamhail, gan spás chum an Maioir,
Go scríobhfad go fáith-ghlic, chum árdaibh na h-Eireann;
Gach filidh, gach fáigh glic, gach sár-fhear d'á thréin-
eacht,
Bheith bailighthe an lá úd, air árd Leasa-gréine;—
Punch is fíon croidhearg, d'á thaoscadh mar sháighiott,
Drumadha d'á b-pléuscadh, d'á ngréasada chum ríege;
Séurlas ceannféadhna bh-fear Eireann gan mháill,
Mac Ui'bhriain Ara, go calma meadharach
Ag triall chum do phórda-sa, a Shíle n-í Ghadhra.

Ar luachann a grádh-geal, go h-áluinn le Síle,
Chualadh a gáire, air árd na d-trí ríoghachta;—
Chualadh 's an Spáinn í, le h-áthas d'á ínnsin,
Chualadh san iottáil í, 'gus air árd bhailte Laoísich,
Chualadh í n-Eirinn, le féile d'á mhuídheamh,
Go g-cuirfídhe na Gaodhail bhocht', 'na réim-cheart
arís,
Nach biadh Sí na scraédh bhocht, idir mhéirlich mar
bhídh,
Go d-traéchadh sí Galla, an aicme gan bhéusa,
'S go b-pósfadh sí a cara, le dlígh cheart na Cléire.

" These vallies shall ring with the triumph of hosts!
The signals shall flash—and the thousands obey!
Bards, Heroes, they hear me—they flow from their coasts—
Proud hill of Lisgreny! thou'lt triumph that day.
Echo will forward the beat of our drum,
What chiefs in the hearts of our mountains 'twill fire!
O'Brien of Ara,[4] exulting will come,
And Charles the bridesman bless—*Sheela na Guire.*

" When to Erin was whispered the name of her spouse,
The laugh of her heart[5] over Europe was heard;
In Spain 'twas received with a kindred carouse,
And in France and in Italy gladly declared.
The homes, that our fathers—our childhood endeared,
That our memories cling to with pining desire,
Shall be ours—ours again—and the brave will be heard,
The long exiled brave—cheering *Sheela na Guire.*

Cia b'é chídhfeadh an sár-fhear, breágh, áluinn, an Maior,
Air ghillín ag ceáffradh, go stáitmhear chum scléipe,
Le n-a chloídheamh leathan, láidir, 'n a lámh-dheas a's faobhar air,
Ag fuascailt na mná úd, 's dá ghrádhchann le Séurlas.
Cá bh-fuil tú a Sheurlais? ná dean-si aén mhaill!
Díbir tar tréun-mhuir, go h-éascaidh na Gáill,
Bain fuaim as gach bréan-phoc, a's séid suas an adharc;
Suas leis na ceóltaibh, go módhmharach meadhrach,
Ag triall chum do Phósda-sa, a Shile n-í Ghadhra!

Tá fásach 'n a slaodaibh, air shléibhtibh 'sair mhaoíling,
Agus bínn-ghuth na n-éunlaith, air ghéugaibh 's a, n-oídhche:
Le dian-theas na gréine, bídh' an chraobh glas 's an ngéimhreadh ann,
'S nach breágh deas tá Phoébus, ag séideadh chuid soíllse.
Preabaidh a n-aéinfheacht, an méud-si Shíol m-Briain!
Leanaidh a chéile, agus féuchaidh bhur d-triath!
Machtnaigh air ghéur-ghoin, bhur g-céusadh le cian!
Shíol na bh-fear g-calma, leanaigh bhur léid-fhear!
Ag feóil-choscairt bodaich, as Fódhla-chlár Eibhir!

"And will not our heart's pulse triumphantly dance,
When the Major, the gallant, the graceful, the brave,[6]
With his chivalrous comrades shall fearless advance
A tyrant to crush—and a country to save!—
Where art thou our Charles! ah, linger no more,
One flash of thy sword—and our foes shall retire;
A clang of thy trumpet once heard on our shore,—
And we'll start to thy wedding with *Sheela na Guire*.

"The spring flowers are budding—the blossoms look gay
But the winter of tyranny never departs;
The birds warble sweet from each feathery spray,
But 'tis night—starless night, o'er our hopes and our hearts.
All nature's awake!—and will not the fame
Of heroes, your fathers—O'Brien your sire,
Arouse you to glory—to vengeance—or shame?
Shall the base churls still mock your own *Sheela na Guire*?

A Shíle na g-comann ná fulaing mé b-pian,
Fóir air mo ghlasaibh 's air mo dhanaid má fhéudair,
Ná fóighdigh me am stracadh eadar gharraibh diabhal,
Mo shúil leis a g-comhnudhe, 's gan gnódh dhamh d'á iarradh.
Tá mo dhóich-sa le Peattar go scarrfar an bháb
Leis an léidhce-si, a dhealbh nach áit leis na mnáibh;
Má luadhadh leis mar chéile í ní'r réidhtigh sé a cás,
An Galla-phoc malluighthe stracfamaóid a adharca,
A's cuirfeam bodaich chum sodair as Shíle n-í Ghadhra.

Is mór an chúis éad' domh, gach lá 'n-uair a smuáinim
Air ghruagach neamh-bhéusach, neamh-aérach, neamh-aóibhinn,
Gan shubhailce, gan thréighthe, gan fhéile gan chaóineas,
Acht ag fuadach' mo chéile 'gus d'á h-éigean air choílltibh :
'S me an druídhe is óige 's is seine 's an d-tír,
'S mé phósfas an óig-bhean agus tiocfaidh sí linn,
'S í thógfas an smóit-si 's an tuirse dhe'm chroídhe,
An óigh mhilis, chiúin, tais mar a luaidhtear ag laóiseach,
Agus pósfad mo chailín le cathaóir gan aóimhreas.[7]

" Her vallies but echo the voice of her woe,
In the fears of her people I hear her upbraid,
How long shall I bleed to a merciless foe?
How long shall my heart's secret wish be delayed?
But Saint Peter will sanction the welcome divorce,
From him who would ne'er be our maiden's desire;
A monster whose bonds are the fetters of force,
Ne'er by heaven designed for our *Sheela na Guire.*

" My heart, how it pines when I think of the wretch,[8]
Without honour or principle, virtue, or truth;
Whose guilt could design, and whose power could reach
To assail our beloved in the hills of her youth.
I'm the oldest—the last of her sages confest,
And she, dearest maid, can alone still inspire
A joy and content o'er the gloom of my breast,
When Charles shall espouse her, my *Sheela na Guire!*

'S é Cathaoir do b'fearr liom a thrácht liom 's an nídh
úd,
Agus rígh geal na Spáinne a's a ghárda bheith a'm
thímchioll,
'S é bhuaidhfeas gan dualgas le h-uaislibh na tíre,
Agus sinne, lá dúbhach é! ag búiribh d'ár g-coímhears-
gar:
Troidigh-si an mhéirleach nach féidir do chlaoídheadh,
Go d-tiocfaidh an Frannceach 's a bhanntrachd thar
tóinn,
'Sé d'fágfas gan amhras iad go fann-lag gan bhrígh,
'N uair a thiocfaidh an dream úd go teann le n-a
chéile
Beidh aithfreann cantaireacht a d-teampaill na
h-Eireann.

"Speak only to me of the days when ere long,
  Proud Spain and his guards in transplendent array,
Shall environ our cause—when our chiefs shall be strong,
  And no tribute or fealty to tyranny pay.
When France and his hosts shall horse the broad main,
  And the Despot shall crumble—while nations in choir
Awake the glad heavens with liberty's strain,
  And light up the churches of *Sheela na Guire*."

Gráinne Mhaol.

Seaghan Clárach [2] ró chan.

A Shaoí ghlain de phríomh-sgoith na sár-fhear saor !
Is binn, snaoíghte laoíthe agus ráidhte séimh' ;
An aoíbhinn leat díbirt ar ná'id go léir,
'S an rígh ceart a luígheadh 'nois le Gráinne Mhaol ?

Beidhid soíllsi agus teínte geal cnáimh ag Gaodhail,
A's fíonta d'á n-díogadh air clár le sgléip,
Beidh aoibhneas a's íntinn air dháimh, a's cléir,
Ag suídhe leis an rígh ceart 's le Gráinne Mhaol.

Tá laoíseach go buídheanmhar tar sáile ag téacht,
Le díograis chum díoghaltais le gárda a's fao'ar,
Béidhid Saoíthe ar g-críche go bráth 'n a réim,
Ag díbirt a náimhde ó Ghráinne Mhaol.

GRANA WEAL.[1]

BY JOHN D'ALTON.

O thou that art sprung from the flow'r of the land,
Whose virtues endear and whose talents command;
When our foemen are banished, how then wilt thou feel,
That the king of the right shall espouse *Grana Weal*.

O'er the high hills of Erin what bonfires shall blaze,
What libations be pour'd forth!—what festival days!—
While minstrels and monks with one heart-pulse of zeal,
Sing and pray for the king and his own *Grana Weal!*

The monarch of millions is riding the sea,
His revenge cannot sleep, and his guards will not flee;[3]
No cloud shall the pride of our nobles conceal,
When the foes are dispersed that benight *Grana Weal*.

Chídhfeadh na mílte ó'n Spáinn go tréun,
Fíor-Scoit na tíre do crádhadh le pléid,
Fillfid gan mhaill chúgainn tar sáil' gan bhréig,
Ag cómhdeacht an Rígh cheirt a's Ghráinne Mhaoil.

Spreag d'intinn, bíodh meadhair ort go láidir, léir;
Glac cloídheamh chúgad a's éirghidh, a ghráidh mo chléibh!
Sgínnfid ó Highlands luchd bláth-bhóinéatt,
Agus sínfid an Rígh ceart le Gráinne Mhaol.

Tá an t-impire agus Laoiseach agus Pápa Dé,
Ag tígheacht chúghainn go buídheanmhar 's an Spáinneach séimh;
Beidhid sítheach feasda, muinteardha, páirteach réidh,
Leis an Stíobhart-so air slígh chúgainn 's le Gráinne Mhaol.

Beidh síor-ghul a's caóidh guirt a's gártha cléibh,
Ag fíor-bhodaich choídhche, 'gus ní cás liom é;
Sgríosfaid go h-ísiol, go tláith 's go faon,
Do'n Stíobhart do díbreadh 's do Ghráinne Mhaol.

The mighty in thousands are pouring from Spain,
The Scots—the true Scots[4] shall come back again;
To far distant exile no more shall they steal,
But waft the right king to his fond *Grana Weal.*

Raise your hearts and exult, my beloved! at my words,
Your eyes to your king, and your hands to your swords!—
The Highlands shall send forth the bonnetted Gael,
To grace the glad nuptials of *Grana Weal.*

And Louis, and Charles, and the heaven-guided Pope,
And the king of the Spaniards shall strengthen our hope;
One religion—one kindred—one soul shall they feel,
For our heart enthroned Exile and *Grana Weal.*

With weeping and wailing, and sorrow and shame—
And anguish of heart that no pity dare claim;
The craven English churls shall all powerless kneel
To the home-restor'd Stuart and *Grana Weal!*

Biadhmaóid-ne go fíontach a's go fáilteach, saor,
A's ar muintir go h-aóibhinn gan cháim, 'san t-saoghal;
Beidhid gaóidhil bhocht go h-íntinneach lán de sgléip,
'S an Sgaóinsi clamh díbiortha ó Ghráinne Mhaol.

A dhalta dhil, chalma, ghrádhmhair, shéimh,
Mo theasdas air mhasgalach bhláith, gan bhéim,
Dá sracadh le sealad ag námhuid go claon,
Fá sgamaill ag agallamh Ghráinne Mhaol.

Beidh ceartas, beidh aiteas, beidh dáin, beidh sgléip,
Ag flathaibh ag freasdal do'n n-árd-ríg thréun,
Beidhid Galla 'n a g-ceathaibh d'á leagadh le pilléir,
A's beidh sealbh ag Carolus air Ghráinne Mhaol.

Our halls will rejoice with friendship and cheer,
And our hearts be as free from reproach—as from fear;
The hungry adventurer shall pine for the meal,
He long lapped from the life stream of *Grana Weal.*[5]

Ah! know'st thou the maiden all beauteous and fair,
Whom her merciless foes have left plunder'd and bare?—
The force of my emblem too well canst thou feel,
For that suffering lorn one is our *Grana Weal!*

But the nobles shall bring back the true king again,
And justice long slighted will come in his train;
The bullets shall fly—and the cannons shall peal—
And our Charles victorious espouse *Grana Weal!*

UAILL-CHUMHAIDH SHEAGHAIN CHIARAIGH.

Bídhim-se buan air buaidhirt gach ló,
Ag caóidh go cruaidh 's ag tuar na n-deór,
Mar díbreadh uaim an buachaill beódh,
'S nach ríomhthar tuairisg uaidh, mo bhrón!
'S é mo laoch, mo ghile mear,
'S é mo Chaésar togha na bh-fear;
Ní bh-fuaras féin aén t-suan air séun
Ó d'imthigh a g-céin mo ghile mear.

Ní h-aóibhinn cuach budh shuairc air nóin,
Táid fír-chínn uaisle air uaigh an spóirt,
Táid saóithe suadh a m-buaidhirt 's a m-brón
Ó díbreadh uáinn an buachaill beódh.
'Sé mo laoch, &c.

CLARAGH'S LAMENT.[1]

BY JOHN D'ALTON.

The tears are ever in my wasted eye,
  My heart is crushed and my thoughts are sad;
For the son of chivalry was forced to fly,
  And no tidings come from the soldier lad.
Chorus—My heart—it danced when he was near,
    My hero! my Cæsar!—my Chevalier!
    But while he wanders o'er the sea,
    Joy can never be joy to me.

Silent and sad pines the lone cuckoo,
  Our chieftains hang o'er the grave of joy;
Their tears fall heavy as the summer's dew,
  For the Lord of their hearts—the banished boy.
    Chorus—My heart—it danced, &c.

Ní'l séis go suairc air chruadh-chruit ceóil,
Tá'n éigsí a ngruaim 's gan uaim na m-beól,
Táid béithe buan air buaidhirt gach ló
O díbhreadh uainn an buachaill beódh.
'S é ma laoch, &c.

Ní'r éirghidh Phoebus féin mar is cóir,
'S air a chaóin-chneas réidh tá dáel-bhrat bróin,
Tá saébh air spéir a's spéirling mhór,
Faoí chóillte a g-céin mar d'éaloigh an leóghan.
'S é mo laoch, &c.

An marcach uasal, uaibhreach, óg,
Croídhe gan ghruaim is suairce snódh
Crobhaire luaimneach, luath a ngleóidh
Ag treasgradh sluagh 's ag ruagadh treón.
'S é mo laoch, &c.

Ba ghlas a shúil mhear, mhúirneach, mhódh'ail,
Mar leagann drúchda air chiúmhais an róis;
Mars a's Ciúpid go dlúith a g-cómhar,
A b-pearsainn úir 's a n-gnúis mo stór.
'S é mo laoch, &c.

Mute are the minstrels that sang of him,
  The harp forgets its thrilling tone;
The brightest eyes of the land are dim,
  For the pride of their aching sight is gone!
    Chorus—My heart—it danced, &c.

The sun refused to lend his light,
  And clouds obscured the face of day;
The tiger's whelps prey'd day and night,[2]
  For the lion of the forest was far away.
    Chorus—My heart—it danced, &c.

The gallant—graceful—young Chevalier,
  Whose look is bonny as his heart is gay;
His sword in battle flashes death and fear,
  While he hews through falling foes his way.
    Chorus—My heart—it danced, &c.

O'er his blushing cheeks his blue eyes shine,
  Like dew drops glitt'ring on the rose's leaf;
Mars and Cupid all in him combine,
  The blooming lover and the godlike chief.
    Chorus—My heart—it danced, &c.

Is cas a chúl 's is cúrsach cóir,
Is dlaoídheach, dlúith, 's is búclach bórr,
Is péucach, fionn, air lonnraidh an óir,
O bhathas úr go cúm mo stór,
'S é mo laoch, &c.

Is cos'mhuil é le Aengus óg,
Le lúghaidh mheic Céin na m-béimeann mór,
Le curadhaibh árda mheic Dáire an óir,
Taoíseach Eireann tréun air tóir,
'S é mo laoch, &c.

Le Connall Cearnach do bhearnadh pórt,
Le Fearghus fíúdhantach, fionn mheic Róigh,
Le conchubhar cáidh mheic Náis na nós,
Taoíseach aoíbhinn chraoíbhe an cheóil,
'S é mo laoch, &c.

Ní'r labhair an chuach go suairc um nóin,
'S ní bínn guth gadhar a g-coílltibh cnódh,
Air maidin samhraidh a ngleanntaibh ceóidh,
O d'imthigh uainn an buachaill beódh.
'S é mo laoch, &c.

His curling locks in wavy grace,
Like beams on youthful Phœbus' brow;
Flit wild and golden o'er his speaking face,
And down his ivory shoulders flow.
Chorus—My heart—it danced, &c.

Like *Engus*[3] is he in his youthful days,
Or *Mac Cein* whose deeds all Erin knows;
Mac Dary's chiefs of deathless praise,
Who hung like fate on their routed foes.
Chorus—My heart—it danced, &c.

Like *Connall* the beseiger, pride of his race!
Or *Fergus* son of a glorious sire;
Or blameless *Connor* son of courteous *Nais*,
The chief of the Red Branch—Lord of the Lyre.
Chorus—My heart—it danced, &c.

The cuckoo's voice is not heard on the gale,
Nor the cry of the hounds in the nutty grove;
Nor the hunter's cheering through the dewy vale,
Since far—far away is the Youth of our love.
Chorus—My heart—it danced, &c.

Ní inneósad féin cia h-é mo stór,
Beidh ínnsin scéil tar éis go leór ;
Acht guídhim-si aén-mhac Dé na g-cómhacht
Go bh-fillidh mo laoch gan bhaégal beódh,
'S é mo laoch mo ghile mear !
'S é cuis mo léin mo ghile mear !
Mo nuar go h-éug 'smo ruathar léin,
Mar do ruaigeadh a g-céin mo ghile mear !

The name of my darling none must declare,
  Though his fame be like sunshine from shore to shore;
But, oh, may Heaven—Heaven hear my prayer,
  And waft the Hero to my arms once more!
Chorus—My heart—it danced when he was near,
    Ah! now my woe is the young Chevalier;
    'Tis a pang that solace ne'er can know,
    That he should be banish'd by a rightless foe.

BAN-CHNOIC EIREAN OGH.

Air ghuth "Uileacán dhuíbh O!"

Is fáirrsing 's is fáilteach an áit do bheith a 'n-Eirinn;
Uileacán dubh O!
Mhar a m-bídheann torradh na sláinte a m-bárr na déise ann,
Uileacán dubh O!
Bídheann an mhil air an g-crann ann a ngleanntaibh ceóidh,
'S na sruthaibh 'is an t-samhra ann a g-ciumhais gach róid,
Bidheann uisge 'n a shrúill ann a's drúchd um nóin,
Air bhán-chnoic Eirean ógh.

Is bachallach, buacach, dualach, dréimneach,
Uileacán dubh O!
Gach fáraire a ghluaiseas ó chuantaibh na h-Eirean,
Uileacán dubh O!

THE FAIR HILLS OF IRELAND.[1]

BY JOHN D'ALTON.

Erin's the land of hospitable cheer,
The day I left her was a day of woe;
There golden plenty crowns the labourer's year,[2]
And shadowy glens with balmy honey flow.
Fair are her wood-land paths and murmuring rills,
Sweet is the stream that from each rock distils,
Bright are the dew-drops glistening on her hills,
Land of my heart! *O Uileacan Dubh O!*

Mark her throng'd exiles lingering on their decks,
Their eyes still kindling with the hero's glow;
The glossy ringlets curling down their necks,
Have wrung reluctant praises from the foe.[3]

Rachfad-sa air cuaird, má's buan mo shaoghal bheidheas,
Gruig talamh an t-suairceis mar ar dual do Shaodhail bheith,
Do b'fearr liom 'ná bhur n-dualgas gidh mór le muidheamh, bheith
Air bhán-chnoic Eirean ógh.

Is tairbheach 's is mór iad cruachaibh na h-Eirean,
Uileacán dubh O!
Bidheann an t-ím a's an t-uachdar ag gluaiseacht 'n a slaoda ann,
Uileacán dubh O!
Bidheann an biollar air an d-tóinn ann a's samhadh bog sódh'ail,
A's na cuacha ag labhairt ann ó ló go ló,
'S an smóilín uasal is fuaim-bhinne ceól,
Air bhán-chnoic Eirean ógh.

Land of Gadelians! Region of delight!
Years shall not hold me from thy genial sight;
Though rich and great the country of my flight,
  I sigh for Erin, *Uileacan Dubh O!*

Sweetly her new-mown meadows scent the gales,
  Large are the corn-ricks her full bawns can show;
Happy the herds that through her dewy vales,
  And clover pastures linger blithe and slow.
Sorrel and cresses each fond stream delay,
Cuckoos their notes of love speak all the day,
While thrushes pour forth from each quivering spray,
  Their warbling songs, *O Uileacan Dubh O!*

IOMARBHADH SHEAGHAIN BHUIDHE.

Eibhlín n-í Chaoilte ró chan.

Stadaigh bhur n-géur-ghul a gharraidh chaomhdha,
Ná searraigh bhur n-déura ní gábhaidh dhaoíbh;
Táid feara-choin laochda 'na Banban aosda
Go bagarthach, baoghlach ag gárdáidheacht:
An aicme-so an bheurla tá a g-ceannus na h-Eireann,
Do cheangail ar g-Cléir bhochd faoí árd-chíos,
Beidhid feasda fa dhaor-bhroid ag freasdal do ghaodh-laibh,
'S gan acmhaing a saortha ag Seághan buídhe.

Casfaid na Séamais, le feartaibh an Aén-mheic,
Is stadaigh go h-éusga, bhur n-árd-chaoidh;
Gídh fada go faon sibh, ag tarraing na cléithe,
Is bhur m-bailte ag méirlich, gan fághail dlíghe,
Ní'l sbreallaire craosach, le'r sralpadh an t-éitheach,
Nach g-caithfeas de léim, dul a m-bárr claídhe,
Le h-eagla Sheurlais, an fáraire tréidheach,
Do ghlanfas a's Eirinn do Sheághan bhuídhe.

THE EXPULSION OF SHANE BUI![1]

BY JOHN D'ALTON.

Ye daughters of loveliness! dim not your eyes,
By sorrow unclouded too seldom;
The days are at hand when your heroes shall rise,
And your foes be in trouble and thraldom.
No *Sassanach* band
Shall fling o'er the land
All the sufferings and sorrows that can be;
The chains of a slave
Shall not fetter the brave,—
With a blessing we'll fit them on *Shane Bui!*

Though spoiled of the land where our fathers have reigned;
Though bound to the plough and the harrow;
Though goaded to life we feebly sustained
The tasks of a hard-hearted Pharaoh;

Beidh gairm ag Gaodhlaibh, go fairsing 'n a dhéigh sin,
  Agus Gallaibh d'á d-traochadh, mar táthaoí
Beidh preabaire Gaodhlach, 'n a sgafaire méara.
  'S an chathair faoí féin, a's ní cás linn;
Beidh aithfrionn naomhtha a g-ceallaibh na h-Eirean,
  'S beidh cantain ag Eigsibh, go h-árd-bhínn
A's air mh'fallaing go m-béidheadh-sa a's céud aimnfhir
    mar aon liom,
  Ag magadh gan traochadh faoí Sheághan Bhuídhe.

Yet when Charles shall come,
At the beat of his drum
No Williamite more shall a man be!
When the Stuarts draw nigh,
The long pampered shall fly,
And Erin be lightened of *Shane Bui!*

Gadelians my boys! shall then rule o'er the land,
And the churls shall be slaves as you now are;
Our armies will thrive under native command,
And our cities exult in their power.
The mass shall be sung,
And the bells shall be rung,
And bards to each Tanist and Clan be;
Fear and shame shall unite
To drive from our sight
Our heaven-cursed oppressors, and—*Shane Bui!*

SEAGHAN O'DUIBHIR AN GHLEANNA.

Air m'eirghidh dhamh air maidin,
  Grian an t-samhra ag taithneadh,
Chualaidh mé an uaill d'á casadh
  Agus ceól bínn na n-éan,
Broic a's míolta gearra,
  Creabhair na n-gob bh-fada,
Fuaim ag an macalla,
  A's lámhach gunnáidhe tréun;
An sionnach ruaidh air an g-carraig,
  Míle liúgh ag marcaich,
A's bean go dúbhach 's an m-bealach
  Ag áireamh a cuid géidh;
'Nois tá an choill d'á gearradh,
  Triallfaid súd tar callaich
'S á Sheághain uí Dhuíbhir an Ghleanna,
  Tá tú gan game.

JOHN O'DWYER OF THE GLEN.[1]

BY THOMAS FURLONG.

Blithe the bright dawn found me,
Rest with strength had crown'd me,
Sweet the birds sung round me,
Sport was all their toil.
The horn its clang was keeping,
Forth the fox was creeping,
Round each dame stood weeping,
O'er that prowler's spoil.
Hark, the foe is calling,
Fast the woods are falling,
Scenes and sights appalling
Mark the wasted soil.

'S é sin m'uaigneas fada,
Scáth mo chluas d'á ghearradh,
An ghaoth a d-tuaith a'm leathadh,
Agus an bás ann san spéir,
Mo ghabhairín suaire d'á cheangal,
Gan cead lúithe 'ná airdígheacht',
Do bhainfeadh gruaim de'n leanbh,
A meádhon ghíl an lae;—
Croídhe na h-uaisle air an g-carraig,
Go ceáthfrach, buacach beannach,
Do thiocfadh suas air aiteann,
Go lá deire an t-saoghail,
'S dá bh-fagháinn-si suaimhneas tamall,
O dhaoínibh uaisle an bhaile,
Do Thriallfainn féin air Ghaillibh,
A's d'fhágfainn an sgléip.

Táid fearainn ghleanna an t-srutha,
Gan ceann ná teann air luchdaibh,
A sráid ná a g-cuach ní h-óltar,
A sláinte ná a saoghal,

War and confiscation
Curse the fallen nation;
Gloom and desolation
Shade the lost land o'er.
Chill the winds are blowing,
Death aloft is going;
Peace or hope seems growing
For our race no more.
Hark the foe is calling,
Fast the woods are falling,
Scenes and sights appalling
Throng our blood-stained shore.

Where's my goat to cheer me,
Now it plays not near me;
Friends no more can hear me;
Strangers round me stand.

Mo loma luain! gan fasgath
  O Chluain go stuaic-na-g-Colam,
'S an gearrfhiadh air bhruach an rosa,
  Air fán le na ráé,
Cad í an ruaig so air Ghallaibh,
  Bualadh, buain a's cartadh,
An smóilín bhínn 's an lon,
  Gan sár-ghuth air ghéig;
'S gur mór an tuar chum cogaidh,
  Cléir go buaidheartha a's poball.
Dá seóladh a g-cuantaibh loma,
  Ann lár ghleanna an t-sleibh'.

'S é mo chreach mhaidne!
  Nach bh-fuair mé bás gan pheacadh,
Sul a bh-fuair mé sgannaill
  Fá mo chuid féin!
'S a liadhacht lá breágh fada,
  D-tig úbhla cúmhra air chrannaibh,
Duilleabhar air an n-dair,
  Agus drúchd air an bh-féur;

Nobles once high-hearted,
From their homes have parted,
Scatter'd, scar'd, and started
By a base-born band.
Hark the foe is calling,
Fast the woods are falling ;
Scenes and sights appalling
Thicken round the land.

Oh ! that death had found me
And in darkness bound me,
Ere each object round me
Grew so sweet, so dear.
Spots that once were cheering,
Girls beloved endearing,
Friends from whom I'm steering,
Take this parting tear.

'Nois taoim-si ruaigthe ó'm fhearann,
  A 'n uaigneas bh-fad ó'm charad,
Am luídhe go duairc faoi sgairtibh,
  A's a g-cuasaibh an t-sleibh',
'S muna bh-fágh me suaimhneas feasta,
  O dhaoinibh uaisle an bhaile,
Tréigfidh me mo shealbh,
  Agus fáigfidh me an saoghal.

Hark, the foe is calling,

Fast the woods are falling;

Scenes and sights appalling

Plague and haunt me here.

Le h-Air na Suire.

Eoghan ruadh O'Súilliobhán ró chan.

Maidin drúchda le h-air na Súire, 's mé támhach, lag, faon,
Do dhearcas Cúil-fhionn mhaiseach, mhúinte, ghrádhmhar shéimh,
'S a raibh an lile ag súghradh tre luisne lonnrach, mar sgáil na g-caor,
Gan time a n-gnúis ghil an leinbh ionnraic, do b'áluinn sgéimh.

Is blasda, búidheach, beacht do bheannuigh dúinne, 's is páirteach, séimh,
Is tapaidh d'úmhluígheas le'm h-ata cúingeach, a'm láimh go féur;
Air amharc ghnúise a's phearsan chúmtha na báibe is léir,
Gur chealg Ciúpid le dartaibh tiúgha mé, tré lár mo chléibh.

BESIDE THE SUIR.[1]

BY THE REV. WILLIAM HAMILTON DRUMMOND, D.D.

Despondent and sad by the Suir as I strayed,
I met a fair nymph in bright beauty arrayed;
Fair flowing her tresses and radiant her cheek
As the berries ripe bloom, and her looks mild and meek.

Benignant she hailed me, with rev'rence profound,
My bonnet I vailed, and bowed low to the ground;
Emotions of wonder and joy filled my breast,
And, with rapture inspired, thus the nymph I address'd.

D' fiosruígheas-sa go milis, múinteardha, de ghrádh mo chléibh,
Ar bh'isi an aoil-chneis le'r tugadh líonnruith, a's ár na Traodh?
Nó an Mhiochair, mhín, mhaiseach chuir na mílte, le fán an t-saoghail,
Ar ghallaibh cóimhidhtheach ná'r cheannuigh losa, 'n a stáit faoí réim?

Freagair sinn, a ghean mo chroídhe, an tú an bháb do thréig,
An fear do bhídh aici a g-ceangal cínnte, le grádh do'n bh-féinn;—
Nó an Ghallain ghrínn do bhailigh Naoíse, tar sáile a g-céin,
Thug treasgairt laoích a g-cath na craoibhe, a's ár na g-céud?

Nó an bhean do ling mar cheapaid druídhthe, fáigh a's éigs',
Le h-ais an Flíos thug scata laoích, tar sáil do'n n-Gréig?
Nó an tú do dlígheadh le cumann díograis, páirt a's géill,
Le Connal ríoghdha a g-cumas ríoghachta, ghabhail 'n a dhéigh?

"Oh! art thou that fair one whose dear fatal charms,
To the walls of old Troy led the Greeks in bright
arms?
Or she who our princes has exiled afar,
And brought in the aliens, with rapine and war?

"Or that dame, most unhappy, whose love passing
fond,
For the *Finians*, dissolved the dear conjugal bond?
Or she who afar o'er the seas sped her flight
With *Naoise* renowned in the Red-Branches' fight?

"Or she that of old with the heroes of Greece,
Theme of many a song, brought the rich golden fleece?
Or the queen of king Connor deemed worthy alone,
When he lay in the tomb, to be placed on his throne?"

D'fhreagair sí go blasda sinn, a's í tál na n-déar,
Ní ceachdar díobh d'ár ainmnígheas, a'd ráidhtibh mé;
Acht bean do bhídh fá ghradam ríoghachda, trách dhe'm shaoghal,
A g-ceannas críche sean a's seinsear, Ard-scoith Gaédhal.

An tan feasadh línn, cia an bhean do bhídh liom, trách ag pléidh,
Do ghlacas baóis, air mhachtnamh ínnste, báta an scéil,
Gur labhair sí, go blasda, bínn, gan tlás a ngaodhailg;
" Seachain caóidh, agus glacaidh íntinn, árd a's réim.

" Is geárr an mháill, go bh-feicfir buídhean, tar sáile ag téacht,
Go lannach, líonmhar, a marcaibh dídheanmhar, gan sgáith roimh philléir,
Ag glanadh críoch chlanna Gaóidheal, le h-árd-mhac tréun,
O'n aicme chlaóin ná'r ghreannuigh Críost, 's beidh an lá ag mo laéch."

Air aithris suíme, gach aiste scríobhas, do'n m-bán-chneis t-séimh,
Budh cneasda gnaóidh, budh blasda laóidh, a's do b'áilne sgéimh;

Then she answered me sweet, with a tear and a smile,
"None of these greets thee now—but the Queen of the
Isle,
That once reigned thrice happy o'er mountain and vale,
The genius of Erin, the pride of the *Gael.*"

To see Erin's genius what joy thrilled my frame!
But grief for her wrongs soon my spirit o'ercame;
Till she cried in sweet accents allaying my smart,
"My son cease to grieve, and with strength arm thy heart.

"For swift o'er the seas come armed ranks in their might,
Well trapped are their horses, their swords gleaming
bright;
Led on by a hero, to sweep from the coast
The ruthless, false-hearted, heretical host."

Is tapaidh sgíor, chum reatha arís, a's d'fáig mé a b-péin,
An tan beartuígheadh línn, gur bh'aisling druídheachta, a ráidhte béil.

Aithcim íosa, do cheannuigh sinn, a's fuair páis a's péin,
Go d-tigidh an rídh a g-ceart chum críche, a d-trách gan bhaégh al,
Go bh-feiceam díbirt, scaipeadh a's sgéimhle, a's ár le faébhar,
Air aicme an fheill, tar n-ais a rís, sin críoch mo sgéil.

In her own native strains, and with looks passing fair,
She accosted me thus, and then vanished in air.—
I grieved lest my vision too soon I might deem
The work of enchantment—a flattering dream.

Thou, who man hast redeemed by dire suffering and toil,
This redemption, oh! grant to my dear native soil;
May the woes that o'er Erin her foemen would spread,
With vengeance alight on their own guilty head!

AIR CHEIMSIOS NA N-GAODHAL.

Fearflatha O'Gnímh r' chan.

Mo thruaigh! mar táid Gaoidhil!
Annamh intinn fhorbhfaoilidh,
Air a'n-uair-si ag duine dhiobh;—
A n-uaisle uile air neimhnídh!

Bármhail do bheirthear dóibh;
Fuigheall tar éis a n-díoghbhoigh,
Ag á sníomhadh ó 'crolóighe a g-cneadh;
Nó is líon torraimhe air d-tilleadh:—

Nó is luchd bairce fá'r bhrúcht muir;
Nó is drong fuair sios a saéghail;
Nó is géill a n-géibheannaibh Gall,
Eireannaich fá fhéainn eachdrann!

ON THE DOWNFALL OF THE GAEL.

BY HENRY GRATTAN CURRAN.

Weep! weep! for agony and shame
With deepening gloom the Gael invest;
Fall'n is each proud and patriot name,
On which a nation's hope might rest.

What are they now?—a remnant spared,
Writhing from desolation's tread—
Pale pilgrims, who the deep have dared,
And traced the sterile waste outspread.

A shattered bark's disheartened crew
O'er-gazing from the crowded deck;
The sheeted wave that flashes through,
Or bursts above the labouring wreck.

Tugsad a d-tréine air thaise;—
Tugsad maise air mhí-mhaise;—
Tugsad meanma air mhaoith-mheirtne;—
Laoich fheardha nach aitheantar!

Tá brat-chiaich ós a g-cionn,
Mhúchas glóir gaéidheal Eireann;—
Mar néull g-ceath ghrian-bhaitheas goil,
Do leath d'iarghnáitheas orrtha.

Tarlaigh ó Bhóinn go bruach Léin,
Dlígh is fiú andlígheadh;—
Gur bhreath shaér le Fiannaibh Fáil,
An riaghail chlaén do chongbháil.

Ní bhídh ag mac ríghe o'n riaghail,
Aire air lúth eich óir-shrianaich,
Nó air sheilg oíghe fá chíoch cnoic,
Nó air ghníomh soíghe no seabhaic.

D'fearaibh Fódla is fáth orchra,
Do threabhsad dáim danardha,
A n-áit graifne a ngróidheadh seang,
Gach faithche im oirear Eireann.

Victims of every changing fate,
These shadows of the Gael of yore,
Whose bonds with worse corrosion eat,
Through breasts that panted free before.

Their power is feebleness—their worth,
Their manly worth, a rankling stain;
Once heroes! now, disastrous dearth,
Their hearts have shriveled to the chain.

Dark shadows round the Gael arise,
Veiling the light of other days;
Like clouds that gathering in the skies,
Obscure the sun's meridian blaze.

The word went forth[2]—from *Boyne* to *Lein*
Echoed the impious sounds away;
But *Fians* yet in *Fail* disdain
To bend or brook an alien sway.

The scions of a race of kings
No more the glittering barb may grace;
Bid the swift hawk unfurl his wings,
Or wake the mountain with the chase.

Tréoid Gall a g-cluaintibh a g-ceann,
Túir aélta ann áit a bh-foirgneadh ;
Margaídhe uadhtha ann gach oirear;
Cruacha air árdaibh aénaígheadh.

Ní aithnígheann Inis Lógha,
Nídh d'á faithchibh fonn mhóra ;
Cnoic dlaoí-réidhe a n-diaigh an áir ;
Biaidh saér-Eire 'n a Sacsain !

Ní aithníd aicme Gaéidheal,
Banba, buime a macaomh ;
'S ní aithnídheann Eire iad-sin
Téidhid re chéile as a g-cruthaibh.

Is sí an drong dhlígheas d'aithne,
D' Inis Choínn is cómhthathuighthe ;
Ní Gaill is aoídheadha aca,
Gaoídhil 'n a n-droing n-deóraca !

Do léig Eire an tonn tríthi,
D'iomchur fóirne coigcríche,
Urthach Dhathí do tolladh,
Is sí an-chruth d'féadamair !

But, while our hearts indignant bleed,
An hour may come,[3] o'er Erin's plain,
To bid the inert and drooping steed
Bound with a warrior's weight again.

Our halls the stranger's tread resound,
Or glare white towers upon their site;
The plough hath past each hallowed mound,
Where sages weighed a nation's right.[4]

Proud *Logha's* isle no longer now—
'Tis England all[5]—each taint and blot,
Her plains, her own free mountain's brow,
All blighted, sullied, and forgot.

The *Gael* no more their native place
Discern, in this degraded land;
Banba no more her sons can trace,[6]
In failing heart and feeble hand.

An alien race o'erruns her breast,
Endenizened by strange controul;
The stranger is no more her guest,
While exile wrings her children's soul.

Mar thímcheallas tonn anfaidh
Le stoirm laoí luchd caoil árthaich ;
Saithe Gall ar tí a a tímchill,
Muna d-tí án d'Eireannchaibh.

Bruid bhalair cona bhráithribh,
Tuatha dé do dhíothláithrigh
Dar leat is neimhthreise, a n-diumh
Na beithre-si, meic Mhileadh.

Mar luchd na tróidhe air na toghail,
D'á n-dích-chleith a n-díothramhaibh ;
Fiann Teamhrach táid ó Thailteann,
A bh-faid sealbha seachaintear !

Comhsamhail re clainn Israeil
T-soir 's an Eigipt air éttréin',
Mic Mileadh um bhóinn a bhus,
Ag síneadh dhóibh ó a n-dúthchas.

Mar do bhídh Magh Tuireadh a d-tuaidh,
A n-geall Mheic Céain an chéad uair,
Lá a scarramhna re téidhm tinn,
Féidhm a n-athlógha air Eirinn.

See how the spoilers' stem the surge!
  O'er *Dathi's* bark the winds prevail,
She hangs upon the billow's verge,
  With groaning plank and shivered sail.

The tempest howls—the writhing wave
  Surrounds her, yawning to devour;
Will not her sons unite to save?
  Oh! shield her in this perilous hour!

Why, tame ones! can ye not resign
  The blood of kings, that through you runs?
Who broke the rule of Balar's line?
  Say—are not ye Milesius' sons?

Like those redeemed from *Ilium's* fall,
  To wander o'er the pathless main;
Proud *Temor*, *Tailltean*, we recall,
  But ne'er shall see their pomp again.

As rose the voice of Israel's wail,
  From Egypt breathing to her God;
By dark *Bovinda's* wave the Gael,
  Weep for the fields their fathers' trod.

Ag slógh Eireann an fheóir ghlain
 Truaigh! gan ionnsamhail h-Eachtóir
 Mic Prímh re pobal Sacsain,
 Cogadh dhibh go n-diongmhadh-san!

Truaigh! do Righ ratha neimhe,
 Fa d-teacht dúinn ó'r n-dáoirsi-ne
 An t-Ath-Mhaoisi ná'r fhéagh ruinn
 Tréud an chath-chraoisi Chriomhthainn.

A Thríonóid 's á ttá an cúmhacht
 An m-biadh an dream-sa choídhche air deóruí-
 dheacht?
 Ní is sia ó chathair-lios Choinn
 No an m-biadh an t-ath-aóibhneas againn?

Nó an d-tiocfaidh asteach a'r tharngair
 Do shluaigh danair n-dúr-aingídh
 Naémh-fhíréan glan Faigh O'g-Coinn,
 An prímh-Earlamh caidh Colam!

Má thug an deónúghadh dhi,
 Sacsa nuadh d'ár bh'ainm Eire;
 Bheith re a línn-si a lámh bíodhbha,
 Do'n n-ínsi is cáir ceileabhradh!

Maytuire her wakening might arrayed,
  And crushed the power of fierce *M'Kein;*
And he who blessed her reeking blade,
  May rend the links of Erin's chain.

Oh for the arm of Priam's son!
  Oh for a Hector's patriot ire!
To wave the Gael to glory on,
  To wake their hearts to freedom's fire.

Or would the eternal to our aid
  Vouchsafe a Moses' guiding hand,
To liberty our steps to lead,
  And marshal *Criffan's* warrior band.

Dread sov'reign hear, oh hear our cries!
  The land thou gav'st—this bright domain
Is ours—those shining walls that rise,
  When shall they be our home again?

Or wilt thou in thy wrath fulfil,
  The fate *O'Cuin's* pure prophet spoke;
When through the shades of coming ill,
  Columba saw the stranger's yoke?

Muna g-cuirid dóigh a n-Dia
Síol Eibhir-Scoit o'n Scíthia
A g-clár fóirne 'g a ttáimh dho
Ní clár d'óighre d'á diorma.

If God has willed it—and the land
  That gave us Irish name and heart,
The Saxon now can bind and brand,
  Oh! let us from the shore depart!

But still, oh still one hope remains!
  Let's bend before the throne of grace;
The blood that burned in *Heber's* veins,
  May yet approve his *Scythian* race.

NOTES

TO THE

JACOBITE RELICS.

NOTES.

[1] IRELAND AND KING JAMES.

This poem opens in an awful manner. The ruler of a great empire appears in a state of utter destitution. Driven from his throne for proclaiming liberty of conscience throughout his dominions, he flies for shelter and succour to a part of those dominions, from which he rather deserved "curses loud and deep," than any assistance; to a land, over which his grandfather, father, and brother, ruled more like scourges of God than paternal kings. But the brave and generous, though persecuted people, "whose foible was loyalty," forgot all their wrongs in the contemplation of the sufferings of their monarch. They immediately flew to arms, rallied round his standard, fought his battles, and but for the dastard himself, would have conquered in his cause. Well would it have been for their posterity, if they had bartered him, as the Scotch did his father; but Irish honour forbade the deed. Of the national sentiments towards James and his descendants, no better proofs can be adduced, than the poems and songs in which these sentiments are so forcibly expressed. History has recorded the struggles of this devoted people, and the chivalrous loyalty and patriotism by which they were actuated, are described in these Jacobite productions, with all the characteristic warmth of national feeling.

[2] Acht daoradh na scoit—

This expression should have been in the plural, acht daoradh na scot. Every reader is now aware that the ancient inhabitants of Ireland were called Scots, and the island Scotia. In succeeding ages, the term was exclusively applied to the Albanian Colonists from Ireland. Hence originated the name of Scotland.

[3] "*Lofty spirits of Milesian line.*"

The ancient Milesian families of Ireland, after braving the storms of thousands of years, began to yield in the sixteenth century. The disastrous warfare of the succeeding age, and the perfidy of the Milesian Stuart, hastened their political downfall, which was finally completed by their ill-fated endeavours to restore the second James. A Milesian of the present day looking back on his long line of ancestry and subdued country, may justly exclaim with the Trojan hero:—

——— Fuimus Troes: fuit Ilium, et ingens
Gloria Teucrorum, ferus omnia Juppiter Argos
Transtulit: incensâ Danai dominantur in urbe.

But, though the inheritances of Ireland were seised by the adventurer and soldier, the Milesian families retained, even in their decline, a high sense of the dignity of their descent. On this subject, it seems, our English neighbours have been much amused by the following anecdote, which Dr. Johnson was fond of relating as a curious sample of Milesian pride:— "The few ancient Irish gentlemen yet remaining, have the highest pride of family; Mr. Sandford, a friend of the Doctor's, whose mother was Irish, told him, that O'Hara, who was true Irish both by father and mother, and he, and Mr. Ponsonby, son to the earl of Besborough, *the greatest man of the three*, but of an English family, went to see *one of those ancient Irish*, and that he distinguished them thus, O'Hara, you are welcome!

Mr. Sandford, your mother's son is welcome! Mr. Ponsonby, you may sit down." Doubtless, this story might have afforded merriment to the Doctor and his literary friends, at a time when it was fashionable, as well with the rich vulgar, as the low ignorant in England, to deride every thing Irish, even their misfortunes. But that time is now gone by. America has since triumphed, and Ireland, at the present crisis, seems destined to take her place among the nations, or English policy towards her must speedily change. But to our anecdote. The "one of those ancient Irish" alluded to, was the Mac Dermott, usually stiled Prince of Coolavin, (a district in the county of Sligo,) whose direct ancestor invited over Bruce, to rescue Ireland from English tyranny, at the beginning of the fourteenth century. For the meaning of Johnson's words, "the greatest man of the three," I am wholly at a loss, though well aware that the son of the earl of Besborough, whom he mentions as that personage, was descended from one of those rapacious revolutionary adventurers of Cromwell's training; who on 29th May, 21st Charles II. obtained a grant of lands, iniquitously declared forfeited, in the county of Kilkenny. This man's descendants, with those of an obscure London trader, Tristram Beresford, (whose *original* proposal to the fishmongers of that city, in the reign of James I. for a lease of their escheat of Ballykelly, in Ulster, I have read,) became the Protestant ascendency rulers of Ireland, where, during the last baleful century, they literally exercised the powers of king, lords, and commons. In this sense, undoubtedly the individual alluded to, was "the greatest man of the three," and perhaps therefore, was honored with leave to sit down in the presence of Mac Dermott.

[4] "*And o'er the deep the festering boars shall flee.*"

The contempt and hatred which the Irish entertained for the English in former times, are expressed without reserve throughout these poems and songs. In the present, they are scornfully called "festering boars," bréan-toirc, and in others they are designated fetid goats, wolves, churls, &c. Similar feelings, have given birth to similar expressions amongst the modern Greeks, towards their Turkish oppressors. Accordingly, in their popular songs, we find the Turks called wild rams, wolves, and other opprobrious names. From among many bitter and sarcastic stanzas, current in Ireland, the following epigram is selected, as a striking proof of the national hatred here alluded to. One of our bards seeing an Englishman hanging on a tree, exclaimed extempore :—

Is maith do thoradh a chrainn,
Mach do thoradh air gach aen 'craoibh,
Mo léun gan coillte Inse Fail
Lan de'd thoradh gach aen lá.

Pass on—'tis cheering from yon stately tree,
A foe's vile form suspended thus to see ;
Oh ! may each tree that shades our soil, appear
Thick with such fruit throughout the lengthen'd year.

James the Second, has been accused, not only of overlooking, but even of encouraging the excesses of his soldiery, against the protestants in Ireland; but, whatever were his faults, and they were not few, this was not among the number. The following letter, which I transcribe from the original, is of itself, sufficient to acquit him of that opprobrious charge.—

"James R.

"Our will and pleasure *is* that you forthwith repaire to our Towne of Cavan where you are during our pleasure to command in chiefe all our fforces in the said Towne and in our County of Cavan. You are likewise to *take care that noe disorder be comitted by any of our Army within the said Towne or County of Cavan.* And that you from time to time informe us of all accidents that shall happen there or thereabouts relating to our affairès And herein you are not to faile. Given at our Court at Dublin Castle the 30th day of April 1690 and in the Sixth yeare of our Reign.

" By his Majesty's Command

" To our Trusty and well beloved " RI. NAGLE.

" Coll. Denis Mc. Gillecuddy."

With respect to this period of Irish history, whoever would be misled, may consult Archbishop King's " State of the Protestants in Ireland," an appalling monument of a christian bishop's breach of the commandment, " Thou shalt not bear false witness against thy neighbour." If truth, however, be sought after, it will be found in the Answer to that book, by Leslie, a protestant gentleman, which proves, that when a divine descends to misrepresentation, he generally deals by wholesale. Yet King's production has been quoted by Harris, Leland, et hoc genus omne, as authority, in their " Histories " of Irish affairs!

LAMENT FOR THE QUEEN OF KING JAMES II.

While the Irish soldiery spilled their blood in the field, the bards exerted their genius in the closet, to forward the interest of the royal fugitives, and by their songs and poems, proved no mean auxiliaries to the cause in which the nation had embarked. They roused the people to arms, in defence of the legitimate monarch, and excited the utmost enthusiasm for the professor of the ancient faith, and the descendant of the renowned Milesian race of Ireland. But the present beautiful elegy, was produced under very different circumstances; and, is therefore, entitled to particular consideration. It was composed at a time, when all hopes of the royal restoration were at an end; and may, therefore, be taken as a proof of the unfeigned sympathy and sorrow of the Irish nation, for the exiled family of England.

Mary D'Este, who survived her royal consort many years, appears to have been every way worthy, as a wife, a mother, and a queen, of the praises so lavishly bestowed on her by the Irish poet. Though a long time in England, even before her accession to the throne, she was never popular, in consequence of her being a catholic, and warmly attached to her religion; but, for the same reasons, she was an especial favorite with the Irish. She died at St. Germaine, April 26th, 1718. Her son, James Francis Edward, called by his followers James the Third, and, by others, the Chevalier de St. George, is frequently alluded to in these Jacobite Relics.

[2] John O'Neachtan, the author of this poem, (and of *Maggy Laider*, printed in the first volume,) lived in the early part of the last century, in the county of Meath. He was a learned man, and an ingenious poet, and enriched his native language with many original compositions and translations. Several of these are in the possession of the writer; and among others, a copious Treatise, in Irish, on General Geography, extending to nearly five hundred closely written pages, and containing many interesting particulars concerning this country; also, curious annals of Ireland, from A. D. 1167, to the beginning of the last century. These works, if they belonged to any other nation of Europe, even to the island of Iceland, would long since have been deemed worthy of publication; but alas! the literature, language, and native genius of unhappy Ireland, have hitherto experienced unmeritted neglect. As a poet and miscellaneous writer, O'Neachtan holds the same rank in Irish literature, that Doctor Young, the author of the Night Thoughts, occupies in English. With equal genius and learning, the Irish bard's compositions are more equal and

correct, and his style less diffuse than those of the favored English author. Yet, what a different fate has attended these men, The works of the one, are read and admired wherever the language in which they are written extends, the name and writings of the other are wholly unknown, except to the solitary Irish scholar, who may happen to pore over the mouldering manuscripts in which these *disjecta membra* are preserved. But such has been the fate of Ireland. Its native genius, learning, and talents, have been doomed to languish in obscurity. Truly have they " wasted their sweetness on the desert air."—For with us, since England established its dominion here, it could never be said :—

> Ingeniis patuit campus : certusque merenti
> Stat favor : ornatur propriis industria donis.

[3] " *Than Cæsar of Hosts* "—

That James II. (even though somewhat addicted to swearing,) was a more devoted catholic than any of the Cæsars, has never been doubted, and this I take to be the poet's meaning in this passage; but, that he was greater, as a statesman or general, even with all his naval character, is rather questionable. While William, who deserved the crown he bravely won, was crossing the ensanguined Boyne, amidst the thickest fire of his foes, James, from the church-yard on the hill of Donore, stood a tame spectator of the battle, which decided the fate of his kingdoms. Thence he fled panic-struck towards Dublin, where he was sarcastically complimented by the Lady Tyrconnell, on his superior speed from the field of battle. So dastardly was his conduct on this momentous occasion, that old Sir Teige O'Regan cried out to King William's officers, " Let us change commanders, and we will fight the battle over again." But the fatal blow was struck, and James, of whom some one tauntingly said, that he lost three kingdoms for a mass, fled to France to count over his " *Paidereen* " for the remainder of his days, after entailing upon Ireland a century of worse than Egyptian bondage. With respect to the memories of James and William, remove the penal code, and it may be fearlessly predicted, that the Irish catholics will unhesitatingly, join their protestant friends in commemorating the latter. In Ireland, bravery covers a multitude of sins.

CLIONA OF THE ROCK.

Cliona is one of those fabled beings of the fairy tribe, called Benshees, so celebrated in Ireland. With these " pale aerial demons," " Le Deamnuib odhra aieor," the *bards* and *scealuidhes* enriched their poems and tales. The rock, " *Carraig Cliodhna*," lies within five miles of Mallow, on the right to the Cross of Donochmore, in a wild mountainous tract, supposed to be the head quarters of all the Munster fairies. It is a large grey stone, surrounded by a number of smaller ones, and is supposed to be the principal residence of *Cliona*, their queen.

Owen O'Rahally, a well known Irish bard, (who resided at Sliabh Luachra, in Kerry, about the beginning of the last century,) in a spirited poem on the misfortunes of Ireland, addressed to one of the Mac Carthy family, enumerates some of these " shadowy forms," in the following lines, beginning with Cliona.—

Do ghuil Cliodhna trid na sgeulaibh,
Do ghuil Ughna a n-dúrlus Eile,
Do ghuil Aoife a rioghbhrog Fheidhlim,
A's do ghuil Aoibhil ríghbhean leith-chraig!

Do ghuil, go truaigh, an Sluachtach caoille,
Do ghuil Aine a naras gréine,
Do ghuileadar Ocht nochtair air aonloch,
Do ghuileadar ainnre an chairnn san t-sléibhe.

Cliona appears to have had another establishment on the mountain of Carrigalea, in the county of Clare. She was, however, but a provincial ruler, for "the paramount fairy queen of Ireland, was Maidib, that is, mortifying the d, Maib, pronounced Meiv, by a common metathesis of v for b in Irish. From this country the appellation was conveyed to Scotland, and thence to the north of England There Shakspeare found our Maib, and espoused her, Mab, to Oberon, as his Fairy Queen." This has escaped the poet's *learned* commentators.

[3] William dall (or the blind) O'Heffernan, the author of this allegorical poem, was a native of the county of Tipperary, and appears to have been living, an old man, within the last fifty years. He composed many poetical pieces which are deservedly popular, but, if he had left no other than the present, it would in itself, be sufficient to rescue his memory from oblivion, and stamp him with the name of poet. The original is adapted and sung to the Irish air, "Staca an Mhargaidh," or the "Market Stake," (which may be seen in Bunting's collection of Irish Music, p. 69,) but, in the translation, it was found impracticable to retain the air without falling short of the beauty of the original.

The machinery (if the term be allowable,) of this ode, or the vision introduced by the poet, has been a favorite form of composition with our later bards. They delighted in decorating these visionary beings with all the charms of celestial beauty; and in this respect, our author appears to have been no mean proficient. His description is heightened with all the glow and warmth of the richest oriental colouring, and the sentiments and language are every way worthy of the subject. "Nothing," observes the ingenious and learned Arthur Browne, formerly Fellow of Trinity College, Dublin, "marks more strongly the apathy of some musicians, than their perfect indifference about the words that accompany music. We have had all the polite world lately singing infantine words to the finest music.—To me, sublimity of words adds infinitely to sublimity of music, by infinite associations of idea; so in the pathetic; can it be otherwise where there is any soul."—*Sketches, vol.* ii. *London,* 1798.—That a similar opinion was entertained and acted upon by our bards, all their compositions afford abundant evidence.

[3] "*The virtue—the emprise—in days of yore*
That Banba nurtured."—

Banba—one of the early names of Ireland—Inis Banba na m-ban—Banba, isle of beauteous women.—The book of *Drom-sneachta,* followed by the Leabhar Gabhala or Chronicle of Invasions, two ancient historical works in Irish, give the particulars of these primitive names. These venerable volumes lie, however, unheeded among the mass of our unknown unpublished manuscripts.

[4] "*Or Ceirnit———who——*
——bade the crystal current of the stream
Heave into life the mill's mechanic frame."

Ceirnit, one of the mistresses of Cormac, monarch of Ireland, about the beginning of the third century, induced that prince to send to Scotland for a skilful mechanic, by whom she caused to be built the first mill erected in Ireland. The circumstance is fully detailed in Keating; and it calls to our recollection, that the old Irish manuscripts contain many creditable notices of the early state and history of Scotland, not elsewhere to be found. With one in particular, I shall take the liberty of troubling the reader. In the "sealed" MS. library of Trinity College, Dublin, there is a copy, (written on vellum, at least six hundred years,) of a yet more ancient tract, entitled "Agallamh an da Shuadh,"—*The Dialogue of the Two Sages,* a correct transcript of which, (formerly the property of my lamented friend John Mac Namara, of the county of Clare, an excellent Irish antiquary and linguist,) is now in my possession. It is written in a language or dialect as old as that used in our Brehon laws, with an interlined gloss; and records a contest which took place, about the time of the birth of our Redeemer, between *Neide* the son of *Adhna*, and *Ferceirtne*, *file*, or the poet, for the *Ollamh's* (or chief professor's) chair of Ireland. In the *Reimsgeul*, or Preface, we are informed that the former went to *Albain* (Scotland) to learn wisdom,—" Do luidh iaramh an mac sin do fhoghlaim eigse i n-Albain ;" but the word eigse, may be also rendered, knowledge, philosophy, or poetry. Here then are two Irish fragments of early date, which shew that Scotland was anciently, as it is at the present day, distinguished for poetry and philosophy; but it is feared that this notable discovery will be lost on the present professors of the " modern Athens," who, with philosophic pride, proclaim the barbarity of their own Gaelic ancestors, and reject the authority of our Celtic manuscripts.

[5] " *My name is Cliona, the beetling side*
Of the tall rock my home."

" Is me-si Clíodhna ó thaoibh na carraige."

Cliona had two habitations, but which of them she alludes to here is doubtful. In this respect, her answers somewhat resembled those of the famous pagan oracles of olden time, and indeed, the whole of her revelation seems cast in the same mould. Even to this day, England's fiat for Irish freedom seems as hopeless as ever.

[6] " *Martin's followers rave.*"

" Sliochd Mhartain mhalluighthe."

The Devil and Doctor Martin are generally associated in our native proverbs. Henry the 8th, is sometimes added to make a trio. Indeed, it would be difficult to say which of the three is most generally detested in Ireland, but some are of opinion, that Henry and his immediate descendants, having inflicted more evils on the country than both the others, he seems entitled by way of pre-eminence to the distinguished association which has been rather gratuitously conferred on the great reformer.

CANTICLE OF DELIVERANCE.

[1] This spirited Jacobite song was composed by Andrew Magrath, the witty and eccentric *Mangaire Sugach,* as were also the drinking stanzas, p. 192, first vol. of this work. He was a native of Limerick, and author of numerous poems and songs of a jovial, amatory, and political nature, which are current and popular, chiefly in the Province of Munster. As a poet, he not only excelled the mob of English gentlemen who formerly wrote with ease, but also many of those whom Doctor Johnson has designated English poets. He led a wandering sort of life, and was much dreaded for the caustic severity of his wit. His habits and writings closely resembled those of Prior. Like him, the *Mangaire* "delighted in mean company. His life was irregular, negligent, and sensual. He has tried all styles, from the grotesque to the solemn, and has not so failed in any as to incur derision or disgrace."—*Johnson.* Our bard was living within the last 40 years, and died at an advanced age.

[2] "*Too long have the churls in dark bondage oppressed me.*" We have already noticed p. 119, the expressions of derision used by the Irish towards their unwelcome visitors, the English invaders, whom they contemptuously called the impure refuse of the ocean, "Impurum maris ejectamentum"—*Rutgeri Herman, Brit. Mag. p.* 379.—" Bos ubi Scotus erat," was likewise a common phrase among them. Some curious instances of the use of the term "Churl," are recorded. When Athenry, in the County of Galway, was burned in 1596, by *Hugh ruadh O'Donnell,* one of the Irish leaders who was requested to spare the church as it contained the bones of his mother, replied, "I care not even were she alive in it, I would sooner burn them both together, than that any *English churl* should fortify there." O'Nial, Earl of Tyrone, when marching by Castlemore in the County of Cork, in the year 1600, on his way to Kinsale

to support the Spaniards, enquired who lived in a certain Castle? Being told that it belonged to Barrett, a good Catholic, whose family had been possessed of the Estate for above 400 years; O'Nial exclaimed, "No matter, I hate the *English churl* as if he landed only yesterday."—No one can be surprised at these strong expressions of National animosity, who is at all acquainted with our history since the arrival of the English.

[3] "*Save Donn and his kindred.*"—

Donn, one of the sons of Mile, or Milesius, according to *Eochy ua Floinn*, a poet and historian, who died A.D. 984, (and of whose compositions there are several still remaining of great value,) was cast away with his companions on the *Duchains*, to this day called *Teach Duin*, or Donn's Mansion, in the West of Munster. In succeeding ages, Donn was exalted by our bards to the rulership of the Fairies of that district, and in that capacity he appears to have taken a particular interest in the subsequent affairs of Ireland. As he defied the vigilance of the priest and bard hunters, several prophetico-political songs have been attributed to him, or rather to his inspiration or revelation communicated to our poets. The present song is one of this character.

[4] "*But Phelim and Heber whose children betrayed it.*"

This alludes to the renegade Irish who joined the common foe, and of that class, from the days of the infamous Mac Morrough, who invited over the Anglo-Norman auxiliaries to his aid, our Annals have damned many to everlasting fame. Indeed, so effectually did the settlers pursue the Machiavelian policy, "divide and govern," that it gave rise to the disgraceful adage, "put an Irishman on the spit and you will find another to turn him;" but, be it remembered, that the son of the settler was generally the turnspit. Espionage and deceit were the invariable rule of English conduct towards the unfortunate Irish. The last, and it is hoped it will be the last, signal act of treachery in Ireland was committed by the descendant of a settler, Colonel Henry Luttrell, who "sold the pass" at Limerick to King William's forces. Lord Westmeath afterwards endeavoured, but ineffectually, to acquit this unhappy man of the charge; see Ferrar's History of Limerick, 354. He survived, an object of general execration, until the year 1717, when he was shot in a sedan chair in Stafford-street, Dublin. The following Epigram was composed on his death—

> If heaven be pleased when mortals cease to sin,
> And hell be pleased when villains enter in,
> If earth be pleased when it entombs a knave,
> All must be pleased, now Luttrell's in his grave.

[5] *Samhain*, the 1st of November. "The festival of *Samen*, or *Baal-samen* is called the *Oiche-samhin* by the ancient Irish. Pliny remarks, that the Druids counted their years not by days, but nights. The Irish word *Coigtighois*, meaning a fortnight in modern acceptation, means really *Coig-deagoiche*, or fifteen nights, shewing that the Pagan Irish counted lunations of thirty days, and divided them into two periods of fifteen nights each."—*O'Conor Cat. Stow MSS. p.* 25.

[6] "*The treaty they broke.*"

This alludes to the treaty of Limerick. So much has been said and written about this celebrated breach of military honor and political faith, that it only remains here to observe, that no single circumstance connected with the affairs of these Islands tended so much as this to estrange the minds of the Irish people from the English government, particularly during the last century. Even the massacres at Mullamast, the carnage at Drogheda, and the murders of the Scotch at Glenco have been forgotten, but this unparalelled dereliction of all principle is still remembered with horror.

[7] " *Shall the gorged Goat.*"

This is one of the contemptuous epithets before alluded to. The following Epigrammatic stanza is expressive of the feelings conveyed in the text.—

Díbírt agus diansgríos air agus ár,
Pianta gan íce air Fheith a's air a chnámh,
Air an té úd le'r mhiann lucht bearla bheith slán,
Do dhíbir sliocht Ir agus Eireamhán.

May banishment and desolation light on him, may the plague
and pains without remedy seize his veins and bones,
Who would wish well to the English race,
They who exiled the offspring of Ir and Heremon.

THE EXPECTED OF IRELAND.

[1] Ben-Edar. The ancient name of the hill of Howth.—The English, although as a Nation they might truly say with reference to Ireland,

" *Nec tecum possum vivere nec sine te.*"
I cannot with thee live nor yet without thee.

have ever been more ready to censure than to praise both ourselves and our country. This is a deplorable national failing, and one which a high minded and " thinking" people should be ashamed of, for to say the least, it is somewhat ungrateful. But it is hoped, that time may, in its own good season, overcome this rather ungenerous propensity. Our " Bulls" and " Brogue" have always proved inexhaustible sources of merriment to our English friends, and even the simple sounds of our old language have been particularly obnoxious to their " ears polite." Of this a memorable instance remains on record.—" His Majestie (Charles II.) taking notice of the *barbarous* and *uncouth* names by which most of the townes and places in his Kingdom of Ireland are called, which hath occasioned much damage to divers of his good subjects, and are very troublesome in the use thereof, and much retards the reformacion of that Kingdome. For remedy thereof is pleased that it be enacted that the Ld. Lt. and Councell shall and may, advise of settle and direct, in the passing of all letters pattents in that Kingdome for the future, have *new* and *proper* names more suitable to the English tongue may be inserted with an alias for all Townes, Lands, and places, in that Kingdome, that shall be granted by letters pattents, which new names shall thenceforth bee the only names to be used."—This notable plan, however, failed, and the patentee regicides objected not to the Irish lands, because of their " barbarous and uncouth names." On the contrary, they resorted to every species of force, fraud, and perjury, to wrest them from the ancient possessors. On this subject the strange and unexpected avowals of the late Earl of Clare,* who was Chancellor of Ireland when he made them, deserve particular attention.

His lordship was descended from the old sept of the *Clan-Gibbons'*, and was the best friend to the English interest in Ireland, that these latter times have produced. Against this clan our Irish bards have been bitterly invective. The following stanza is taken from a satirical poem written by Angus O'Daly, called Angus na naor, or the Bárd rúadh, about the year 1600.

Ní fhuil fearg nach d-téid air g-cul,
Acht fearg Chríost le cloinn Ghiobúin;
Beag an dith a m-beith mar tá,
A fás air olc gach aonlá.

The sternest pulse that heaves the heart to hate,
Will sink o'erlaboured or with time abate;
But on the clan Fitz-Gibbon Christ looks down
For ever with unmitigated frown—
Did mercy shine! their hearts envenomed slime,
Even in *her* beam, would quicken to new crime.

"It is impossible," says he, "to defend the acts of settlement and explanation. Seven millions, eight hundred thousand acres of land were set out under the authority of this Act, to a motley crew of English adventurers, civil and military, nearly to the total exclusion of the old inhabitants of the Island; many of whom, *who were innocent of the rebellion,* lost their inheritance. A new colony of new settlers, composed of all the various sects which then infested England, Independents, Anabaptists, Seceders, Brownists, Socinians, Millenarians, and Dissenters of every description, many of them infected with the leaven of democracy, poured into Ireland, and were put into possession of the ancient inheritance of its inhabitants: and I speak with great personal respect of the men, when I state that a very considerable portion of the opulence and power of the Kingdom of Ireland, centers at this day in the descendants of this motley collection of English adventurers. The whole island has been confiscated, with the exception of the estates of five or six old families of English blood. No inconsiderable portion has been confiscated twice, or perhaps thrice, in the course of a century. The situation therefore of the Irish nation at the Revolution stands unparalleled in the history of the inhabited world." Such were the novel statements made by this noble Earl, in the Irish House of Lords, on the 10th Feb. 1800, to induce a Legislative Union between Great Britain and Ireland. They are here introduced as forming a tolerable comment on our Jacobite Relics. After

---

The following well known epigram is added, to enable the classical reader to judge between it and the foregoing production of the Irish bard:

> Vipera Cappadocem nocitura momordit, at illa
> Gustato periit sanguine Cappadocis.
>
> A viper bit a Cappadocian—fain
> Her curdling poison through him to distil,
> But the foiled reptile died—her victim's vein
> Had poison subtiler than her own to kill.

their perusal, the most prejudiced must hesitate, and, perhaps, even excuse the feelings so warmly expressed throughout these National effusions by our indignant bards.

[2] " *O'er bright Sliev-na-mon and Knock Greny will wake.*"
Two well known hills in Tipperary and Limerick.

[3] " *When with Una her Donald's united again.*"
By Una (Winifred) and Donald, were meant Ireland and the exiled Prince.

[4] But the four great septs mentioned here, the bard intended to represent the whole body of the ancient Irish, who were ready to espouse the cause of " The King."—Mac-con-Mara in the original, should be Mac Mathghamhna. The particular acts of delinquency of the other personages named in this stanza, have not been ascertained.

[5] " *Then shall Sabia rejoice.*"
By Sabia is meant Ireland. Our patriotic monarch Brian Boroimhe, had a daughter of that name.

[6] " *The magical pillar where Garret lies sleeping.*"
Garret Fitzgerald, the great Earl of Desmond, killed in 1582. He is supposed by the country people, even to this day, to be bound to an enchanted pillar in Lough Gur, a lake nine miles south of Limerick. They report, that at the end of every seven years he may be seen riding on the lake, mounted on an enchanted charger, and that when his horse's shoes, which are made of silver, shall be worn out, he will return to life, and destroy the enemies of Ireland. The story of this powerful Earl and his tragical end may be seen at large in our History. It may here be added, that Daniel Kelly, Queen Elizabeth's " well beloved subject and soldier," who cut off his head, was rewarded with a pension of £20. a year for that

service; but he was soon after hanged at Tyburn. For such or the like services as those of Kelly, some few of the bribed and renegade Irish were graciously called the Queen's "loving subjects," but such or the like fate as that which he deservedly met with, generally terminated their labours and their lives.

LAMENT OF THE GAEL.

[1] The Gael—the ancient Irish.—In this fine ode the Bard has, with a master hand, introduced the most signal interventions of the Divine Power and Mercy, as examples to support his countrymen in their afflictions, and to inspire them with a hope of future deliverence. With these views he points out the preservation of *Noah* in the deluge; and of the Prophet Jonah in the deep; the passage of the Children of Israel through the Red Sea; the patience and Divine approval of holy Job; the penitence and pardon of Longinus; the great atonement of our Divine Redeemer, and the miraculous raising of Lazarus from the dead. This is one of the noblest purposes to which poetry can be applied, and is in perfect accordance with the inspired effusions of holy writ. It is much to be regretted that the name of the bard has not survived, if it were only to lead to the recovery of any more of his compositions.

[2] "*The Land of Con.*"

This may either allude to the whole of Ireland, from the Monarch Con, who ruled early in the second century; or to the northern half, called *Leath Cuinn*, from the division of the island between that Monarch and Eugenius king of Munster, which will be found fully detailed in our Histories.

---

[1] THE PROPHECY OF DONN FIRINNEACH.

Donn has already been introduced to the reader, p. 129. Here he again appears in the character of a Prophet, with the title of ***Firinneach,*** or the truth teller, annexed to his name; but if his claim to that character may be judged of from the result of his predictions in the present ode, it rests on very slender foundations. Not one of them has been fulfilled, although it must be confessed, that they have been conceived in a lofty and poetic strain, and delivered with a tone and decision not unworthy of one inspired. Of a far different nature was the following Prophecy of Brecan, one of our ancient saints, a venerable body of men, whom in this age of philosophy and refinement it is unfashionable to mention, except to deride their virtue and piety under the names of weakness and superstition. This prediction has been fulfilled in every point, centuries after it was delivered.

Tigfaid geinti tar muir mean,
Measgfaid air fearaibh Eireann,
Budh uathaibh ab air gach cill,
Budh uathaibh Rí for Erinn.

Erin's white crested billow shall sleep on the shore,
And it's voice shall be mute, while the spoilers glide o'er;
And the stranger shall give a new priest to each shrine,
And the sceptre shall wrest from her own regal line.

[2] Owen O'Rahally the author of this ode has been already noticed in page, 124.

[3] "—— *these wolves perfidious, forsworn.*"

Here again are meant the English adventurers. A bard

describing one of them, who seems to have been a scourge in the country, has the following stanza.—

> An madra alla gidh mor a úaill,
> Ni bidh aige acht aen chuan ;
> Ni thig acht aen bhlath air an dris,
> Aithris uaim do lucht an ainbfis.

> The wolf howls savagely, but seek his lair,
> One cub and one alone is nurtured there;
> The choaking bramble one lone blossom bears,
> Tell it abroad and let him hope who hears.

The meaning is, that the individual in question, whom the bard has designated as a wolf, from his rapacity and cruelty, had but one son. Hence a hope is held out that the future ravages of the family would not be so great as if there was a numerous brood.

4 By the "Brickler" was meant Prince James Francis Edward, son of James II. He was so called by the Irish bards, from the many reports industriously spread throughout England at the time of his birth, that he was a supposititious child, and amongst others that he was the son of a *Bricklayer*.

5 "*And the false ones that knelt not where God's own priests adored.*"

With every respect for the Protestant Church of Ireland and its ministers, it has been doubted, whether the latter, as a body, really believed the doctrine which they professed. The best proof of conviction in religious opinions is an earnest endeavour to disseminate those opinions in order to bring people over to the truth. This has never been attempted by the Protestant divines in Ireland. On the contrary, every measure which could render their doctrine odious, seems to have been studiously resorted to. Hence the words of our text. It may therefore be concluded, that as England is now a Protestant, and Scotland a Presbyterian, country, so Ireland is, and ever will continue to be, pre-eminently Catholic. If space permit, some curious illustrations of the facts here stated may be given.

SHANE BUI.

The air of this song is more generally known than the origin of its name. Shane Bui, means, literally, Yellow or Orange Jack, (the John Bull of former days,) there being no other word in Irish to express the latter colour. It was an appellation given by the Irish to the English followers of William III. in Ireland. Hence the term Orangemen.

---

[1] SHEELA NA GUIRE.

By the rhetorical figure Metonymy, this name is here put for Ireland. It has before appeared that *Grana Uile, Roisin Dubh,* and several others have been similarly used by the Irish Bards. The orthography, Sheela na Guire, is retained because it is better known than the literal translation of the original name, viz. Sheela (or Cecilia) O'Gara, and the poetical reader will immediately perceive the necessity in this instance for adopting the common orthography and general mode of pronunciation. Sheela has been always esteemed one of our best political songs, and may be pronounced at least equal to Colonel Mac Gillarry, which Mr. Hogg, no bad authority, considered as the best Jacobite song of Scotland. It seems to have been a favorite with the exiled Irish. The printed copy has been taken from one transcribed in France in the last century. The tune is lively and popular.

[2] " *On the height of Lisgreny, cried Daniel O'More.*" [3]

Lisgreny is a well-known hill in the South of Ireland. Of the individual O'More, here named, I have not been able to trace any particulars. This distinguished Irish family has been already alluded to.— *Vol.* I, *p.* 114.

[4] " *O'Brien of Ara*———-"

A branch of the great family of that name, descended from *Brian Ruadh O'Brien* prince of Thomond, who was expelled from his Territory in the early part of the fourteenth century, and settled in the district of Ara, in the N. W. part of the present County of Tipperary. This circumstance is fully detailed in the Caithréim Toirdhealbhaigh, or " Catalogue of the battles of Turlough, being valuable annals compiled in Irish by John Mac Craith, in 1459, containing an account of the wars of Thomond, from the landing of Henry II. to the year 1319. A fine copy of this scarce and curious work in the possession of the writer, will, he hopes, be published by a patriotic member of the O'Brien family, as an honorable record of the bravery of his countrymen and ancestors.

[5] " *The laugh of her heart.*"

This is literal, and according to the usual meaning of the word gáir; but it might also be rendered, a shout, rejoicing, burst of joy.

[6] " *When the Major, the gallant, the graceful, the brave.*"

The person here alluded to, and so highly extolled, is supposed to have been a member of the O'More family.

[7] Aóimhreas, more correctly Aimhreas.

[8] " ——— *when I think of the wretch.*"

Either Cromwell, or William III. The original, gruagach, however, seems to indicate the latter, as bearing on his personal deformity. The affair of Glenco in Scotland, and the subsequent violation of the articles of Limerick, rendered him an object of aversion to the Irish.

---

[1] GRANA WEAL.

Or more correctly *Graine Uile.* Grace O'Maley, mother of Theobald, the first Viscount Mayo. Lodge, in his Irish peerage, informs us, that " Mac William" (whom Sir Henry Sidney, on 28 April, 1576, informed Queen Elizabeth he " found verie sensible, though wanting the *Englishe* tongue, yet understanding the *Lattin,*") married *Grana-na-Male* daughter of *Owen O'Maley* of the *Oules,* an ancient Irish Chief, and widow of *O'Flaherty.* A lady much renowned among the natives of Conaught, who relate many adventures and remarkable actions of her courage and undaunted spirit, which she frequently performed on the sea."—*vol.* iv. *p.* 235.—For a curious account of this famous Heroine, and her visit to Queen Elizabeth, see the *Anthologia Hibernica, vol.* ii. *p.* 1, *and* iii. *p.* 340.—Her name has been frequently used by our Bards, to designate Ireland. Hence our Countrymen have been often called " Sons of old Grana Weal."

[2] This fine Jacobite relic was composed by John Mac Donnell, one of the most eminent of our modern Bards. He was born in the year 1691, in O'Keefe's Country, near Charleville, in the County of Cork, and was known by the name of " *Claragh,*" from the residence of his family, which was situate at the foot of a mountain of that name, between Charleville and Mallow. The following account of this Bard is taken from O'Halloran's introduction to his History of Ireland. —" Mr. Mac Donnell, a man of great erudition, and a profound Irish antiquarian and poet, whose death I sensibly feel, and

from whom, when a boy, I learned the rudiments of our language, constantly kept up this custom, (*i. e.* public sessions of the poets, at stated times, to exercise their genius.) He had made valuable collections, and was writing in his native tongue a history of Ireland; but a long sickness prevented his finishing this work. He proposed to some gentlemen in the County of Clare, to translate Homer into Irish; and, from the specimen he gave, it would seem, that this prince of poets would appear as respectable in a Gathelian as a Greek dress. But the death of the late Mac Namara put a stop to this attempt. This learned and worthy man died in the year 1751, near Charleville, and I have never since been able to find how his papers were disposed of, though I am told he left them to me." —Though grateful to Mr. O'Halloran for preserving even these few particulars, yet the feeling would be greater, had he saved the papers to which he has alluded. They could not have been confided to better hands, and there can be no doubt, but they were well worthy of preservation.

The Bard was interred at the old church yard of Ballyslough, near Charleville, where the following inscription may be read on the humble flag that covers his remains.—

+
IHS

Johannes Mc. Donald, cognominatus Clárach, vir vere Catholicus, et quibus linguis ornatus, nempe Græca, Latina et Hybernica: non Vulgaris Ingenii poeta, tumulatur ad hunc Cippum. obiit Ætatis Anno 63, Salutis 1754.

REQUIESCAT IN PACE.

In a subsequent part of this volume will be found an Elegy written on his death. Many excellent productions of his, are extant, composed in his native language, which prove him to have been a man of genius and a poet. Although it may be considered presumptuous to compare an unknown Irish Bard, with the celebrated English poet of Twickenham, yet the comparison might be hazarded without much apprehension for the result. In point of learning Mac Donnell was equal, and neither in genius, judgment, nor power of exquisite versification, was he inferior to Pope. If the latter had been an Irishman, and had written in the language of the country, it would be a matter of difficulty to determine, which would be entitled to the prize. But fortunately for his genius and his fame, Pope was born at the right side of the channel. Here, he would have been doomed, like our neglected Bard, to languish in obscurity, and perhaps never be heard of. That a translation of Homer into Irish was a bold undertaking, must be confessed, particularly when we consider the then political and literary state of the country. Such a work would have considerably enriched our national poetry, but the attempt proved, as might be expected, abortive; while the English poet happily succeeded, even beyond his most sanguine expectations. If any part of the Irish version could now be recovered, it would at once enable us to judge of the merits of the translators, and the powers of their respective languages. The following description of a hero, taken from one of the political poems of our Bard, beginning — "Eistigh lem' ghlórthaibh a mhor-shliocht Mílesius," is not inferior, in the original, to any passage of the Iliad. —

Tá Conn Dán mear mórdha, go torchathach, go treanmhar,
Go lionmhar, go lonnmhar, go leóghanmhar, lássar,
le teintibh, le tóirneach, le tórmach, le tréine,
le saóitibh, le slóighthibh, le ceoltaibh cátha.

To crush the strong—the resolute to quell,
*Daun** sweeps the battle-field, a deadly spell;
Begirt with hosts, a terrible array;
Blood paints his track—and havock strews his way—
The Lion's courage, and the Light'ning's speed,
His might combines—from each adventurous deed,
With haughtier swell dilates the Conqueror's soul;
Like volum'd thunders deep'ning as they roll—
Bards from his prowess learn a loftier song—
And glory lights him through the ranks along.

In politics, Mac Donnell was a "rank" Jacobite, and on more occasions than one he saved his life by hasty retreats from his enemies, the Bard-hunters. He moreover inherited all the hatred of his race for the "Saxon Churls." The treatment of the brave Irish General, Mac Donnell, better known by the name of *Mac Allistrum*, (whose *march* is yet remembered in Munster,) of our poet's name and family, who was basely murdered in 1647, at Knockrinoss, near Mallow, by the troops of the brutal renegade, Inchiquin, helped to embitter the poet's mind against the English. His muse never seemed so delighted as when holding them up to the scorn and derision of his Countrymen. His poem on James Dawson is a *chef d'œuvre* in the bitter and sarcastic style. Among other productions, the present verses to the air of *Grana Uile*, and the "Lament," which follows, have been always admired. It may be necessary here to observe, that a custom prevailed among our modern bards, to supply stanzas, particularly of a political nature, for the finest national tunes; and these compositions, in general, supplanted the older words, which fell into disuse and were soon forgotten. This was the case with respect to *Grana Uile*. The original words of this far-famed song I have, however, recovered, and here present them to the Irish reader.

* Leopold Count Daun, Field Marshal. This was written before he was appointed to the command of the Austrian Armies.

GRAINNE MHAOL.

Is buaidheartha a's ní suaimhneach bheidh Gráinne
Mhaél,
Mar do chualaidh sí fuachasa a páisde féin ;—
'S é chualaidh me ag gruagach na h-áilne a ráéir,
Gur suathadh a suan-chorp ag Gráinne Mhaél.
A's bodarró! dodarró! Gráinne Mhaél!
Bodarró! dodarró! a Ghráinne chléibh'!
Bodarró! dodarró! Gráinne Mhaél!
A's muna bh-fágh me le bogadh í tá mé réidh!

Chuir mé ann sgioból í, Gráinne Mhaél ;—
Shaoíl me ná'r sgumarach grádh mo chléibh :—
Air fhosgailt an dorais le fáinne an laé,
Bhídh cullach 's an mullach air Ghráinne Mhaél.
A's bodarró! dodarró a Ghráinne Mhaél!
Bodarró! dodarró a Ghráinne chléibh'!
Bodarró! dodarró! Gráinne Mhaél!
A's muna bh-fágh mé le bogadh í tá mé réidh!

Another relic of early Jacobite song, the *Drimin dubh, O!* may not improperly accompany the foregoing. Under that name, by rather a forced allegory, was meant James Charles Edward.—

DROIMIN DUBH O!

A Dhroimin dhuibh dhílis, a scoith shíoda na món',
Cá bh-fuil do mhuintir, nó an maireann siad beódh ?
Tá siad ann sna dígibh sínte faoí an bh-fód
Ag súil le Rígh Séamas do thígheacht ann sa' g-coróinn.

Dá bh-faghainn-si cead aoíbhnis no radharc air an g-coróinn.
Thriallfainn go Sacsan d'oídhche a's do lo,
Ag siúbhal boga a's curraighthe agus sleibhte dubha ceóidh,
No go sinnfeadh air drumaibh an Droimin dhuibh ó !

Dia do bheatha do'n m-baile a Dhroimin dhuibh ó !
Badh mhaith do chuid bainne a's ba mhilis le h-ól,
Do chaóinfinn do leaca a's do chúm caile mar rós,
A's do mhalairt ní dhéanfad a Dhroimin dhuibh O !

In Conaught, the following inferior fragment is sometimes heard. We cannot add, cætera deflenda sunt.

D'éirigh me féin air maidin Dé Dómhnaich,
A's fuair me mo dhruimin dubh báidhte i b-poll móna,
Ghread me na basa a's chuir me na gártha,
Faoi mo Dhruimin duibh dhílis, gan a leagaint slán dam,
Oró a Dhruimin dubh, oró,
A's a Dhruimin dubh dhílis go m-bí tú slán.

[3] *"His revenge cannot sleep and his guards will not flee."*

The original does not, perhaps, warrant the above expression, which might be considered an invidious allusion to the desertion of General Hamilton's infantry, at the Boyne.

[4] *"The Scots, the true Scots"*——

This may allude to the ancient name of the Irish, or more likely to their fidelity to James, in opposition to the treachery of the Scots to his father.

[5] "The Irish scholar who thinks this version over wrought, may be better satisfied with—

"The long-gorg'd adventurer shall pine for a meal,
Driven hungry and houseless from Grana Weal."—*T.*

---

[1] CLARACH'S LAMENT.

This excellent Jacobite song has been alluded to in the notes to the last. It was written to the popular air of "The white Cockade," but the reader, or rather the singer, will easily perceive that the time must be slow, and the expression, almost throughout, pathetic. The Scotch claim the air, as "My gallant braw John Highlandman."

[2] This was an epithet of opprobrium in frequent use with the Jacobites, and applied by them to the House of Hanover, by a mal-pronunciation of the family name of that Royal stock.

[3] This comparison of the youthful chevalier to the renowned heroes of Irish lore, from whom he was descended, is peculiarly happy, and was well calculated to excite feelings of sympathy in his favour. A French writer, describing the prince and his sister, after alluding to the opinion of Plato, that "the soul

frames its own habitation, and that beautiful souls make to themselves beautiful bodies," says, "on both their countenances were divinely mingled the noble features and lineaments of the Stuart's and the D'Este's, and beauty triumphed over both, with this only difference, that in him it was more strong and masculine, as becoming his sex; in her more soft and tender, as suiting with hers; in both excellent and alike." Our bard's description of the young Prince has been much admired.

---

[1] THE FAIR HILLS OF IRELAND.

"Sure," says Spenser, "it is a most beautiful and sweet Country as any under Heaven." "Once," adds Johnson, "the seat of sanctity and learning." "A land," says our illustrious Grattan, "for which God has done so much, and man so little."

[2] "This indeed is a Country worth fighting for," exclaimed William III. when the beauties of the Golden Vale, in Kilkenny, burst on his astonished view; "and worth defending," replied one of his veteran opposers, who happened to be present. Yet, with a pusillanimity wholly incompatible with the character of the brave, William poured down his weightiest vengeance on the heroic defenders of that very Country, for no other crime than acting on the principle, that it was worth fighting for. This was the grand political error which intailed incalculable evils on these Islands for more than half a century after. It strengthened Catholic France, and enervated Protestant England, the latter expending millions to uphold a tribe of reformed ascendency men in Ireland to *oppress* the defenceless Catholics. With reference to William, I will not stain my page by noticing the *secret* services for the profligate grants of this land "worth fighting for," made by him to his Dutch favourites, although on that *dark* subject, some documents

might be adduced, as curious as any that Burnet had recourse to, when he wrote the suppressed passages of his history.—*See Routh's genuine Edition, Oxf.* 1823.

[3] "*Have wrung reluctant praises from the foe.*"

"Cursed be the laws which deprive me of such subjects," cried George II. when he heard of the bravery of the Irish Catholic exiles at Fontenoy. This and a few other indications of humane feeling in that Monarch for the political degradation of the Catholics of Ireland, induced one of their bards to attempt his praise in English, as follows.—

Grádh mo chroidhe my own King George,
I'll toss off his health in a bumper at large,
By the Cross of Saint Patrick he's so very civil,
That the French and the Spaniards may go to the Devil.

However ludicrous this Irish attempt at English versification may appear, yet the sentiment which it endeavours to convey is one that deserves the serious attention of our rulers.

---

[1] THE EXPULSION OF SHANE BUI.

A sensible Scotch writer used to say, that if the composition of the songs of a country were left to him, he cared not who made its laws. Hence Lord Wharton boasted, that he rhymed King James out of Ireland by the old Williamite ballad Lilliburlero: and Bishop Percy noticing that song in his Reliques of ancient English poetry, (where, by the bye, within the compass of a few lines, this Christian Divine found room for the hacknied terms "furious papist, bigotted master, violence of his administration," &c.) quotes his brother prelate, Bishop King, to shew that it "contributed not a little to the great revolution of 1688!" The effects, real or fancied, thus ascribed to these droggrel rhymes, (which were written by the author of the "Irish Hudibras,") may enable the reader to form an idea of the influence which our Jacobite songs must have had on the people of Ireland. Clothed in the language of the Country, which was always regarded and still is cherished with national enthusiasm, and addressed to the religious and political feelings of the multitude, these songs helped, in no small degree, to counteract the effects even of the penal laws. They were transmitted from sire to son, and imprinted on the memory with nearly the same degree of reverence as the doctrines of Christianity. Hence the Catholics and Protestants were as much separated and prejudiced against each other in Ireland, as were the Israelites and Egyptians in Egypt, under the rule of Pharoah.

The present song, which promised the expulsion of the sassanagh Shane Bui, was, for that reason, a general favourite. It is said to have been composed by Ellen Quilty, a fair Munster Lady, but this was probably a nom-de-guerre, assumed by some bard to avoid detection.

---

[1] JOHN O'DWYER OF THE GLEN.

Josephus, in the seventh book of the Jewish war, relates, that after the profanation of the Temple of Jerusalem by the Romans, the voices of Guardian Angels were heard in the dead of the night, crying out through its inmost recesses, Μεταϐαινωμεν Εντευθεν "let us depart hence."—So, in the seventeenth century, when Ireland was subdued, more by clerical cabal and treachery, than by the arms of Cromwell, a similar cry was heard throughout the devoted land, from the brave, betrayed, and deserted Irish leaders, who until then had been the guardian spirits of the country. One of these was Colonel John O'Dwyer, a distinguished officer who commanded in the Counties of Waterford and Tipperary, in 1651, and soon after embarked at the former port with 500 of his faithful followers for Spain.—*Original Irish Privy Council Book*, 1651—4. On the occasion of his departure the present fine ode was composed, and it has ever since continued a general favourite, being well known in every part of Ireland. The air is an excellent specimen of our plaintive music. The opening of the first stanza describes the peaceable state of the country before the troubles, when a portentous calm prevailed, like the silence of death, or the awful stillness which generally precedes a hurricane, or the bursting of a volcano. The remainder of the stanza alludes to the ravages of the war. By the woman mourning over her geese, was meant Ireland lamenting her exiles, who were called ᵹeıdh ꝼıadhaın " wild geese," because, like these birds " they flocked together in concert," and made their annual emigration for foreign shores. The cutting down of the woods indicated the downfall of the ancient families. By the playful goat, mentioned in the second stanza, I should suppose was meant some Irish nobleman or leader, or probably, the lascivious exiled King himself, Charles II.

The description of the havoc by the enemy, and the desolation of the country, is throughout conceived in a high strain of poetical feeling.

At the period to which this poem relates, the animosity of the English against their Irish fellow subjects had reached its greatest height. Before this time horrible acts of atrocity are, no doubt, recorded, but they were in general local, or confined for the most part to individual tyranny; but never until now was the whole population of England simultaneously arrayed in deadly enmity against the Irish. A plan was proposed in the English Cabinet, dooming " the entire Irish race to exile or death, and Colonizing the Country with Jews. It was not humanity which checked this plan, but an apprehension that the chosen people of God would rival in commerce their Christian colleagues."—*Russell's Letters by Duhigg*. This national frenzy was gradually and artfully excited by a few designing men, who afterwards richly profitted by this madness of the many. Amongst other matters they represented the Irish as not entitled to the common rights of humanity; that, in fact, like Nebuchodonozor, they partook of the nature of the beasts of the field, having natural hoofs and horns like their master, the devil; and that a tail was no uncommon appendage to an Irishman's breech. The present generation will hardly believe, that stories like these were then received with implicit credit in England. In the poem of Hudibras we are told that

———tails by nature sure were meant
As well as beards, for ornament.

To this passage there occurs, in Nash's edition of that poem, the following note. "At Cashel, in the County of Tipperary, in Carrick Patrick church, (the cathedral on the rock of Cashel,) stormed by Lord Inchiquin in the civil wars, there were near 700 put to the sword, and none saved but the Mayor's wife and his son. Among the slain of the Irish were found, when stripped, divers that had tails near a quarter of a yard long. Forty soldiers, who were eye-witnesses, testified the same upon their oaths."—It is to be regretted that the names of these forty eye-witnesses were not given, as it is not unlikely but some of them might be traced among the famous ghost depositions of 1641, now carefully preserved in Trinity College, Dublin. Their evidence, however, with respect to the tails had all the effect that was proposed. It was as firmly believed by the vulgar English of that day, as Johanna Southcot's Shiloh is expected by many of the same class at the present. Accordingly in the very year (1647) in which Cashel was stormed, a book was published in London, which ran through several editions, recommending the indiscriminate murder of the Irish, without mercy. The following extract from this horrid book has few parellels among the most sanguinary records of mankind.—"These *Irish*, anciently called *Anthopophagi*, man-eaters: have a tradition among them, that when the Devill shewed our Saviour all the Kingdomes of the Earth and their glory, that he would not shew him *Ireland*, but reserved it for himself: it is probably true, for he hath kept it ever since for his own peculiar; the old Fox foresaw that it would eclipse the glory of all the rest: he thought it wisdom to keep it for a Boggards for himself, and all his unclean spirits employed in this Hemisphere, and the people, to doe his son and heire, I mean the Pope, that service for which *Lewis* the eleventh kept his barber *Oliver*, which makes them so blood-thirsty. They are the very offall of men, Dregges of mankind, reproache of Christendome, the Bots that crawle on the Beasts taile. I wonder *Rome* itself is not ashamed of them.

" I begge upon my hands and knees, that the expedition against them may be undertaken while the hearts and hands of our soul-diery are hot, to whom I will be bold to say briefly: Happy is he that shall reward them as they have served us: and cursed be he that shall doe that work of the Lord negligently! *Cursed be he that holdeth back his sword from blood!!!* yea, *Cursed be he that maketh not his sword starke drunk* with *Irish blood!!!* that doth not recompense them double for their hellish treachery to the English! *that maketh them not heaps upon heaps!! and their Country a dwelling-place for Dragons, an astonishment to Nations!* Let not that eye look for pity, nor that hand to be spared, that pities or spares them! and *let him be accursed, that curseth them not bitterly!!!*"

Within less than two years after this worse than Turkish manifesto, Cromwell landed in Ireland, with 10,000 men, all breathing slaughter. They soon made their swords "starke drunk with Irish blood," and the awful results have been well described by our Bards.

As a relief from this appalling subject, I turn to our poem, of which I present the Irish reader with an additional stanza. There are many inferior verses current as part of it, but the following are, perhaps, among the best.—

D'ólfainn-si geimhe, le mnáibh breágh 'na finne,
'S ní fearr 'ná mar do shinnfinn, le barraibh mo méar,
Corónn ariamh na sgillinn, ni dhearnaidh me dhe chruinn-
neas,
Acht léigeann do silleadh mar dhruchd air an bh-féur.—
'Nois ó tá mé ag imtheacht, 's gan n-dán damhsa filleadh,
Mo dhá ghadhairín oinich, fagfaidh me a'm dheigh,
Sud mnáibh agus leinbh ag éud agus ann iomadh,
Fágfaidh me-si an t-seilg air an ait aca féin.

---

[1] BESIDE THE SUIR.

This fine River has been the theme of many a song. In the present allegorical poem the genius of Ireland appears on its banks, predicting "in sweet accents" the coming of the

——"hero, to sweep from the coast
The ruthless, false-hearted heretical host."

No liberal, or well informed Protestant of the present day can be surprised at these strong expressions of the past, if he call to his recollection the cruel persecutions which the Irish suffered, and the sweeping confiscations of their estates since the days of Elizabeth. Until a recent period, arms and penal laws were the principal instruments of the Reformation in Ireland. With us it literally became the "holy faith of Pike and Gun." Is it then to be wondered at that this faith made no progress in Ireland, or that the people have expressed themselves of it and its professors in the language of our poem? Respect for the sacred name of religion and its ministers, of whatever denomination, here prevents serious developements, from original documents, on this subject, which would fully justify these expressions, and shew that they were not the result of bigotry, but were wrung from an oppressed and persecuted people. No such feeling, however, exists towards the unprincipled legislature that left these defenceless victims bound and prostrate at the mercy of their fanatical foes. The "ferocious" laws against the Catholics of Ireland, so strikingly resemble those imposed by the Mahomedan Caliph Omar, on the Christians of Jerusalem, when he captured that city in 637, that, if the spirit of persecution were not always the same, it might be supposed that the Irish Parliament had the Moslem restrictions in view, when framing those laws.—See the History of the Turks for the following Articles, and the History of the Irish penal laws for more copious comments.

1st. "That the *Christians* (Hibernicè *Catholics*) shall build no new churches, and that *Moslems* (Hib. *Protestants*) shall be admitted into them at all times."

[See the Irish Statute Book for similar restrictions.—The writer has frequently conversed with old people who attended the celebration of Divine Service, amid the ruins of monasteries and in lonely vallies and subterraneous caverns; and during its performance, it was usual to place a watch on the next adjoining eminence, to give warning of the approach of the Priest and Mass-hunters.]

2nd. "They shall not prevent their children or friends from professing *Islamism* (Hib. *Protestantism*) or read the *Koran* (Hib. *Bible*) themselves."

[Even in the present year, 1827, a hot persecution is being carried on by high church landlords in many parts of Ireland, against the poor tenants, for not sending their *children* to Protestant schools.—As to *reading* in any shape, the Catholics were effectually deprived of that advantage, for all education was denied them.—See the several Acts against Popish schoolmasters.]

3rd. "They shall erect no crosses on their *churches* (Hib. *chapels)* and only toll, not ring their bells."

[See the Irish Statute Book.—Crosses erected on Catholic chapels in Ireland have been repeatedly prostrated according to law.—As to *ringing* or *tolling* bells, either was early prohibited, and wholly unknown until of late years.]

4th. "They shall not wear the Arab-dress, ride upon saddles, &c."

[The *dress* (Hib. *rags*) of the lower orders, (or according to their own phrase "the poor slaves") in Ireland, has become proverbial for its wretchedness. Their motly, and miserable appearance in this respect, once induced a witty foreigner to ask, if the English had not sent over all their old clothes to be worn by the Irish.--No Catholic dare ride a horse worth £5., and as for a *saddle,* that luxury was so rarely enjoyed, that its prohibition was considered altogether useless.]

5th. "They shall pay the highest deference to the *Mussulmans* (Hib. *Protestants*) and entertain all travellers for three days gratis."

[As for Catholic *deference* to Protestants generally, from a single example *disce omnia.*—In the town of Galway, the great majority of the Inhabitants was always Catholic, yet not one of them durst enter an open public building there, called the Exchange, with his hat on; nay more, while in it, he should remain uncovered, in the presence of his bonneted Protestant neighbour, as an acknowledgment of his *deference* to him, and of his respect for the "glorious" constitution. This degrading observance was strictly enforced, until James Daly (the grandfather of the present member of the name for that county, and who was himself a Protestant gentleman of considerable influence in the town,) put an end to it, about the commencement of the last reign. He walked arm in arm, through the forbidden building, with a Catholic, who he insisted should be covered, at the same time declaring his determination to punish any insolent bigot, who, for the future, should attempt to enforce the above humiliating mark of distinction. The spirited conduct of that gentleman, on this occasion, secured for him and his descendants the corporate influence in the town, and the parliamentary representation of the county; and even to this day it is remembered by the Catholics with feelings of gratitude.—The remainder of the Moslem article is inapplicable, for it was never necessary to enforce *hospitality* in Ireland, where even the poorest of the poor willingly share their little store with the travelling stranger and the distressed. But the tyranny exercised in this respect over such Catholics as were *suffered* to reside in corporate towns, is worthy of remark. They were almost exclusively forced, under the *bilitting* regulations, to *entertain* the military, and it may be added *gratis*, for the pretended remuneration allowed them, generally proved nominal.]

6th. "They shall not sell wine or any intoxicating liquor."—

7th. "They shall pay a capitation tax, of two dinars each, submit to an annual tribute, and become subjects of the caliph."

Comment on these last, and only remaining articles, is omitted, to introduce the concessions made by the Mahomedan Chief, in return for the above restrictions.—"The Christians shall be protected and secured both in their laws and fortunes; and their churches shall neither be pulled down or made use of by any but themselves."—In vain do we seek for concessions like these to the unfortunate Irish Catholics. Such lenity was too much for them even to expect at the hands of their fellow Christians, and they were content, if barely suffered to exist. May it not therefore be asserted, that the Moslem rulers of the seventh century, have been more observant of the dictates of justice and humanity, and approached nearer in their practice to the divine maxims of the Christian faith, than the Irish Parliament of the eighteenth. The remainder of this appalling picture is left to the imagination of the reader :—but it should never be forgotten that the Christian of Jerusalem, in imitation of his Divine Master, freely forgave his enemies and prayed for them. To the Irish Catholic we would say, " Go thou and do likewise."—The day of persecution has gone by, and a hope remains (notwithstanding some *chimerical* reformation endeavours now in progress,) that the mild spirit of the gospel may at length revisit this island, and that the people of all religious denominations, without distinction of sect or party, may finally forget their differences, and cordially unite in promoting the prosperity of the Country, and upholding the glory of the Empire.

To return to our poem, I find it was composed by Owen O'Sullivan, a Munster bard, who died at Knockanure, in the County of Kerry, about the year 1784. He has indulged much in compound epithets of which the Irish language is so capable, but of which it was found impossible to convey any idea in an English version. This may account to the reader for the apparent disproportion in length between the translation and the original.

ON THE DOWNFALL OF THE GAEL.

[1] Fearflatha O'Gnive, the author of this ode, was family *Ollamh*, or poet laureat of the O'Nials of Claneboy, and he formed one of the train of the celebrated Shane a Diomas, (or the proud) O'Nial, prince of Ulster, who visited the court of Elizabeth, in 1562. Camden describes O'Nial's appearance on that occasion, and tells us, " the Londoners marvelled much at the strange sight." He was attended by Mac Sweeny the

Captain of his guard, Mac Caffry his hereditary standard bearer, O'Gallagher his Marshal, *O'Gnive* his poet, and several other officers. The O'Gnives continued hereditary poets of Tyrone for a long period. In 1679, Lhuyd mentions the then bard of the name, from whom he informs us, he acquired an ancient Irish writing.—*Stowe Cat. Vol.* 1, *p.* 39.—In O'Conor's Dissertations will be found an English prose translation of part of the present poem. The original was addressed principally to the Native Chieftains, whose tottering and degraded state, and horrible persecutions during the reign of Elizabeth, are so powerfully portrayed. O'Gnive may be considered as the Tyrtæus not only of Ulster, but of Ireland. His poems, particularly the present, had no small influence in exciting O'Nial to carry fire and sword through the North, and rousing the ancient Irish nobility to arms against their oppressors in the other parts of the kingdom.

2 " *The word went forth.*"———

The proclamations of the Lord Justice Sussex, in 1563, against the Catholic Clergy, and to compel the people, under heavy fines, to frequent the new reformation service, are here alluded to. Of all the measures ever adopted, and there were many, to alienate the minds of the Irish from the English government, this pious solicitude for the safety of their souls, always proved the most effectual. Our ancestors, it seems, wished to go to heaven their own way, but that would not be permitted. The queen declared herself paramount over the souls of the Irish as well as their bodies, and this prerogative has been since stiffly maintained, formerly by the sword, and afterwards by penal laws, even to the present day. In the commencement of the reign of James the first, the principal charge brought against a refractory Irishman in Cork was, that " he swore an othe not to be governed by any Kinge, but such as should give him the libertie of his conscience."—*Orig. MS. in the Library of the Royal Irish Academy, Dublin.*

[3] *"An hour may come."*——

So odious did the settlers render themselves on every occasion to the Irish, that, in process of time, all distinction was lost between an Englishman and an enemy. In fact the terms became synonymous. The people exulted in the misfortunes of England, and its destruction, or downfall, was always looked forward to with a hope which consoled them under every affliction. This forced, but justifiable feeling, was carefully kept alive by the bards. The following stanza, is one out of thousands which might be produced to that effect.—

Do threasgair an saéghal is shéid an gaoth mar smal,
Alasdrann, Sesar, 's an mhed sin a bhidh na b-pairt;
Ta an teamhair na fér, a's feuch an troidhe mar ta,
A's na Sacsanaigh fén do b-feidir go ffuighdís bas.

The world subdued—like chaff before the blast
The host of Cæsar—Alexander—past,—
Proud Tarah's site is green—and Troy's in dust,
And England's hour may come—remembering, trust.

[4] *"The plough hath passed each hallowed mound,*
Where sages weighed a nation's right."

This passage is explained by the following extract, taken from an Irish Privy Council Book of Queen Elizabeth, preserved in Dublin Castle.—" Articles betwixt the Counsell of Ireland and Sir John O'Reyley, knt. of the co. of Cavan, commonly called the Breney, alias O'Reilie's countrie, the 28th of Aug. in the 25th year of the Queen's reign.—Item, he shall not assemble the Queen's people upon hills, or use any Iraghtes or parles upon hills.—He shall not keepe any Irish Brahons, or suffer the Irish Brahon's lawes to be used within his countrie. —He shall not take Earyckes or recompences for murther or killinge, or suffer any other under him to take the like.—He shall not give comberick to any gent. or Lordes' men, children or brethern that shall happen to offend against the Queen's lawes.—He shall not levy any black rent.—He shall not use, ne keepe within his house, any Irishe Barde, Carroghe or Rymor, but to the uttermost of his power help to remove them from his countrie."—*From the orig. MS. A. D.* 1584.

5 "*Tis England all.*"———

A century after this period, Lawrence boasted, that Ireland might be called west England. The statement was, however, fallacious. It is not so yet, and unless the policy materially change, ages may roll round before it can be so. Ireland has been rendered a paralyzed limb on the empire, but sufficient nerve remains, by which, in some frenzied or convulsive moment, it may inflict a sudden and deadly wound on the body which it ought to protect, support, and adorn. May this awful truth sink deep in the minds of those who have it yet in their power to avert so dreadful a retribution.

6 "*Banba no more her sons can trace*
In failing heart and feeble hand."

The atrocities committed by the English in Ireland, in the reign of Elizabeth, are frequently alluded to by our bards and historians, but the descriptions in most are too general, because the acts were too numerous to admit of particular detail. "When," says our distinguished countryman, Curran, (whose talented Son's translations enrich these volumes,) "you endeavour to convey an idea of a great number of barbarians, practising a great variety of cruelties upon an incalculable multitude of sufferers, nothing defined or specific finds its way to the heart, nor is any sentiment excited save that of a general erratic unappropriated commiseration." For the purpose therefore of conveying a definite idea of the actions, described in general terms in our poem, a single instance out of many which might be collected, may suffice.—

Francis Cosby, a person of slender fortune in England, betook himself to Ireland as an adventurer, in the reign of Queen Mary. He directed his course to the territory of Leix, recently converted into Shire-ground by the name of the Queen's County, and the scene of the horrid massacre of Mullamast. Having recommended himself to the attention of the chief governor, he was, by patent dated 10 Sept. 1558, appointed "general" of the "Kerne," as the then police was called, after the ancient Irish foot-soldiers. Of these, "General" Cosby had 32 under his immediate command, and with their assistance, he performed prodigies of valour against the defenceless natives, on whom he was authorized to exercise Martial law, and inflict capital punishment, at pleasure. The gallows became his favourite implement of death, as the cheapest mode of despatching the surrounding proprietory, and he, accordingly, had one erected near his house in the neighbourhood of Stradbally Abbey, upon a spot, to this day called Gallows-hill. Here he kept up a continual scene of execution for many years, hanging the people in numbers, and not unfrequently suspending them alive in chains, with loaves of bread placed before them, in order to render their death more painful. These necessary severities, as they were called, became a sure passport to the further favourable notice of government; and Sir Henry Sydney, Lord Deputy, in his State papers, reported, that it was needless to make Leix Shire-ground, so great and successful was the care of Francis Cosby and some others, in preserving the public tranquillity; but the Deputy might have added, in the quaint pedantry of his day, ubi solitudinem faciunt tranquillitatem appellant. The tranquillizer, however, was richly rewarded for his "zeal and services against the Irish," by several grants of lands in the new Shire-ground, made to him and his wife, Elizabeth Palmes, by the Queen. Having reached the age of 70 years, he was at length slain by the natives, in a battle of which Camden gives the following account, in his life of Queen Elizabeth.—"When Arthur,

Lord Grey, landed in Ireland to take possession of the lieutenancy, before he received the sword and other insignia of his office, hearing that some rebels, under the command of Fitz-Eustace and Phelim Mac Hugh, prince of the numerous family of the O'Birnes, were committing great outrages and had their retreat at Glandillough, 25 miles south of Dublin, to strike greater terror by a vigorous beginning, he commanded the leaders of the band, who came from every quarter to salute him on his arrival, to collect a body of troops, and go along with him against the rebels, who immediately retreated into Glandillough. Glandillough is a grassy valley, fit for feeding sheep, but a great part of it marshy, with many rocky precipices and surrounded with thick shrubby woods, so that the paths and passes are scarce known even to the inhabitants. When the army came to this place, Cosby, general of the light Irish foot, which are called Kernes, who was thoroughly acquainted with the place, apprised the rest of the leaders how very dangerous it would be to attack them in that valley, so fit for ambuscades; nevertheless he expected them with the most manly courage to dare the danger, and immediately, although he was above 70 years old, rushed forward with the rest of them. The instant they entered the valley they were overwhelmed with a shower of arrows like hail, from the rebels, who were hid in every side among the thickets, so that they could not even see them. The greater part fell, and the remainder struggling through the most difficult paths on the precipices, with difficulty escaped to the Lord-lieutenant, who waited for the event on the top of the hill, together with the Earl of Kildare, and Wingfield, engineer general, who, well knowing the danger, kept one of his nephews, George Carew with him, against his will, reserving him for still greater honors. There were lost in this attack, Peter Carew the younger, George Moore, Audley, and Cosby himself, a man flourishing in military glory."

Francis Cosby left three sons, Henry who died in England,

Arnold who was executed in 1590, for killing Lord Bourke of Castleconnell, and Alexander* who succeeded his father and trod in his footsteps, but particularly in his mode of tranquillizing the Irish. Tradition relates, that he used to hang them in groups, on a large willow tree, near the Abbey of Stradbally; and he is said to have had a common expression, that his Sallow appeared melancholy and unfurnished, whenever it was without one or more of the Irish hanging on its boughs. This circumstance gave rise to the surname *Soileioge*, or, of the Sallow, which the country, through reproach, bestowed on him and his descendants. For these and other acts of "necessary severity," he was at length obliged to sue out a pardon, or patent of Indemnity, which is dated the 6th of Dec. 1593. This was one of the legal indulgences for crime, which were readily obtained, at small pecuniary fines, for the most atrocious acts against the Irish; but for offences, even of a trivial nature against the English, it was both difficult and expensive to procure them. Not long after, however, Alexander Cosby fell in battle, and like his father was suddenly summoned to account before another tribunal. In the year 1596, Owny Mac Rory O'More, Chieftain of Leix, demanded a passage for his men over Stradbally bridge, and the request, being considered as a formal challenge to fight, was refused. On the 19th of May, Cosby hearing that the O'Mores were on the march, headed his kerne, and proceeded to defend the bridge, taking with him his eldest son Francis, who was married a year before to Helena Harpole of Shrule, by whom he had a son, William, born but nine weeks before this fatal battle of the bridge. Dorcas Sydney, (for she would never allow herself to be called Cosby,) and her daughter-in-law, placed themselves at a

---

* He married Dorcas Sydney, a relation of the Lord Deputy, and so numerous were the grants of land obtained by him and his Father, from the 28th of Feb. 1562, when the latter got the suppressed religious house of Stradballye, that they at one time possessed half the Queen's County and a Township over.—*This narrative is taken from an orig. MS. of the late Admiral Cosby.*

window of the abbey to see the fight, and for some time beheld their husbands bravely maintaining their ground. At length Alexander Cosby, as he was pressing forward, was shot, and dropped down dead. Upon this his kerne with melancholy and mournful outcries began to give way; and Francis Cosby the son, apprehensive of being abandoned, endeavoured to save himself by leaping over the bridge, but the moment he cleared the battlements he was also shot, and fell dead into the river. This, as might be supposed, must have been a shocking scene to the widowed ladies, who beheld the entire from the Abbey; yet it is recorded, that Helena Cosby, with the coolest presence of mind, addressed herself to Dorcas Sydney, saying, "Remember, mother, that my father was shot before my husband, and therefore the latter was the legal possessor of the estate, and consequently I am entitled to my thirds or dowry." The Cosby party being entirely routed, O'More ransacked the Abbey, but conveyed the infant and widows to a place of safety. Queen Elizabeth granted pensions to the latter in consequence of their husband's laudable services, and the O'Mores having been declared traitors, their estates were confiscated. The feuds, however, between them and the Cosbies still raged with violence. The infant having died, Richard Cosby succeeded to the Estate, and became leader of the kerne. Eager to revenge the deaths of his father and brother, he challenged the O'Mores to fight a pitched battle. They met in 1606, in the glen of Aghnahely, under the rock of Dunamase, and the engagement was the most bloody ever fought between these rivals. After a long and doubtful conflict, fortune declared in favor of Cosby. The O'Mores were defeated with considerable loss, and seventeen of the principal of the clan lay dead on the field. The revolutions of the seventeenth century completed the destruction of the O'Mores, but confirmed the Cosby family in its possessions.

The foregoing is a single picture, intended to convey an idea of the general practices of the English in Ireland, and of the sanguinary struggles which subsisted between them and the natives, in every part of the Island, for centuries. The Cosbies fought bravely in defence of the possessions they acquired, and, so far, they deserved them; but other settlers resorted to very different modes of aggrandizement, in this ill-fated land of adventure. Amongst these, Richard Boyle, better known by the name of the "great earl of Cork," stands eminently conspicuous. From an obscure adventurer, this man gradually became the most powerful individual in Ireland, and it is related, that Cromwell, a kindred spirit, when he visited Munster, declared that if there had been an earl of Cork in each of the provinces, there would have been no rebellion; perhaps, it might be added, because there would have been but few or none left to complain. The world is already acquainted with Boyle's story, or with such parts of it as his partial biographers, or eulogists rather, thought proper to communicate; but his true character has been studiously concealed. The following extract from a letter* written by him from his mansion at Youghal, to the Earl of Warwick, on 25th Feb. 1641, may serve, for so much, to shew him in his true colours.—" But to return to Ireland wherein my fortune lyes, *and wherein I have eaten the most parte of my bread for these last* 54 *years*, and have made it a great parte of my study to understand this kingdome and people, in their owne true essence and natures; I doe beseech your lordshipp, beleeve this great truth from me, that there is not many, (nay I may more truely say,) very few or none, that is a native of Ireland, and of the Romish religion, but he is either publiquely in this action, or privately in his heart, an assistant or welwisher unto it, for this rebellion hath infected all of them, and the contagion, thereof, is dispersed throughout the kingdome, and as the poyson is generall, soe hath his majesty and the parliament a fitt opportunitie offered them, for these their treasons *to roote the popish partie of the natives out*

* Preserved in the Library of the Royal Irish Academy, Dublin.

of the kingdome, and to plant it with English protestants, for soe long as English and Irish Protestants and Papists live heer, intermingled together, wee can never have firme and assured peace, and his Majestie may now justly interest himselfe in all their lands and confiscations, and have roome enough to plant this kingdome with new English, which will raise him a great revenue, and secure the kingdome to the crowne of England, *which it will never be so long as these Irish papists have any land here, or are suffered to live therein.* For admitt, there be but now 200,000 Irish papists in actual rebellion, which I conceive to be the least number that they are, it must not be the worke of a second conquest, to proceed slowly and sparingly, but roundly and really with plentiful provisions of all kynde to support a warre, I assure your lordship it infinitely comforts all us good subjects, that his Majesty hath been graciously pleased, now at the last, to issue proclamations from thence, whereby the rebells, with their abbettors, adherents and releivers, are proclaimed Traytors; and yf it would please his Majesty, with assent of parliament, to cause an Act presently to be passed there, *to attainte them all of high treason and to confiscate their lands and estates,* to the Crowne, it would utterly dishearten them, and encourage the English to serve couragiously against them, *in hope to be settled in the lands of them they shall kill or otherwise destroy.* Yf your lordshipp thinke it fitt to communicate this, my undigested proposition, to Mr. Pym, Mr. Hambden, Mr. Strowde, and such other prime and active men of the house of Commons as you shall thinke fittest, and that your lordshipp and they doe relish it, I would gladly upon notice thereof, yf soe required, reduce my conceipts herein, to a more perfect declaration and exacter method."—Such was the horrible proposition of this hoary monster, not the destruction of a single clan or district, as was afterwards carried into execution in Scotland, but the indiscriminate extirpation of an entire people, among whom he "had eaten the most part of his bread for 54 years!" Oh! calumniated Prince of Orange, comparatively pusillanimous exterminator, who, after this, will think thee worth noticing as the pigmy murderer of Glenco? It is time that posterity should do justice, and that the memory of this infamous earl should, at length, be consigned to the eternal immitigable execration of mankind. It avails but little as to his exculpation, that the hideous project was not then realized. In England it was unattended to, because there they were otherwise employed. In Ireland, however, he pressed it on the Lord's justices, and they, particularly, the notorious Parsons, proceeded far towards carrying it into execution. This appears from a letter of the latter to the execrable proposer, dated, Dublin, 20th June, 1643, wherein he tells him, "*I am of your mind that a thorow destruction must be made,* before we can settle upon a safe peace. I pray you spare none, but indict all of quality or estate. We have done so hereabouts to many thousands, and have already executed some." *—I shall add no more. The soul sickens at these dreadful recitals, which not even the sanguinary archives of the Turk can equal. Sufficient, however, has been given to shew, that there was abundant cause for the feelings and expressions of the Minstrels, who mourned over the afflictions of their native land.

The Reformation, and its offspring, the Gunpowder Plot, were sources of innumerable evils to Ireland. The latter, particularly, arrayed the people against each other, and originated those violent feelings of hatred and animosity in the Protestant mind, against the Catholics, which, even yet, are not entirely allayed. But that this was a Protestant and not a Popish plot, few well informed persons of the present day entertain the slightest doubt. From a careful inspection of *all the original documents* connected with this dark transaction, preserved in the State Paper Office, London, and without reference to any

---

* This Letter is also preserved in the same Library.

other source or circumstance whatever, I do declare it to be my solemn conviction that the entire was planned and conducted, from beginning to end, by Cecil, Secretary of State to James the first. I do not intend here to enter into the particulars which led me to this conclusion, nor, indeed, is this the place for so doing. One only document, therefore, I shall notice, and that is the official report drawn up by Levinus Moncke, and throughout corrected by his master the Secretary, in his own hand-writing.* When perusing this elaborate statement, it appeared to me, that certain passages could not have been expunged, or particular interlined amendments made by Cecil, if he had not been well acquainted with the plot before the delivery of the letter to Lord Monteagle. If Doctor Lingard, perhaps the ablest of England's Historians, had personally inspected these papers, he probably would have been more decided in his account of this horrid Anti-Catholic conspiracy.

In concluding the few desultory observations, which have been considered necessary to explain some passages in the present part of this collection, I may be permitted to add, that they were undertaken with reluctance, and are ended without regret. Ungrateful, indeed, must have been the task, to turn over the crimsoned annals of a people, whose calamities have classed them mongst the most persecuted of mankind. One great consolation, however, was afforded, by the reflection that the day of persecution has passed away; that the children of the tyrant and the slave, the oppressor and the oppressed, now mingle, without distinction, in the great mass of society; and

---

* Another paper, in the hand-writing of the King, (directing certain queries to be put to John Johnson, alias Guy Fawkes,) deserves attention, as a curious record of the cruelty and pedantry of that weak and worthless Monarch. It thus concludes, "If he will not otherwise confesse, the gentler tortures are to be first applied unto him, et sic, per gradus, ad ima tenditur, and so God speed your good work.!"—*From the orig. MS.*

that the angry passions which formerly raged with violence, are generally and rapidly declining. May no untoward circumstance occur to interrupt this happy procedure; and, in the language of one of our modern bards,—

> "May Erin's sons, of every caste,
> Be Irishmen, from first to last,
> Nor name or creed divide them."

PART IV.

ODES, ELEGIES, &c.

The Bards of Ireland have displayed a genius worthy of any age or nation.

James Macpherson.
Dissertation concerning the Poems of Ossian.

ODES, ELEGIES, &c.

———"paulò majora canamus."

None of the Northern Nations of Europe can produce such ancient, authentic and valuable poetic remains, as Ireland. The influence which this divine art has ever exercised over the human mind, hath been early felt and long acknowledged in this Island, and even at the present day its force is far from being extinguished. Though the preceding parts of our collection have been chiefly confined to lyric song, particularly of the class usually adapted to music, yet it will be found that the Irish language abounds with productions of native genius, and is rich in every department of poetry, from the pointed epigram, to the majestic epic. That the ancient Irish possessed several heroic poems, before the incursions of the Danes, is manifest from many fragments yet remaining; and, that they had Homer's works, or at least the Books of the Iliad, translated, there is reason to conclude from extracts, still extant.* This class, however, does not fall within the scope of these few preliminary remarks, as no specimen of that higher order of national poetry is given; but having been incidentally mentioned, it may be permitted to observe, that the best informed and most liberal Scottish writers, seem at length inclined to admit, that Macpherson's long contested "Poems of Ossian," are principally founded on Irish metrical remains, which, like our music, had long been common to both countries, until exclusively claimed by Scotland in the last century. The names of the persons and places contained in these elegant productions, and the scenery which they throughout describe, clearly indicate the country of their origin. In Ireland they have been recited and sung for centuries, under the general name of ***Finian*** poems, ***Fin,*** (father of the bard ***Oisin,*** the ***Fingal*** of Macpherson's ***Ossian,***) being the principal hero; and not only are they repeated, from memory,

* Our countryman, Scotus, translated Dionysius the Areopagite from Greek, in the eighth century.—*Usher, Sylloge.*—In a large Irish Medical treatise, written on vellum, and bearing the date, 1303, in the writer's collection of Irish MSS. Homer's beautiful description of the rising morn, Ἦμος δ' ἠριγένεια φάνη ῥοδοδάκτυλος Ἠώς, is thus translated—Ar chéad-bhlosgadh na comhaoirach inghean rós-mhéarach na maídne.—I have somewhere found the well known line, Βῆ δ' ἀκέων παρὰ θῖνα πολυφλοίσ-βοιο θαλάσσης, not inadequately rendered—Shiúbhail sé go ciúin air chiúmhais na fairge torranach trom.—There is also in the same collection an old mutilated copy of a translation of the works of Theocritus, with the exception of a few of the latter Idylliums, into Irish verse. The curious medical volume alluded to, was purchased by Garret earl of Kildare, in 1500, he being then Lord Lieutenant of Ireland, for 20 live cows.—*Memorand. in libro.*

by the people in various parts of the country, but they are also found in numerous manuscripts of considerable antiquity.

But the honorable task of illustrating these national poems, and of developing their beauties, seems reserved for some favoured individual in whom the genius of the Poet shall be combined with a knowledge of the antiquities and languages of these islands. From one possessing those requisites much may be anticipated. He will be enabled to dispel the mist in which these relics have been so long enveloped, and point out the native country of the Bard of the West, to the satisfaction of the world. It is not improbable but he may also discover, that the narrative pieces, which resemble so many separate episodes, are but scattered fragments of a regular Epic, which at some remote period was perfect and entire.—In any event, it must be conceded that these heroic remains, stamp a high poetic character on the ancient muse of Ireland.

Her claim, however, to that character does not depend on these alone, nor on any single class of poetical composition. In that, for example, of Historical poetry, which I rank next to the Epic, there are several valuable specimens,* on the more ancient of

* Mr. Pinkerton, in his History of Scotland, Vol. ii. p. 92, bears ample testimony to their high authority. In a letter written by him to the late Bishop Percy, in 1786, (the original now lies before me,) after alluding to the Irish poem, afterwards mentioned in his work, he says, "of all *our* (i. e. the Scotch,) historical monuments, this is the most ancient, and of the first importance to our early history; and it would be a high favour to the whole Scotish nation if any

which, our early history mainly depends. With this fact before us, what opinion must we form of those writers of the last century, *Harris, Beauford, Campbell, Ledwich*, and others, to whom the language of these poems was unknown, and yet who dogmatized so magisterially on our national history? It is remarkable that the last of these, in his sceptical volume, never even alludes to Irish poetry. Many fine historical poems have been composed since the Anglo-Norman Invasion, but they are mostly descriptive of the disasters and oppressions of the country, or contain constant allusions to the manifold afflictions, with which it has been visited, since that memorable period. Hence they are generally of a melancholy cast, and present a mixture of Historic truth and elegiac woe, perhaps peculiar to the poetry of this-ill-treated land. Several of these poems, which might,

---

copy of that chronicle," (i. e. the poem,) "could be procured, for O'Flaherty speaks as if different copies were extant. I cannot too earnestly entreat your lordship to use every application to procure so valuable a national record, which all our antiquaries so earnestly wish to see."—These were the "antiquaries," who after impugning every point of Irish History, were at length obliged to resort to Ireland, for documents to support their own.—Pinkerton proceeds. "Depend on it, my Lord, that I am a stranger to *that little invidious spirit, which animates most Scottish antiquaries* against the antiquities of that noble island, and worthy sister of Britain, in which you now dwell."—*Orig. Letter.*—It were to be wished that this creditable feeling had been more general; but our countrymen may be assured that their early history, poetry and antiquities, have suffered no injury from that "little invidious spirit which animated," not only Scottish but also English writers of almost every class, during the last century, even from the elegant but unfaithful historian, Hume, down to the wretched tourist, Twiss. They were too firmly fixed on the immutable basis of truth to be shaken by assailants whose works are now almost entirely forgotten; while the vestigia veritatis which they assailed, will remain to the end of time, imperishable monuments of the character, genius and learning of ancient Ireland.

with propriety, be termed Political or Historical elegies, are extant. One of the most popular concludes this volume.

Allied to the heroic poem is the *Rosg Catha* or ancient War ode, and of this species of Bardic composition, there are several remnants of uncommon spirit and beauty interspersed throughout our mouldering manuscripts. The sublime, and also what may be termed the lesser, ode, frequently occur; and the names of *Amergin, Ferceirtne, Torna, Dallan, Maolmore* and other bards, who flourished long anterior to the tenth century, are found in our neglected volumes, prefixed to lyrical pieces which would do honor to the literary character of any country. In the department of divine poetry, there are numerous authors, but the sacred odes and hymns of *Donogh O'Daly,* abbot of Boyle in the thirteenth century, merit especial notice. He was the most distinguished Irish poet from the arrival of the English to his own time, and was called the Ovid of Ireland, from the sweetly flowing melody of his verse. Like Prudentius, to whom, however, he was much superior, he confined his muse to sacred subjects, and conveyed the sublime truths and moral maxims of Religion in the fascinating language of poetry.—Many of his hymns, are, to this day, repeated from memory, in several parts of Ireland. Were a comparison to be instituted between him and any English poet, it should be with the celebrated author of the "Night Thoughts," whom, in piety, genius and learning, he appears to have resembled. The publication of the poems of our venerable abbot, would prove an acceptable and valuable present to the Irish people.

In the rich, but imperfectly explored, mine of Irish poetry, which teems with brilliant gems of national genius, the elegiac vein is that most likely to attract and reward attention. The mildly chastened and exquisitely tender specimens of this captivating species of poetry are innumerable. The feelings of a people, broken down by long ages of oppression, and the sweetly expressive language of the land, were alike favourable to the elegiac muse. Hence the manifold compositions of this class, which are met with, in every variety of form, and on every subject, from the melting strains of disappointed love, to the mournful plaint of the patriot bard, lamenting, like Jeremiah, over the fallen fortunes of his country. In tender expression of natural feeling, Irish elegy stands unrivalled. The soliloquy of ***Drilrosg***, over the grave of his brother, ***Argmhor***, beginning—

> Searc seirce mo chroidhe fuidh lias thu Argmhoir!
> Ceó ghleódhach mo rosg thu, a dhearbhbhrathair.

conveys to my mind an idea of desolating grief, which I never felt from any composition, in any other language with which I am acquainted. The exquisite touches of nature in these elegies forcibly display the poetic genius of those noble old bards, whose names are now wrapped up in eternal oblivion. Their language was favourable to their conceptions. It enabled them to pour forth the feelings of their souls, with all the delicacy of pathetic expression, which so peculiarly marks these compositions. Among the elegies contained in the present collection, those of the bard *Mac Liag*, after the fall of his Royal Master, will be read, with some degree of interest, at least in Ireland. Many of the others will be found to contain no small share of poetic excellence. The soliloquy of *Collins* amid the ruins of Timoleague abbey, has been deservedly admired. It is one of the most pathetic pieces in our language, on the solemn subject which it so feelingly describes; and, in the opinion of some competent judges, is not unworthy of a place near Gray's well known Elegy. The genius of Collins bears a strong resemblance to that of his celebrated English namesake. The Historical elegy, also, with which this volume terminates, contains many beauties, but the author I have not been able to discover. It is entitled "The Vision," and is supposed to have been delivered over the graves of the celebrated O'Nial of Tyrone, and O'Donnell of Tyrconnell, who rendered themselves so formidable to the English Government in the reign of Elizabeth. After a short view of the oppressions which the Irish suffered from the commencement of the Reformation, in the time of Henry the eighth, to the breaking out of the civil commotions in 1641, the poet proceeds more minutely to detail the gallant exploits of his countrymen, and the disastrous occurrences which took place in Ireland after that eventful period. A production so curious and so interesting cannot but command the attention, and awaken the sympathies of the descendants of those whose actions are so well described, and whose fall is so eloquently mourned. The translation of this poem by my gifted young friend Mr. Curran,* will be found true to the spirit and

* The readiness with which this gentleman has contributed his talents to forward

meaning of the original. It is pervaded by the same fervency of national feeling which animated and distinguished the patriot bard.

In the pastoral walk, the remains of our ancient rural poets have been already noticed. In these compositions nature alone was studied, and in her simple and unaffected language they spoke directly to the heart. Some sweet passages of this description will be found throughout these volumes. Here it may be observed that in general these poems abound more in the districts where pastoral life lingered longest, than in the other parts of the Island. With respect to the satiric muse, it is, on the other hand, remarkable that it prevailed chiefly in those parts, which were most exposed to the visitations of the English, or which lay contiguous to the places where they originally settled. *Angus na naor*, or the satirist, and *Teige dall*, cotemporary bards, in the time of Elizabeth, have acquired much celebrity among their countrymen for their talents in this line; and their works,

---

this work, is entitled to my most grateful acknowledgments. As far as these unassuming pages shall reach, they may connect his name with our native literature, but that name requires not their feeble aid to extend or perpetuate its honors. It is already interwoven with the brightest recollections of Ireland—with those memorable scenes in which his illustrious parent, surrounded by the other bright spirits of the age, contended in the glorious struggle for National independence, and succeeded in restoring their native country to that rank among Nations, from which it had been so long, and so unjustly degraded. The simple expression, therefore, of thanks is the best return in my power to make to Mr. Curran for his generous co-operation, and it may be the most acceptable, when he is assured, that my only inducement for undertaking this work was to rescue even a few of the remnants of our neglected poetry from oblivion.

yet remaining, contain ample proof of their abilities. So bitter were the invectives of the latter bard, that they cost him his life; and the former is said to have been employed by the Queen's agents here, to satirize the principal Irish families, and sow dissensions among them, an unworthy task, to which he prostituted his genius, in an able poem still extant. And here, in conclusion, I cannot but regret, that want of room, and other circumstances, have obliged me to omit not only this, but other excellent poems, originally intended for this publication. Yet I venture to hope, that even the few specimens given, may meet or deserve a favourable reception from the admirer of simple, unaffected nature, and genuine poetical feeling. They will, at least, serve to shew that our neglected bards deserved a better fate than that which they have hitherto experienced; and may, also, perchance, have the effect of stimulating others, to collect and publish their venerable remains, which, if adequately performed, cannot fail to shed a lustre on the literary character of Ireland.

NUALL-GHUBHA THORNA,

ag caoineadh a dhalta.

Mo dhá dhaltán nír fad liúm
Niall Theamhra, Corc Caisil ciúin,
Ua Eóghain mhóir mór a rath,
Ua Chuinn mar Chonn chead-chathach.
Gabhsat Eirinn, mór a m-brígh,
Fa chomhchosmhail a c-comh-ghníomh,
Gér sat tenn Niall nert n-goile,
Níor fhaomh Corc a ionnsoighe.
Ge do chuaidh go h-Albain ain,
Niall mac Eachach Muíghmheadhain;
Do rachadh Corc seacha soir
Muna bheith Niall re a aghaidh.
Nocha bh-faca fear amhuil Néill,
Ag ionnsóighe eachtrann a c-céin;
Noca n' faca fear mar Corc
Dar luach arm tana taobh-nocht.

TORNA'S LAMENT FOR CORC AND NIAL,

A. D. 423.[1]

BY JOHN D'ALTON.

Oh! let me think in age
Of years rolled by,
When in the peace of infancy,
Mid all the ties of holy fosterage,[2]
The future lords of Erin's doom,
With smiles of innocence and unambitious play,
Passed the rapid hours away:
The royal children of my heart and home,
Nial, the heir of hundred-battled Con,
And Corc, of Eogan-more, the not less glorious son.

Years passed, my plumy eaglets grew,
Their deeds were blazoned far:
O'er many a land with Nial victory flew,
But Corc he never met in war.—

Nocha n'faca dias do b'fearr
A t-tir do thíribh Eirionn,
Ba géire Gairge gona
Clearsáigh aigh eagnomha.
  Is me Tórna a ráidhios ráinn,
Mo dá dháltan an dias ráidhim,
Dom réir thigdis gach lá
Mo dha mhac mo dha dháltan.
Do b'aoibhinn dhamh do bheith seal
Idir Theamhair is Chaisiol,
O Theamhraigh go Caisiol cáin,
O ath Chaisil go Teamhair.
Tan do bhinn mar aon is Niall
Mé do bhíodh ag snaidhm na n-giall,
Tan do bhínn mar aon is Corc,
Fa mé a chomhairleach comhnort.
Is uime do chuirinn Niall
Dom' leith dheis fa chaoímh an chiall,
Air uaisle an leithe dheis, dhil,
Do mhac Righ Eirionn eachtaigh.
Is uime do chuirinn Corc
Dom' leith clé níor chaoímhthach docht,

Albania bowed to Nial's bands,[3]
His sword has waved o'er foreign lands;
Yet great as all his glories were,
They had been Corc's—had he been there:—
The eye of heaven ne'er looked on one
  So godlike in the field as Tara's lord,
Save him, the comrade of his youth, alone—
  Brave Corc, terrific wielder of the sword.

Twin children of my love! my memory dwells
  On Erin's proudest deeds and days;
On all that history tells
And senachies have wove;
  Yet meet I none who boast your meed of praise,
Twin children of my love.

It is your Torna speaks, how blest was he,
When babes you lisped affection at his knee;
How yet more blest when in your noon of power,
He shared the splendors of your social hour;
When fain would Cashel's Corc his steps detain,
And Tarah's Nial wooed him back again.

Yes, it was mine, 'twas Torna's envied lot,
To share the inmost secrets of their thought,

Air fhoigsi a chuirp dom' chróidhe
Do bheith Chuirc 'n a chómhnuíghe.
Uch! gan Corc ua Eóghain áin,
Uch! gan Niall ua Cuínn cómhláin,
Uch! gan Niall Theamhra thóir,
Uch! gan Corc ceann-árd Chaisil!!
Do bhris mo chonn, is mo chiall,
O nach mair an rígh ro Niall;
Do bhris mo chróidhe is mo chorp,
O nach mair an righ ro Corc.
Leith Chuínn fa chíos is fa cháin,
Déis mhic Eachaich Mhuídhmheádháin;
Deis mhic Luíghdheach nár luaidh gó,
Do chuaidh leath Mógha a múgha.

To sit between them.—At one side,
My right, was Nial throned, the seat of pride;
Nor less my left by Cashel's king was graced,
Pulse of my heart! well wert thou next it placed.

Sons of the brave our day is gone,
 Our destiny is spoken,
A stranger rules on Cashel's rock,
 Another sits on Tara's throne;
Leath Cuin—Leath Mogha pour the funeral strain,
And I a weary hour of woe remain.
In Nial's fall my reason felt the shock,
 But oh! when Corc expired—my heart was broken.

DO AODH MAC DUACH.

Dallan Forgaill ró chan.

Aodh suithchearn seal séigh,
  Con sealga a sciath;
Neabhthonn a rean reabcean
  Ar d-treabh 's ar ttriath;

Beiramuine a chruth dein
  Tar gach ffionn-sruth bh-fial;
Mo chean, tnúth gach triaith,
  Mo sgiath sgeó sciath.

Sgiath bhreac, bhuartha, bhreón;
  Geiseadh bíodhbha a bruach;
Sciath chómhdáighe chaóimh
  Atá ag Aodh mac Duach.

Béaram air Mhac Duach
  Ne n-dol for chaoí,
Sciath chomhdaiche chaóimh,
  Deoin ar magh Aodh.

DALLAN FORGAILL'S ODE TO AODH, SON OF DUACH.

A. D. 580.[1]

BY HENRY GRATTAN CURRAN.

Bounteous and mighty Aodh ! whose potent shield
Glares likes a fatal star upon the field—
Fierce as the stooping hawk or following hound,
Resistless as the ocean billows bound—
Thy shield I sing—the warrior's best relief—
Avenger of the fall of sept and chief ;
Brighter than foam that shrouds the bursting wave,
That glorious shield, that heroes, monarchs crave,
Renowned o'er all that warlike arm may wield
Amid the failing ranks ! dread, speckled shield ;
That guardian shield where Duach's son uprears,
Awe struck, the daring heart no longer dares.
Oh, would the prince our bardic spell requite
With that proud shield—dread portent of the fight;
Aodh's glorious name through Erin's plains should ring,
While Dallan's hand could wake the trembling string.

Do Dhuibhghiolla, sciath Aoda.

Dallán Forgaill ró chan.

Duibhghiolla do mhaise éo fraise,
 Nin sloighe snaise;
 Do dhéan duain d'fiosa againne,
 D'Aodh do chionn láimhe glaise.

Lán nach ionnan ag diabhlasadh,
 An bior culainn dair chraobhaibh;
 Beid uile for luaimneadh,
 Fraig a g-coma for faobhrag.

Eadach gnáith air a chorp, ní ghaibh,
 Snáthad no snáithe trom,
 Tiagh mar tharbh air roith brait,
 Air na slait air na faithe.

Gan gairm a g-ceill do fíghe,
 Gan chloídheamh gan ruinne,
 Osna gaoíthe go n-duibhe bruinne,
 Duine bar seiochgháir Aodh duille duibhe.

DALLAN'S ODE TO DUBH-GHIOLLA, THE SHIELD OF AODH.

BY HENRY GRATTAN CURRAN.

Bright as the speckled salmon of the wave!
Dubh-Ghiolla! panic of the banded brave;
With thee would I combine in deathless praise,
Proud Aodh, whose arm of might thy burthen sways.
Fenced with its thorny mail the holly stands—
So round the prince the guardian shield expands:
The bull's strong hide the needle's point defies—
Thus vainly round him baffled ranks arise:
That shield at once his panoply and blade,
He scorns the spear, the falchion's feebler aid.
As chafing storms too long in durance pent
Sweep through the forest, finding sudden vent;
Such is the voice of Aodh, when with his shield
Compassed, he stands bright terror of the field.

TRIAMHUIN SHEANCHAIN OS CIONN CHOIRP MHAIRBH DHALLAIN.

Ionmhuin a chorp torchair ann;
 Ge'r fear trom, budh fear éudtrom;
 Eadtrom corp, budh trom féadhna,
 Mor ghliar dá'r bhudh tighearna.

Tri caoga dhuinn mar aon fris,
 D'eaigsibh feabhdha, forba fios;
 D'á m-beimís lion budh lia,
 Foghluim nuadh-dhuain gach dia.

Uaim dílion, na sóithchit slóigh;
 Duine Easa ruaidh ró mhóir;
 Tuille mara ró mhór rainn
 Samhail íntleachta Dhallainn.

SEANCHAN'S LAMENT OVER THE DEAD BODY OF DALLAN.[1]

BY HENRY GRATTAN CURRAN.

The soul is fled, but still that brow, tho' cold, its
transcript wears ;
And the hearts that loved him ache above each record
that it bears.
Of mighty mould, yet courteous—henceforth who the
bards shall lead,
That honoured him, their gifted chief, for whom our
bosoms bleed ?

Thrice fifty bards of passing skill attended in his train—
But the fleetest hand that swept the harp would pause
amid the strain ;
And slumber on the silent chord beneath the wakening
swell
Of Dallan's harp—a thousand more had owned the
potent spell !

Go ristear tar an n-gréin n-gil,
Do dhealbhuigh dia ós na dúilibh,
Ní ríocfaidh file tuaigh no theas
Tar Eochaidh réidh rígh caighis.

Ba h-eagna, a Dhé nimhe,
Ba h-uasal, ba h-árd-fhile,
Go tteagmhadh tonn d'á bhás buil,
Och ! ba h-áluinn, ba h-ionmhuin.

As wintry torrents when along their channelled depths
they rave,
Was Dallan's song—'twas as the strength of Easroe's
bounding wave:[2]
His wit was as the winged shaft as rapid—and as deep
As ocean where, beneath the tide, the silent waters sleep.

From chaos as the sun appeared through clouds asunder
riven,
When the mighty one's behest had marked his path-way
in the heaven;
The stars grew feeble in his light, transcendant as he
shone—
So Dallan, mid surrounding bards, stood glorious and
alone.

His glowing lip, oh king supreme! thy power with
wisdom blessed,
And the minstrels hailed him for their chief—the brightest
and the best;
Our reverence, our love were his—but death the arrow
sped,
And wounded through his comely side each heart that
mourns him dead.

CIONN-CHORRAIDH.

Mac liag ró chan.

A Chinn-chorraidh! caidhi Brian?
No caidhi an sgiamh do bhidh ort?
Caidhe maithe na mac ríogh
Fa re n-ibheamaóis fíon a'd phort?

Caidhe uile an laochra lonn?
A Chínn-chorraidh na bh-fonn!
Caidhe Dáil-ccais na ccolg n-óir?
Caidhe na slógh bhídh um Bhrian?

Caidhe Murchadh mac an rígh,
Fear nach d-tiubhradh brígh a séud?
Caidhe snámhuidhe na sreabh?
Caidhe fear an chómhlainn céud?

KINCORA, OR MAC LIAG'S LAMENT.[1]

A. D. 1015.

BY JOHN D'ALTON.

Kincora, where is thy lord?
Ah where is thy verdure of spring?
Where the nobles, and minstrels, and sons of the sword,
With whom we have feasted and drank at thy board?
Kincora! where is thy king?

Where are thy heroed bands,
Thou queen of the Emerald plain?
Where are the golden-hilted brands,
That gleam'd in the gallant Dalcassian's hands,[2]
And Brian's kingly train?

Where is the son of Borù,[3]
Who ne'er valued the presents he gave?
A hundred in battle victorious he slew,
And the rivers of Erin exultingly knew
When he breasted their foamy wave.

Cáidhe Donnchadh déagh-mhac Bhriain ?
Cáidhe 'n a dhiaidh Conaing caomh ?
O nach maireann Cian na Corc !
Cia anocht re d-tiúbhrad mo thaobh ?

Cáidhe mac Eamhín an áigh ?
Cáidhi a lán d'á raibh ag Brian ?
Cáidhi rígh eóganachta uill ?
Cáidhe báiscionn o'n d-tóinn t-siar ?

Cáidhe Dúbhlainn na n-each n-dian ?
No cáidhe Cian mac Maolmhuaidh ?
No Conn lonn, argdha, lán,
Fear do chuireadh áir gach sluagh ?

Cáidhe giolla do b'fearr méid,
Mac Righe Alban na 'r threig sinn ?
Gidh gur mhaith a ghal a's a ghníomh,
Do bheireadh dhamh cíos, a Chinn !

Do chuaidheadar súd leath air leath,
Na meic ríogh na'r chreach cíll,
Ní bhiadh air domhain d'á nóis,
Teasda sin de'm chéill, a Chinn !

And Donogh the good is gone,
And Conaing of the comely brow!
I feel—oh!—I feel as I stood alone,
Neither Cian, nor Corc, can hear my moan,
Where—where, is my refuge now?

The fortune that Eavin crown'd,
Alas, to his son was denied!
And where is the king of Eugenia, renown'd,
And the myriads that rose at the gathering sound,
And the chief of the western tide?

Dulaing, shall I never enjoy
The sight of his swift-footed steeds;
Nor my Cian, the invincible son of Molloy,
Nor Con, who his foes by a look could destroy?
But who can record their deeds?

Where is he of gigantic mien,
Who ne'er from our standard would flee?
All great as his prowess and actions have been,
Yet thou my Kincora! wert ever the queen,
And he but a vassal to thee.[4]

Where is their silent abode,
Who once were the flower of Temora,
Fearless and fierce through the battle they strode,
But their hands never rifled the altars of God—
Oh, their loss has derang'd me—Kincora!

Meic ríogh do leanfadh a lorg,
Laochra Dáil-ccais na ccolg t-slím,
Go bh-fághainn-si shoir nó shiar,
Och! do b' olc an chiall, a Chínn!

Brian Bóróimhe bínn re rádh,
Ionmhuin lámh do bheireadh sinn;
Tús a chupán 's a chornn m-breac,
Is mairg damh do chleacht, a Chínn!

Is mairg tá beódh gan Brian!
Is mé Mac Liag ó'n línn,
Do'm thogairm go tigh na séud
Do thugadh fó chéud, a Chínn!

Sons of a royal race,
Dalgais of the far gleaming sword!
Who could emulate deeds that the bard cannot trace?
Ah, could I on earth find your dwelling place!—
Alas, 'tis a senseless word!

But sweet is the theme to our souls,
And welcome the praise ofBorú!
With silent enjoyment my memory rolls,
To the times when he gave me the first of the bowls—
Alas, that such honours I knew!

But all my hopes deceived me,
Yet I love thee for sorrow's sake;
In thy palace of jewels how oft he received me,
But, Kincora! the fate that of Brian bereav'd thee,
Hath orphan'd Mac Liag of the lake.

ÓNG-CHUIMHNIUGHADH MHEIC LIAIG AIR BHRIAN AGUS A MHAITHIBH.

Uathmhar an óidhche a nocht,
A chuideachd bhocht, gan bhréig!
Cródh ní sáilti dhíbh air dhuain
Air an ttaoíbhsi thuaidh do'n n-Gréig.

A sé Dia fá dearna dhúinn
Gan ár súil re duais na rann;—
Ró mhór fuaireamair d'á cheann,
Baoghal liom a aithfir thall.

Aghaidh dhamh-sa do fhios Bhriain,
Is é ag fleadhachus ag Cian,
Mac Maelmhuadh fá fada lais
Air m-beith aghaidh 'n a éagmais.

MAC LIAG MOURNFULLY REMEMBERS BRIAN AND HIS NOBLES.

BY THE REV. WILLIAM HAMILTON DRUMMOND, D. D.

In a far foreign land, on a pilgrimage wending,[1]
  A bard of green Erin passed cheerless along;
On the dark barren heath gloomy night was descending,
  He thought on past pleasures, and thus grieved in song:
" Sad and gloomy the night that now gathers around;
No door opens friendly with sweet welcome sound;
For poesy here no calm shelter is found;
  No repose for the bard these wild regions among.

" Since heaven so wills, be its ordinance blest,
  That verse in this land no reward shall enjoy:
Once with gifts it was honoured—the bard was caress'd
  With a love that hereafter his peace may annoy.
Ah! well I remember—to Brian, of old,
When foamed the red wine in the goblet of gold,
As with Cian he feasted, the hours slowly rolled,
  If he heard not the songs of the son of Molloy."

Dia bhar m-beatha a bhus, ar Cian,
A chliar thig ó thigh uí Néill!
"A éigis," a deir do bhean,
"Suaill nár thréigis do theach féin.

"A taoí trí ráithe amoigh.
Acht a bh-fuil ó mogh go né;"
"Is é sin," ar Murchadh, mac Bhriain,
"Teachtaireacht an fhiaich ó'n n-áirc."

Innis dúinn th-éadáil a thuaidh,
Ar Ard-rígh shluaigh Chairnn í 'Néid,
Innis do mhaithibh ffear ffáil,
Luidh fá'm láimh nach déanair bréaig.

Dar an Rígh sil ós mo chionn,
A sé thugas liom a thuaidh,
Fiche each, deich n-uinge d'ór,
A's deich ffichid bó do bhuaibh.

Do bhéaram-ne an dias so dho
Ní sa mhó d'eachaibh 's de bhuaibh,
A n-éugmais a ttiubhradh Brian,
A dubhairt Cian Mac Maélmhuaidh.

"Welcome, bard," said the monarch, his face beaming gladness,
When he saw me return from the hall of O'Neill:
"Thy consort is pining, forlorn, and in sadness,
To think thou hast left her for ever to wail.
Bard, long was thy absence—what tidings of worth
Dost thou bring from the black cloudy lands of the north?"
"As the raven's"—cried Morrogh—"what time she flew forth
From the ark, well I wot, is our wanderer's tale."

"But come, tell what gifts and rare treasures you bring,
From him who bears sway o'er the Carn-i-neid host;
To Innisfail's nobles, and first to our king,
Swear true, by this hand, not to flatter or boast."
"By heaven"—I cried—"all the truth I'll unfold.
Twice ten gallant steeds—ten rich ounces of gold;
And of kine, ten the choicest, twice ten times well told;
Such the treasures I bring from the fair northern coast."

Dar an rígh, do rádh mé a socht,
'S do dhorchaidh a nocht mo niamh,
Fuaras a dheich n-uiriod sin
Air an bh-fleadh sul do luidh Brian.

Seacht m-baile a'm chómhair d'a chraóibh,
Rígh na ríogh do rádh mé n-iar,
Agus leath bhaile go fíor
Ann gach port a m-bíodh Brian.

Do rádh Murchadh, deagh-mhac Bhriain,
“Air na mhárach,” 's níor chiall uaidh,
“Uiriod a bh-fuairis a réir
Do gheabhair uaim féin 's ní air th'fhuath.”

"With presents," said Cian of generous deeds,
  "More noble, O Morrogh, his song we'll reward
With more numerous kine, and more swift-footed steeds,
  Beside what the Monarch shall give to the bard."
And true, (to remember—my griefs fresh arise)
Ere the banquet was finished—or sleep closed the eyes
Of munificent Brian, I shared a rich prize,
  E'en ten times more worthy the poet's regard.

Seven herd-covered plains spreading fertile and wide,
  Gift worthy a monarch—the king gave to me;
And a district, for aye, where his court loves to bide,
  In sweet summer sojourn, by mountain or sea.
Said Morrogh the pious, nor spake he in vain,
"Whate'er the rich gifts thou, to night shalt obtain;
To-morrow, their equal from me shalt thou gain,
  With the love of a prince, bard, devoted to thee."

CUIMHNIUGHADH MHEIC LIAIG AIR BHRIAN BOROIMHE.

Fada bheith gan aoíbhneas,
Mar ná'r shaoíleas go bráth bheith ;—
Mar do bhádhus a g-Ceann-choradh chaoímh,
Nior bh'uamhan liom aon do'm chreich.

Dá maireadh Brian bheinne-builg !
A's Murchadh a luirg na long !
Ní bheídhinn-si a n-Inse an Ghaill-duibh,
Mar a tt'ionnsaigh tuile a's tonn.

Dá maireadh Conaing na g-cuan !
Ormhuill sluagh, laoch ná'r lag !
Fear mar é Eachtóir na sluagh,
Ní léigfeadh mé uaidh a bh-fad.

MAC LIAG, IN EXILE, REMEMBERS BRIAN.

BY THE REV. WILLIAM HAMILTON DRUMMOND, D.D.

Tedious and sad lag on the joyless hours,
Ah! ne'er did fancy bode a change so dire!
What time I dwelt in sweet Kincora's bowers,
I little feared the barbarous spoiler's ire.

Had Brian lived, munificent and good;
Or Morrogh, in his stately mansions fair;
Ne'er in the isle of strangers black and rude,[1]
Whelmed had I sunk beneath a flood of care.

If Conaing lived, the guardian of our coasts,
The chief of thousands, hero great in might
As dauntless Hector, of the Trojan hosts;
Long had I ne'er been exiled from his sight.

Do bheir me duilbhir, doirbh,
  Nocha g-cluinim tairm na d-triath,
  Níor bh'ionnann a's an siúbhal fuair,
  Dá ráinigh air cuairt go Cian.

Do chuadhas go Cian an Chairnn,
  Níor thriath gan tairm an tír theann,
  Ní raibh, acht Brian na m-brat sróil,
  Triath budh choir do chur 'n a cheann.

Grief and despair my anxious bosom fill,
  To hear my prince's joyous voice no more;
Oh! how unlike this journey drear and chill,
  Was that to Cian, in the days of yore!

To Cian of the Cairn—to Cian, high
  In wealth and power, I went with bounding speed:
With him could none but royal Brian vie,
  In every generous thought and glorious deed.

CEARBHALL O'DALA AGUS AN MACALA.

Cearbhall ró chan.

Cearbhall.—A Mhac-ala dheas,
O's duit is feas a lán,
Cread, a ghlórach ghrinn,
Do bheir sinn d'ár g-crádh?—
Macala—grádh.

C.—Grádh! ní h-eadh d'ar n-dóich,
Aithnidh dhamh-sa an gean,
Mo chéudfadh do chlódhaigh,
Uch! d'ar n-dóich ní h-eadh!—
M.—ní h-eadh.

C.—Muna b'éad a tá,
Do chuaitlibh Dé rinne crádh,
Liaigheas a n-dán damh,
Innis damh ma tá?—
M.—a tá.

CARROLL O'DALY[1] AND ECHO.

BY JOHN D'ALTON.

Carroll—Speak, playful echo, speak me well,
For thou know'st all our care;
Thou sweet responding sybil, tell,
Who works this strange affair?—
Echo—A—fair!

A fair—no, no, I've felt the pain,
That but from love can flow;
And never can my heart again
That magic thraldom know.—
Echo—No.

Ah then, if envy's eye has ceased
To mar my earthly bliss;
Speak consolation to my breast,
If remedy there is.—
Echo—There is.

C.—A shíogáidhe ghlic, ghrínn,
Friotal línn go réidh,
Cread is liaigheas damh?
Níor fhionnas ort bréag.—
M.—éag.

C.—Má 's é an t-éag, go deimhin,
Is foirchionn tíre ar b-pian,
Do dhruideadh liom,
Do'b ait liom, dar fiadh!—
M.—dar fiadh!

C.—Dar fiadh féin do'b ait!
A ghlach ghlan gan ghó;
Gídheadh, air do bhás!
Ná cluineadh Cáit so.—
M.—Cád so?

C.—Cád so, an diabhal ort!
A thrúigh ná'r loc bréag!
Fáth do mhagaidh ná can,
Faoi Cháit is geal déad.—
M.—éad.

Gay witty spirit of the air,
If such relief be nigh;
At once the secret spell declare,
To lull my wasted eye.—
Echo—To die.

To die! and if it be my lot,
It comes in hour of need;
Death wears no terror but in thought,
'Tis innocent in deed.—
Echo, (surprised)—Indeed!

Indeed, 'tis welcome to my woes,
Thou airy voice of fate;
But ah! to none on earth disclose
What you prognosticate.—
Echo, (playfully)—To Kate.

To Kate, the devil's on your tongue,
To scare me with such thoughts;
To her, oh could I hazard wrong,
Who never knew her faults.—
Echo—You are false.

C.—Má's tré Narcissus tréan,
A taóí ag éad reat olc,
Beag an bith, dar Duach!
A dhul uait 's an loch.—
M.—Och!

C.—Míle och a's mairg,
Do chluinim agaibh gach láoi;—
Cread a tá libh 'g á luadh
A thruaigh chorrtha an chaóidh?—
M.—Caóidh!

C.—Do chaóidh Narcissus,
Do rug bárr gach gnaóidh;
Sguir ạ's go rug a áit,
An bárr-so má's fíor.—
M.—Is fíor.

C.—Beannacht air do bheal,
Ná'r chan bréag a n-diúmh,
O taóir ag dul a bh-fad,
Cuirim leat adieu.—
M.—Adieu.

If thy Narcissus could awake
  Such doubts, he were an ass,
If he did not prefer the lake,
  To humouring such a lass.—
    Echo—Alas!

A thousand sighs and rites of woe
  Attend thee in the air;
What mighty grief can feed thee so
  In weariless despair?—
    Echo—Despair.

Despair—not for Narcissus' lot,
  Who once was thy delight;
Another in his place you've got,
  If our report is right.—
    Echo—'Tis right.

Dear little sorceress, farewell,
  I feel thou told'st me true;
But as thou'st many a tale to tell,
  I bid thee now adieu.—
    Echo—Adieu!

SLÁN LE H-ÉIRINN.

Dochtuir Céitinn ró chan.

Mo bheannacht leat a scríbhinn !
 Go h-inis aoibhinn Ealga ;
 Is truagh ! nach léur damh a beanna,
 Gídh gnáth a d-teanna dearga !

Slán d'á h-uaisle a's d'á h-oireacht ;
 Slán go ró bheacht d'a cléir'chibh ;
 Slán d'á banntrachtaibh caoine ;
 Slán d'á saoithibh le h-éigsibh !

Mo shlán d'á mághaibh míne,
 Slán fá mhíle d'á cnocaibh !
 Mo chion do'n t-é tá innti ;
 Slán d'á línntibh a's d'á lochaibh !

DOCTOR KEATING[1] TO HIS LETTER.

BY JOHN D'ALTON.

For the sake of the dear little isle where I send you,
For those who will welcome, and speed, and befriend
    you;
For the green hills of Erin that still hold my heart there,
Though stain'd with the blood of the patriot and martyr,
                My blessing attend you!
                My blessing attend you!

Adieu to her nobles, may honor ne'er fail them!
To her clergy adieu, may no false ones assail them!
Adieu to her people, adieu to her sages,
Her historians, and all that illumine their pages!
                In distance I hail them,
                More fondly I hail them!

Slán d'á cóilltibh fá chorthaibh ;
  Slán fós d'á corradhaibh iascach' ;
  Slán d'á móintibh a's d'á bántaibh ;
  Slán fós d'á ráthaibh a's d'á riasgaibh !

Slán ó'm chróidhe d'á cuantaibh ;
  Slán fós d'á tuarthaibh troma ;
  Soraidh d'á tulchaibh aonaich ;
  Slán uaim d'á craobhaibh croma !

Gidh gnáth a fóirne fraochda.
  Ann inis naomhtha, neambochd ;
  Siar tar dhromchladhuibh na dílean,
  Beir a scríbhinn mo bheandochd.

Adieu to her plains, all enamell'd with flowers !
A thousand adieus to her hills and her bowers !
Adieu to the friendships and hearts long devoted !
Adieu to the lakes on whose bosom I've floated !
In youth's happy hours,
In youth's happy hours !

Adieu to her fish-rivers murmuring through rushes !
Adieu to her meadows, her fields, wells, and bushes !
Adieu to her lawns, her moors, and her harbours ;
Adieu, from my heart, to her forests and arbours,
All vocal with thrushes,
All vocal with thrushes !

Adieu to her harvests, for ever increasing !
And her hills of assemblies, all wisdom possessing !
And her people—oh ! where is there braver or better ?
Then go to the island of saints, my dear letter !
And bring her my blessing !
And bring her my blessing !

BEANN EADAIR.

Is aóibhinn a bheith a m-Béinn-Eadair;
Is fíor-bhínn a bheith ós bán-mhuir;
Cnoc longmhar, lonnmhar, líonmhar
Beann fhíonmhar fhonnmhar, ághmhar.

Beann a m-bíodh Fionn a's fianna;
Beann a m-bíodh coirnn agus cuacha;
Beann a rug O'Duibhne dána
Uídhe Ghráinne de shonn ruagadh.

Beann is tom-ghlan gach tulach,
A's gach mullach cómhghlas, corrach;
Beann bhileach, mhongach, bheannach;
Cnoc creamhach, cnóbhach, crannach.

ODE TO THE HILL OF HOWTH.

BY THE REV. WILLIAM HAMILTON DRUMMOND, D. D.

How sweet from proud Ben-Edir's height,[1]
To see the ocean roll in light;
And fleets swift-bounding in the gale,
With warriors' clothed in shining mail.

Fair hill, on thee, great Finn of old,
Was wont his counsels sage to hold;
On thee, rich bowls the Fenians crowned,
And passed the foaming beverage round.[2]

'Twas thine within a sea-washed cave,
To hide and shelter Duivne brave;
When snared by Grace's charms divine,
He bore her o'er the raging brine.[3]

Do chídhthear uainn de'n mhaoíl mhongach,
Lanna a's laochra d'á leadradh;
Bristear clár-bhórd taoibhe loinge
Le faóidh ghonadh an dóird alla.

Beann is aoibhne d'úir Eirean,
Gídh léibheann ós fairge faóileann;—
Mo chion d'á triath gan doghrainn,
Mór-bheann na bh-Fiann n-aoíbhinn.

Fair hill thy slopes are ever seen,
Bedecked with flowers or robed in green;
Thy nut-groves rustle o'er the deep,
And forests crown thy cliff-girt steep.[4]

High from thy russet peaks 'tis sweet
To see th' embattled war-ships meet;
To hear the crash—the shout—the roar
Of cannon, through the cavern'd shore.

Most beauteous hill, around whose head,
Ten thousand sea-birds' pinions spread;
May joy thy lord's true bosom thrill,
Chief of the Fenians' happy hill.

GEARROID NUINSIONN,

Air bh-fágbhail Eirean do.

Diombuadh triall ó thulchaibh Fáil!
Diombuadh iath Eireann d'fágbháil!
Iath mhilis na m-beann m-beachach,
Inis na n-eang n-óig-eachach.

Cidh tá mo thriall tar sáil soir,
Air d-tabhairt cúil d'iath Fhiontain,
Do scarr cróidhe fá'n ród rinn;
Ní car fód aile acht Eirean.

Fód is troime torradh crann,
Fód is féur-uaithne fearann,
Sean-chlár Ir braénac, bárrthach,
An tír chraébhach, chruithneachtach.

ODE BY GERALD NUGENT, ON LEAVING IRELAND.

BY THE REV. WILLIAM HAMILTON DRUMMOND, D. D.

What sorrow wrings my bleeding heart,
To flee from Inisfail ! [1]
Oh ! anguish from her scenes to part,
Of mountain, wood, and vale !
Vales that the hum of bees resound,
And plains where generous steeds abound.[2]

While wafted by the breeze's wing,
I see fair Fintan's shore recede ;[3]
More poignant griefs my bosom wring,
The farther eastward still I speed.
With Erin's love my bosom warms,
No soil but her's for me has charms.

A soil enriched with verdant bowers,
And groves with mellow fruits that teem ;
A soil of fair and fragrant flowers,
Of verdant turf and crystal stream :
Rich plains of Ir,[4] that bearded corn,
And balmy herbs, and shrubs adorn.

Tír na g-curradh 's na g-cliar,
Banba na n-ainfhir n-ór-chiabh,
Tír na sreabh n-gorm-altach, n-glan,
'S na bh-fear n-óir-bheartach, n-ághmhar.

Dá naomhadh Dia dhamh tar m'ais,
Nochtain do'm dhomhain dhúthchais,
O ghallaibh ní ghéabhainn dul
Go clannaibh séughuin Sacsán.

Dá m-biadh na'r bhaéghal mara,
Fágbháil leasa Laoghaire,
Mo mheanmna siar ní séun,
Triall ó Dhealbhna is do-dhéunta.

Slán do'n bhuidhin fhéughain-si tar n-déis
Macra Dúna Doirbhghéis
Dáin a's caoínche chláir Mídhe
Clár is saéire sochaídhe.

A land that boasts a pious race,
  A land of heroes brave and bold;
Enriched with every female grace
  Are Banba's maids with locks of gold.
Of men, none with her sons compare;
No maidens with her daughters fair.

If heaven propitious to my vow,
  Grant the desire with which I burn;
Again the foamy deep to plow,
  And to my native shores return;
"Speed on," I'll cry, "my galley fleet,
Nor e'er the crafty Saxon greet."[5]

No perils of the stormy deep
  I dread—yet sorrow wounds my heart;
To leave thee, Loegaire's fort, I weep;
  From thee sweet Delvin must I part![6]
Oh! hard the task—oh! lot severe,
To flee from all my soul holds dear.

Farewell, ye kind and generous bands,
  Bound to my soul by friendship strong;
And ye Dundargveis' happy lands,[7]
  Ye festive halls—ye sons of song;
Ye generous friends in Meath who dwell,
Beloved, adored, farewell, farewell!

MIANNA PATTRUICC UI EALAIDHE.

Dá bh-fághainn-si mo mhianna* do riar,
A's cead cairte mo shaéghail do shúdheamh,
Do bheidhlinn mar an d-triach shéanaidhe, liath,
Gan cheangal le h-aén duine acht sìth :
Dhéanfadh acra beag fearainn nó dhó,
Mo réim a g-céim mar budh chubhaidh ;
Do mheasfainn mo fhlaitheas gur mhór,
'S budh chlaon liom bheith ag géilleadh do'n rígh.

Mo pháirce beag fearainn bá mhéith,
Le ráinn de gach príomh-thortha b'fearr,
Gan teacht air feartháinn na gaoth,
Acht cuimseacht gach síne 'n a h-ám :
Budh líonmhar a'm bhrúighin bheag gach nídh,
Bá tairbheach an taithneamh 'n a m-béidheadh ;
Do b'aoibhinn clos fuíghle mo thíghe,
'S na leabhair a ccómhaitios gach laé.

PATRICK HEALY'S WISHES.[1]

BY JOHN D'ALTON.

Oh ! could I acquire my fullest desire,
To mould my own life, were it given ;
I would be like the sage, who in happy old age,
Disowns every link—but with heaven.

An acre or two, as my wants would be few,
Could supply quite enough for my welfare ;
In that scope I would deem my power supreme,
And acknowledge no king but—myself there.

The soil of this spot, the best to be got,
Should furnish me fruit—and a choice store ;
Be sheltered and warm from rain and from storm,
And favoured with sun-shine and moisture.

My home should abound, and my table be crowned
With comfort, but not ostentation ;
The music of mirth should hum round my hearth,
And books be my night's recreation.

Do b'aédhearach le féuchain mo bhoith,
Le taobh coille a's fíor-thobair úir ;
Na h-énla an uair d'éirgheóchuinn go moch
Go h-aóibhinn ag síor-sheinneadh ciúil ;
Sruth siosmach, ciúmhais-glas, iomad-bhláith,
Crainn trom-thortha a's geamhartha le n'ais,
Budh cliste iad na breic ann a lár,
Le fonn suilt ag léimneadh go fras.

Do chríochnúghadh na n-aóibhneas so rómhain,
Agus compórd na h-óige mhéudúghadh,
Ní smuainfinn gan caóin-bhean do thóghadh
Mar nuadhchar, 's í óigeanta, búidheach ;
Ann aóis a naói-déag go h-iomlán,
A's ceathair-air-fhithchid dam féin,
Bhiadh naóidhean air a cíochaibh gach cáisg,
A's bhiadh sí leis sin do'm chomhréir.

Delightful retreat, in simplicity sweet!
  A wood and a streamlet should bound it;
And the birds when I wake, from each bower and brake,
  Should pour their wild melodies round it.

This streamlet midst flowers, and murmuring bowers,
  In the shade of rich fruits should meander;
While the brisk finny race, o'er its sun-shiny face,
  Should leap—flit—and sportively wander.

These joys—yet one more might enliven my store,
  Redouble each comfort and pleasure;
A wife, of such truth, such virtue and youth,
  That her smiles would be more than a treasure.

Let nineteen, and no more, to my twenty-four,
  Be the scale of her years to a letter;
Then a babe every Easter, I think wo'nt molest her,
  No—I warrant she'll like me the better.

MACHTNADH AN DUINE DHOILGHIOSAICH.

Seághan O'Coileáin [2] ró chan.

Oídhche dhamh go doilg, dúbhach,
Cois fhairrge na d-tonn d-tréun,
Ag léursmuaíneadh a's ag luadh,
Air chorraibh chruadha an t-saoghail,

Bhídh an ré 's na réulta suas,
Níor chlos fuaim toinne ná tráigh.
'S ní raibh gal ann de'n n-gaoith
Do chroithfeadh barr crainn ná bláith.

Do ghluaiseas ag machtnamh a'm aon,
Gan aire agam air raon mo shiúbhail,
Dorus cille gur dhearc mé,
'S an g-conair réidh air mo chionn.

THE MOURNER'S SOLILOQUY IN THE RUINED ABBEY OF TIMOLEAGUE.[1]

BY THOMAS FURLONG.

Abroad one night in loneliness I stroll'd,
  Along the wave-worn beach my footpath lay;
Struggling the while with sorrows yet untold,
  Yielding to cares that wore my strength away:
On as I mov'd, my wayward musings ran
O'er the strange turns that mark the fleeting life of man.

The little stars shone sweetly in the sky;
  Not one faint murmur rose from sea or shore;
The wind with silent wing went slowly by,
  As tho' some secret on its path it bore:
All, all was calm—tree, flower, and shrub stood still,
And the soft moonlight slept on valley and on hill.

Do stad mé 's an n-dorus t-sean,
'N ar ghnáith almsanna a's aoídheacht,
D'á n-dáil do'n lobhair agus do'n lag,
An trách mhair luchd an tíghe.

Bhídh forradh fiar air a thaobh,
Is cian ó cuireadh a chlódh,
Air a suigheadh saoíthe a's cliar,
A's taistiollaich thriallta an róid.

Shuidh mé síos le machtnamh lán,
Do léigeas mo lámh faoí m' gruadh,
Gur thuit frasa diana déur,
O'm dhearcaibh air an bh-feúr anuas.

A dúbhairt mé ann sin fá dhíth,
A's mé ag caoídh go cúmhach,
Do bhídh aimsir ann 'n a raibh,
An teach-so go soilbh, súbhach.

Is ann do bhíodh cloig a's cliar,
Dréuchda a's diadhacht d'á léughadh,
Córáidhe, ceatal agus ceól,
Ag moladh mórdhachda Dé.

Sadly and slowly on my path of pain
  I wander'd, idly brooding o'er my woes;
Till full before me on the far-stretched plain,
  The ruin'd abbey's mouldering walls arose;
Where far from crowds, from courts and courtly crimes,
The sons of virtue dwelt, the boast of better times.

I paused—I stood beneath the lofty door,
  Where once the friendless and the poor were fed;
That hallow'd entrance, that in days of yore
  Still open'd wide to shield the wanderer's head;
The saint, the pilgrim, and the book-learn'd sage,
The knight, the travelling one, and the worn man of age.

I sat me down in melancholy mood,
  My furrow'd cheek was resting on my hand;
I gazed upon that scene of solitude,
  The wreck of all that piety had plann'd:
To my aged eyes the tears unbidden came,
Tracing in that sad spot our glory and our shame.

Fotharach folamh, gan áird,
Arus so is aésda túr,
Is iomdha easgal agus gaoth,
Do bhuail fá mhaol do mhúr.

Is iomdha fearthainn agus fuacht,
Agus stoirm cuain do chuirir dhíot,
O tíodhlaiceadh thú air d-túis,
Do rígh na n-dúl mar thígheas.

A mhuir naomhtha na m-beann n-glas,
Do b'órnáid do'n tír-so tráth,
Is diombáidh dian liom do scrios,
Agus cur do naóimh air fán!

Is uaigneach a taóibh a nois!
Ní fhuil ionnut córaídhe na ceól,
Acht sgréuchadh na g-ceann-cat
Ann ionad na psailm sógh'ail!

Eídheann ag eascar ós do stuaigh,
Neanntóg ruadh a'd úrlár úr,
Tabhthann caol na seannach seang,
A's cránán na n-eas a'd chlúid,

"And oh!" cried I, as from my breast the while,
  The struggling sigh of soul-felt anguish broke;
"A time there was, when through this storm-touch'd pile,
  In other tones the voice of echo spoke;
Here other sounds and sights were heard and seen—
How alter'd is the place from what it once hath been!

"Here in soft strains the solemn Mass was sung;
  Through these long aisles the brethren bent their way;
Here the deep bell its wonted warning rung,
  To prompt the lukewarm loitering one to pray;
Here the full choir sent forth its stream of sound,
And the rais'd censer flung rich fragrance far around."

How chang'd the scene!—how lonely now appears
  The wasted aisle, wide arch, and lofty wall;
The sculptur'd shape—the pride of other years,
  Now darken'd, shaded, sunk and broken all:
The hail, the rain, the sea-blown gales have done
Their worst, to crown the wreck by impious man begun.

Mar a n-glaodhadh an fhuiseóg mhoch,
  Do chleir ag canadh na d-tráth,
Ní fhuil teangadh ag corruídhe a nois,
  Acht teangadh ghliogair na g-cág.

Tá do phroínnteach gan bhiadh,
  Do shuan-lios gan leaba bhláith,
Do theampoll gan íodhbairt cliar,
  Ná aithfrionn do Dhia 'g á rádh,

D'imthigh do luaim a's do riaghail,
  A's do chualacht fá chian cháidh,
Och! ní fhionnaim a nois fá'd iadhadh
  Acht cárnán criadhta cnámh.

Och! anfhorlann a's an-uaill,
  Anbhroid, an-uais agus aindlíghe,
Fóirneart namhad a's creachadh cruadh
  D' fhúig uaigneach tú mar táoír!

Do bhídh-sa féin sona seal!
  Faraoír do chlaochloidh mo chlódh!
Tháinigh tóir an t-saoghail a'm aghaidh,
  Ní'l feidhm orm acht brón!

Thro' the rent roof the aged ivy creeps;
  Stretch'd on the floor the skulking fox is found;
The drowsy owl beneath the altar sleeps,
  And the pert daws keep chattering all around;
The hissing weasel lurks apart unseen,
And slimy reptiles crawl where holy heads have been.

In the refectory, now no food remains;
  The dormitory boasts not of a bed;
Here rite or sacrifice no longer reigns;
  Prior—brethren—prayers—and fasts and forms are
    fled:
Of each—of all, here rests not now a trace,
Save in these time-bleach'd bones that whiten o'er the
    place.

Oh! that such power to baseness was decreed;
  Oh! that mischance such triumphs should supply;
That righteous heaven should let the vile succeed,
  And leave the lonely virtuous one to die!

D'imthigh mo luadhaill ar mo lúth,
  Radharc mo shúl agus mo threóir,—
Táid mo cháirde agus mo chlann,
  'S an g-cill-si go fann ag breóghadh !

Tá buairceas air mo dhreach !
  Tá mo chróidhe 'n a chrotal cnódh !
Dá bh-fóirfeadh orm an bás,
  Budh dhearbh m'fáilte fá na chómhair !

Oh! justice in the struggle where wert thou?
Thy foes have left this scene chang'd as we see it now.

I too have chang'd—my days of joy are done,
My limbs grow weak, and dimness shades mine eye;
Friends—kindred—children, dropping one by one,
Beneath these walls now mouldering round me lie.
My look is sad, my heart has shrunk in grief,
Oh! death when wilt thou come and lend a wretch relief.

MARBHNA OILIFEIR GRAS.

Seághan Mac Bhaitéir Breathnach ró chan.[2]

Tá ceódh dúbhach air gach sliabh,
Ceódh nach d-táinigh roimhe riamh;
Tá ciúineas duairc ann am nóin,
Acht amháin trom-ghuth an bhróin.

Tá cling [3] na marbh leis an n-gaóith,
Mo nuar! is teachta bróin dúinn í!
Tá an fiach dubh le glór garbh
Ag fógradh uaire an duine mhairbh.

An duit, a uasail óig, mo chroídhe!
Do scread go dúbhach an bhean-sídhe,
A meódhan chiúin-uaigneach oídhche,
Is cúmhach do bhídh sí ag éugcaoineadh.

ELEGY ON THE DEATH OF OLIVER GRACE.[1]

BY THE REV. WILLIAM HAMILTON DRUMMOND, D. D.

Dark, round the mountain tops, the vapours lower,
And in unwonted gloom their beauty shroud;
Silent the noon, as midnight's solemn hour,
Save when the voice of sorrow mourns aloud.

The sound of death is floating on the gale,
Oh! luckless hour! oh! tidings full of dread:
The hoarse-voiced raven tells a mournful tale,
And sad proclaims the season of the dead.

Was it for thee, O youth, in love allied,
Close to my bosom as the spirit there;
The Banshee, on the lonely mountain's side,
Poured her long wailings thro' the midnight air?

Do fhreagair í gach muir a's balla,
Go dúbhach duairc le macalla;
Níor ghlaoidh coilleach mar budh ghnáth,
'S níor fhógair dúinn am na tráth.

Uch! a 'Lifeír óig, mo chróidhe!
Is é do bhás a tá sí cháoídheadh!
Is é do bheir an lá 'n a oídhche!
Is é do bheir an cúmhaidh air dhaoínibh!

Níl againn anois, mo bhrón!
Ann áit an t-Saoí acht caoídh a's deór',
Silleadh deór, a's gul, a's caoídh,
Fearda dhúinn a's briseadh croídhe.

Uch! a bháis, do leag tú choídhce,
Bláith a's scéimh ar n-géige is áirde,
Mo nuar! níor sháramh air do bhuadh.
Gan cear ár n-daoíne dhul 's an uaigh.

A spéirling lann ba teann a lámh,
Ag cosaint ceirt a ghaoíl 's a dháimh,
Faoí mheirge a athar uasail féin,
Is Urmhúmhan do fuair clú a g-céin.

The seas and shores around each cavern'd bay,
  Sullen and sad re-echoed to her wail;
The shrill-voiced cock, loud herald of the day,
  Forgot his task, the coming day to hail.

Yes, youth beloved ! her sorrows dark and deep
  She poured for thee—my soul's supreme delight ;
For thee, what crowds in bitter anguish weep !
  Crowds whose clear day thy death has changed to night.

Since thou art gone, what voice our hearts shall cheer ?
  What now is left but grief's incessant flow ?
The long and loud lament, the scalding tear,
  And all the agonies of hopeless wo ?

Death, thy cold tempest, of its fairest bloom,
  And proudest, loftiest branch has disarrayed ;
Thou deem'dst no triumph great till in the tomb,
  Oh ! luckless hour, our people's chief was laid.

When sword met sword, to guard his country's right,
  Amongst her foes what terrors dealt he round !
Beneath his sire's victorious banners bright,
  Or Ormond's, far in foreign lands renowned.

Ní bhíodh baile na Cúirte air aon chor,
  Faoí cheóidh bróin ná'r fféidir réidhteach,
  A shealbhthóir dhílis, 's a chroídhe céusda,
  Tré bhás an óig-fhir budh mhór a d-tréidhibh.

Óighre ceart ainme, a ghradaim, 's a réime,
  A's óighre a stáite ann gach árd d'Éirinn,
  Mar chrann na daire budh maiseach a fhéuchain,
  Do gheall go leathfadh go leathan a ghéuga.

Ní mar so do bhídh a n-dán do'n t-séimh-fhear,
  Acht dul 's an n-uaigh go h-uaigneach 'n a aonar;
  Uch! is creach fhada é le na lá!
  Is brón croídhe d'á chéili go deóigh!

Is máthair í is trom fá chúmhaidh,
  Air n-dul go luath d'á céile a n-úir.
  Athair a clainne, 's a céad ghrádh,
  Och! is í do fuair a crádh!

Ní leanfaidh sé an fiach go deóigh,
  Faoí ghleannta dúbha na sleibhte ceóidh,
  Ní chluinfear adharc go binn ag séideadh,
  Ná guth a ghadhar air bhéinn an t-sléibhe.

Not wont was Courtown [4] to be wrapped in clouds,
  Dense clouds of sorrow which no light can chase;
But now its faithful lord affliction shrouds,
  Reft of the heir and glory of his race.

Heir of his name, his dignity and power,
  Heir of demesnes afar thro' Erin spread;
Like the strong oak majestic did he tower,
  And promised high to rear his branchy head.

Far other lot his destinies ordain ;
  To feel the force of death's untimely dart.
For him, his widowed partner mourns in vain ;
  No balm, for aye, shall heal her wounded heart.

A mother she, in deepest wo opprest,
  Weeps for her first, sole love, her children's sire
Snatched prematurely from her faithful breast :
  'Tis she, that feels affliction's fiercest ire.

Ne'er in the chase, shall he with early morn,
  Sweep o'er the mist-clad hills by moor or lake ;
Ne'er hear the stirring music of the horn,
  Nor sweet-voiced hound the mountain echoes wake.

Ní fheicfear é air luaith-each óg,
Tar cladha a's fál ag déanadh róid,
Tá claochlódh air a mhaise go deóigh,
Air a mhórdhacht do thuit trom-cheódh.

A lámh bhronntach go fann 'n a luídhe,
A chroídhe meanmnach marbh gan bhrígh,
Síol na ccuradh, agus cara na m-bárd,
Searc na g-ceólradha chanas go h-árd.

Solus an dáin ní práinn do'd chlú,
Acht cómhréilfidh go h-árd mo chúmhaidh,
Air silleadh dhúinn deór faoí dheire gach laoí,
Air Thuamba an Churraidh do chrádh mo chroídhe.

Nor fly impetuous on the fleet young steed,
  O'er fence or fosse, with many a rapid bound;
Marred is his beauty—checked the hunter's speed,
  And all his glory wrapt in shades profound.

Cold is the hand that bounty opened wide;
  Relaxed the heart with manly spirit strong:
Fallen the hero's son, the minstrel's pride,
  The friend and guardian of the sons of song!

Tho' for no poet's lay his virtues call,
  Yet shall the muse my grief aloud proclaim;
With every closing day my tears shall fall,
  And on the tomb bedew my hero's name.

Toireadh air bhas Sheaghain Chlaraich.

le Seaghan O'Tuama.[2]

Go déigheanach a's Phoébus faoí neóll, ag suídhe dhomh air mhór-sleasaibh Máigh,
Gan aén de'n treibh dhaondha a'm chóir, a's mo smuaínte d'á seóladh chum fáin :
Taobh leis an d-tréun-amhain mhór, do b'aoíbhinn a glór a's a gáir,
A's cé'r bh'aédhrach mo réim-se 'smo cheól, tig sgéimhle de'n bhrón dubh a'm dháil !

A n-éinfheachd tig tréun-stoirm mhór, a'm thímchioll air bhórdaibh na trágh,
Na h-éin bheaga ag tréigeann a g-ceóil, a's slím-chranna a n-gleóidh-bhruid na m-barr ;
Tig néull-dubh a's spéirling tar cóir, tig caor-lasadh a's tóirneach ós árd,
Na spéurtha ag daor-shileadh deór, le'r líon tuile mór-shruth na Máigh !

ELEGY ON THE DEATH OF JOHN CLARAGH MAC DONNELL.[1]

BY THE REV. WILLIAM HAMILTON DRUMMOND, D.D.

As lonely, erst, on Maig's green banks reclined,[3]
I gave my thoughts to fancy's bland controul;
The stream's soft murmurs mingling with the wind,
Made music sweet and soothing to my soul.

Soon changed the scene—the birds forgot to sing,
Cow'ring and trembling in their leafy bowers;
Night robed the sun, blue flashed the lightning's wing,
Swell'd the brown flood, for heaven wept copious showers.

Tig sgáēch na m-ban n-áedhearbha ós mo chómhair, nái soíllse a's naoí lóchrainn 'n a lámh';
A's do'm léirmheas ba chaomh-chlos fá n'dheóigh na naoí n-guth' budh ghlór-ghonta cáil,
A n-éinfheachd do léigeadar geóin, go neimhneach amhnórmhar ag rádh;
"A ch-Séagháin dhil, an léun leat ar sgeól, mar do sladadh Mac Dómhnaill chum báis."

Is sé deir an spéir-bhruingeal mhór, le ríomh Callíópé na g-céard;
"Ní dho aon duine a 'n-Eirinn is cóir, a chaoíneadh de ghlór-ghuth ós árd,
Ná a chréighthe do shaor-chur a g-clódh, acht dhaoíbh-si agus dhamh-sa, a Sheágháin;
Beir éirim mo sgéil leat air d-túis, a's caoín-si go déurach a'm dheáigh!

"Sgéul déurach rug céim tar gach sgeól, sgéul príomh-ghonta, cróidhe-lag an cás;
Sgéul d'éirghidh tre ghéur-nimh an bhróin, le'r síneadh ar leógan air lár!
An t-aén de chraeibh Ghaodhail-ghlais do dheól, mo chaomh-bhrollach eólghach gachlá,
Thug féith agus réim ann gach ród, tar sháeithibh na h-Eórpa go lán.

Nine nymphs, and in their hands nine tapers flamed,
Came nigh, with shrieks that filled the concave sphere,
And thus, in voice immortal, loud exclaimed :
"Weep, Bard, with us, o'er Donald's lowly bier."

Then thus Calliope—"In mournful lays,
To none but thee of Erin's bards belong,
With us to feel and weep—to sing the praise,
And laud the virtues of the son of song.

"Dire is the tale—our lion sinks to rest—
For him let sorrow pour the tearful stream;
Of all the Gaël now I loved him best,
Him of all bards that Europe boasts supreme.

"Lovely he bloomed, e'en as the oak exceeds
The lowly shrub, all bards he passed afar ;
Sweet was his song of high heroic deeds;
The minstrel's pride, the poet's polar star !

"Glé-bhile aonda mo stór, do b'aoírde a mór-inis Fáil,
Do shaothruigh na béursa gan cheóidh, 's na'r sgríobh acht air mhórdhachd gach máil;
A chéimibh ann sna tréighthibh budh thréan, a bh-fíodh-inis Fhódhla rug bárr,
Ba ghéur-thuigseach, aédhearach 's an g-ceól, 's ba phríomh-choingeal eóluis do'n n-dáimh!

"Eigeas a's céir-bheach na n-eól, ar bh-príomh-fhilidh áirbhreathach árd,
Do réidhfeadh gach daor-cheist gan tódhbhacht, d'ár sgríobhadh a' n-eólas na bh-fáigh!
Fear glé-gheal, ba tréightheach, ceart, cóir, ba dílse do'n ch'róinn cheirt gach lá;
'Nois éighmhim-si ort, a Aen-mheic na g-cómhacht do'd naomh-bhrog go seóltar ar n-dáimh!"

An Feart-laoidh.

Adh chlúid a tá, a lán-leac, 's is brón do'n t-sluagh,
Fear súgach, sámh, sár-oilte ag seóladh suadh,
Budh chlú do'n n-dáimh árd-inis Fhodhla, fuar,
An fionn-fhlaith Seághan Clárach Mac Domhnaill uais!

"A druid, in whose mind her honey-dew,
As in a comb, did science richly store;
Kind was his heart, brave, generous, loyal, true,
Great King of Heaven reward him evermore."

EPITAPH.

'Tis thine, broad stone, the relics dear to guard
Of one deplored, who cold beneath thee lies;
The gentle Donald, Clare's illustrious bard,[4]
The prince of poets, generous, good, and wise.

TUIREADH EIBHLIN NI-I ARTHNAIN.

Pattruice O'Conchubhair ró chan.

Mo chúmhaidh! mo chreach! mo chnead! mo bheódh-lot!
Mo threighid-nímhe tre'm chróídhe go dreólan!
Mo ghuin ghonta a's mo thuirse air feóthchann,
Mo chéile chneasda a's mo bhanaltra chórach!

Creach do leanbh gan ghastacht le h-óige,
Gan phuing gustail 'n a g-cistean chum stóir dhóibh,
Gan áird, gan bhuime, air uireasbhaidh treórach,
Acht me-si tá riamh a n-diaigh an óil-si.

Gídh gur mhinthig mé air mire a d-tigh an ósta,
A's nach rabhas clisde ag cur iomaire a g-cóir dhuit,
Liom 's le'd leinbh ba mhilis do chómhairle,
'S níor labhrais feargach air maidin 'ná air nóin liom.

ELLEN HARTNAN,

A MONODY.

BY THE REV. WILLIAM HAMILTON DRUMMOND, D. D.

Oh wo! oh sorrow! thro' my heart have sped
  Grief's rankling barbs, and left their poison there;
Spouse of my soul! now mouldering with the dead;
  Nurse of my babes! oh gentle, kind, and fair!

Ah! hapless babes, now left forlorn to weep;
  Them fortune cheers not—no kind friend receives;
No guardian teaches wisdom's paths to keep—
  No, none but me whom grief of sense bereaves.

Though oft from home and thee, perverse and blind!
  Neglecting all, I drank the maddening bowl;
To me thy looks and voice were ever kind,
  Kind thy advice and balmy to my soul.

Ní fheacas tú air mire ag tabhairt mionna 'na móide,
A's ní chualadh tú ag labhairt go trom air chómharsain;
Le sháint ní'r chuiris pinginn 'na feóirling,
Riamh chum suime, guídhim Muire go deóigh leat!

An lá do cuireadh, mo chuirse! tú air feóchann,
'S an oídhche roimhe, 'n uair chonairceas tu a'd thórramh,
Tháinigh dhá d-trian m'aoise d'aén-t-suim, is dóigh liom,
Do mheath mo chroídhe, mo bhrígh 'gus m'óige!

Gabhaim le h-ais ó mhac na h-Oighe n-diudh,
Gur imir orm beart le ceart na córach,
Is tú bheith uaim go luath air feóthchann,
Mar ná'r thuilleas do mhaith bheith bh-fad a g-cómhair
liom.

Ne'er did I see thee wound a neighbour's fame,
  Ne'er heard thee raise a rough and clamorous voice;
Ne'er wert thou slow to grant the sufferer's claim,
  For which, in heaven, oh may'st thou aye rejoice!

Alas! the day that saw thy beauties fade,
  Ere the last night had stretched thee in the tomb;
Age came upon me, all my strength decayed,
  Grief froze my heart and withered all my bloom.

Though dire the blow, I vow before high heaven
  'Twas just, and reverenced be its just decree;
Just, to resume the blessing it had given,
  Too great such blessing for a wretch like me!

Yet must I mourn, since death, that tyrant dread!
  Still ruthless, stern, inexorable found,
Such tragic horrors has around me spread,
  And left my soul in deep affliction drowned.

TOIREADH EADHMOINID BHREATHNAICH

A Eadhmoind Bhreathnaich, a chuid 's a ghrádh mo chléibh!
Mo chúmhaidh! gan tusa agus me-si air bhárr an t-sléibh,
Do cheann ann m'uchd a's mé ag pógadh do bhéil,
'S go d-tabh-airrfinn tu-sa le comann, a ghrádh! o'n n-éug.

Ní h-í an ghaoth-so a n-iar ná an fhearthainn-so a n-uas,
Ná síor-chur mo muintire d'fháig tana mo ghruadh,
Acht an t-ionad-coinne bhidh eadrainn air shliabh bán na ccuach,
Gur b'í an deighnín úd do chongbhaidh tú bhídh lán go bruach.

EDMOND WALSH,

A PASTORAL DIRGE.

Oh Edmond! choice and portion of my heart,
Wert thou but with me on the mountain's height;
Could soft endearments life again impart,
I'd clasp thy death-cold form with fond delight.

Ah! shall we ne'er again together trace
The mountain of cuckoos' soft, grassy steep;
In Dinan's depth is found thy dwelling place;[1]
How light all other woes, when this I weep!

For thy pure soul ascends my ceaseless pray'r,
A fearful vision tells me thou art gone;
In Loughree's tide thy corse the fishes share,
And feast upon that form where beauty shone.

Aisling bhréige chonairc na céudtha duine, má's fíor,
Go raibh Eadhmond breágh, séimh-ghlan 'n a sheasamh
    air an t-slíghe;
Bronnaim féin d'anam gléigeal do Mhuire 'gus do Chríost,
'S do chollann chaomh d'á polladh ag Eirg air lár locha-
    slígh.

Tá cúmhaidh 'gus daille air ghleann 's air thoinne, a's
    ceódh air gach árd,
Tá céudtha duine ag cúmhaidh 's ag iomadh ag síor-ghul
    gach lá,
Tré Eadhmond mhilis, aén-mheic Mhuire, cread do
    dhéanfadh cách?
O d'éug tu-sa an chraobh-mhullaich bhídh air tháobh an
    t-sléibhe bhain!

In mist the mount is clothed, the vallies mourn,
  The poor bewail thy loss, their hope is fled;
Ah! who shall now relieve their state forlorn,
  The topmost branch of Slieve bawn's side is dead.

BAINTIGHEARNA IBHEADHACH.

Is fada me air buaidhreamh 's gan suairceas am dháil,
Ann arraing gan fuascailt le mór-cheangal grádh,
Tré thaithneamh a thabhairt do stuaire na scuab-fhoilte breágh,
Budh thriopallach, dualach air luath-chrioth go sáil.
'S í plúr na m-ban Dhún-na-m-barc, dhe chrú na bh-fear n-euchtach í,
Siúr ghar do'n n-diúic-fhear bhídh g-cruadh-chath na b-rilléur í,
Uaisle dhe 'n ttír í ó Chill-chaise an stáit,
A cruadh-chuisle dhíreach tá g-croídhe mhaith gan chám.

Is breágh, deas a féuchain, 's a h-éudan gan téimhioll,
'S a dá mhala chaola mar chaén-tarraing pínn ;—
A dearcadh bhreágh, réultach mar chaomh-eala air línn,
A balsam-ghob chroidhearg 's a déad chailce chaoíl ;
Is caóin, ceart é croídhe geal, gan mhuidheamh a's is déarcach í,
Príomh-cheart gach fíor-fhlaith a's d'fhíor-scoith na n-Greugach í,

THE LADY IVEAGH,[1]

AN ODE.

BY EDWARD LAWSON.

Bereft of repose, I am destined to languish
In hopeless desire and incurable anguish,
For the maid of fair tresses, whose ringlets of gold,
Her fine figure with graceful profusion enfold.

The flower of her sex, of heroical line,
Kin to Desmond and Ormond in battle divine;
Her pure noble blood from a heart without stain,
Swells with generous emotions the pulse of each vein.

In her forehead of snow o'er her star-sparkling eyes,
Arch'd brows like fine hair-strokes with dignity rise;
From her soft ruby lips and small ivory teeth,
The blithe air is embalm'd by her delicate breath.

Réiltionn na g-cúigeadha, 's í is múinte 's is bréagh,
 Péurla gan sionnta í agus colúr cailce í d'fás.

Tá séir-bhean bhreagh bhéusach air an d-taobh-so dhe 'n d-tír,
 'S í plúr na m-ban maordha agus céir na m-beach mín,
D'ar thúirling an naomh-spiorad le daonacht 'n a croídhe;
 'S í colúr cailce an tréan-fhuil a's gan aén chogal tríd:
'S de fhréamh-cheart na n-groídhe-fhear ó fhíor-Chaisiol-Héabhers í,
 Séimh-bhean na n-déigh-bheart de threan-fhuil na laoch mear í,
Phenics tar triúch gur thúirling 'n a láimh,
 D'á áiteamh mar shómpla, gur dh'fúig aici an bharr.

A láimh mhín ghreanta, néata air aél-bhrat a sgríobhas,
 Loingeas air tréun-mhuir agus éunlaith air chraoibh;
Níl cúis múidhimh ag déithibh, sgur léi le ceart an slíos
 Thug Iáson mac Aéson 'n a chaol-bharc thar tóinn:—
'S í lonnradh ccuig g-cóigeadh í, 's í is múinte 's is bréagh,
 Siúr-ghar do'n diúic-fhear 's do Shúiliobhán Béarach í
Iarla cheart Dhearmhumhan a dhearmhúd budh cháim,
 'S gach cliar ag teacht chúichi ó ghlas-Shiúir go Nás.

Tá dhá mhama néata air a h-aél-bhrághaid bhreágh, mhín,
 'S a píob leabair, ghléigeal, mar chéud-thoradh an droighin;

Kind, cheerful, and bounteous, without ostentation,
The light of the province, the pride of the nation;
A pearl without flaw, a meek innocent dove,
Her enchanting politeness compels us to love.

Pure as virginal honey; the spirit divine,
Descending, her heart made humanity's shrine;
And such her perfection, that none of the fair
To vie with my Phoenix of beauty must dare.

On the smooth snowy silk her light fingers portray,
Ships that sail thro' rich landscapes, and birds on the spray;
She eclipses the goddesses vaunted of old,
And would win Jason's fleece, and the apple of gold.

Her round polish'd neck, and her soft heaving bosom,
Are white as the hawthorn's delight-breathing blossom;
Unaffected and affable, witty and wise,
Both Helen and Deirdre must yield her the prize.

Say, glory of bards! to whose judgment I bow,[2]
Have I hazarded ought that truth must not avow;
How could I from praising this angel refrain,
Of the right royal lineage descended from Spain.

Tre bhinneacht a béilín do thréig Pan a phíob,
Agus Páris d'á m-budh-leis í níor bhaéghal cath na Troídhe :—
'S í óigh-mhín na n-ógh-chaoín d'fóireas air chléir gach acht
D'órd Chríosd ; gan mhórrphoímp, thraoích gach laoch tar lear,
Déirdre an déid-ghil gur ghéill dhisi an bárr,
A n-Gaodhaill-cheirt, a n-daéndhacht, a bh-féile 's a ccáil.

Tá mo litir ag dul chúgat-sa, a úghdair gach fáigh,
'S má's tréusann le scrúdadh í, nois úmhluíghim faoí d'láimh ;—
Acht gur ag tráchdadh air an stáit-bhean, bhreágh, mhánla, budh mhéinn leam a bheith,
'N a mór-chuirleadhaibh dhíreacha mar a scríobhthar 's eadh léighthear a g-ceart,
Fighte ceart-fhuaidhte ann san mhór-fhuil do b'fheárr,
De threabh cheart na ríogh í do shíolruigh o'n Spáinn.
A m-bíodh teaghlach chum suidhte agus slíghe ann gach árd chuige,
Ag ísioll ag uasal ag gruagaibh 's ag fáighibh suilt ;
Taithíghe ag gaisgeadhaibh bheith ag gleacaídheacht le mnáibh,
Agus fileadha glana líomhtha ann d'á g-cuimhdeacht gach tráth.

To whose splendid abodes hospitality's hand,
Was open alike to the good and the grand;
Where plenty presided, and champions renown'd,
Presenting their trophies by beauty were crown'd.

While sweet fluent poets with rapture inspir'd—
Symphonious to melody chaunted untir'd—
Applauded their actions and those of their line,
And inflam'd them the deeds of their sires' to outshine.

———

MARBHNA DHONNCHAIDH M'CARRTHAIC.

le Tadhg Gaodhlach.[2]

Osnadh agus éighmheacht na h-Eireann tríd a d-treóir,
Urchor daér agus créim do'n Mhíl'-fhuil mhór,
Fear suilbhir séimh a g-cré na luídhe faoí 'n bh-fód,
'S é Donnchadh tréan, Bhaile-Aodha, mo mhíle brón !

Brón agus cúmhaidh tre Mhúscraídhe tarsna go préimh,
Tréoir na n-dúithceadha a g-clúid faoí leacaibh go faon
Cóip na b-prionnsadha d'úr-chraóibh Chairill na réics,
'S a n-gleóidh na d-teann-ghníomh d'ionnsoíghеadh namhaid le faobhar.

Faó'r, fuinneamh, as fulláing, a's éucht ná'r thláith,
A's trean-fhear cuirlean da mhire, ná'r claoídheadh go bás,
Féile, comann-searc, a's tuigsi le línn an ghábhaidh,
Sin tréighthe an bhile, 's mo thurrainn ! 's an n-úir faoi lár !

ELEGY ON THE DEATH OF DENIS MAC CARTHY.[1]

BY EDWARD LAWSON.

The sigh and wail of Inisfail! her hero is no more,
In the cold clay, the good, the great, lies weltering in
his gore;
Ah fatal shot! each noble stem with him is now laid low,
The lord of vast and rich domains—unutterable *woe!*

Woe wide and wild through Muskry's vales! beneath the
moss-grey stone,
The prince of Cashel's regal branch lies powerless and
alone;
His keen-edg'd blade in battle's front flash'd withering
lightnings round,
His matchless might and hardihood be ever more
renown'd!

Lár a maithiosa, is mairg a g-ceill go tréith !
  Ráib na n-gaisgeadhach a's an fárais féidhmeamhuil, féil,
  Na'r fhág a charad faoí thearmoinn clodhaire riamh,
  Asráid, a g-cathair, ná a g-carcair fá ghréidhm gan riar.

Riaraíche na n-iarladha, flatha, a's luchd léighinn,
  Fiaghaídhe gan fiafruighe ba rábairneach méinn,
  Tá diadhaídheacht, ciall-chínn, ceannas a's caomhacht,
  Na n-dian-luídhe faoi'n liath-lig le'r taisceadh an laéch.

Laéch groídhe dhé'n Phréimh-áird Chárrthaich ghil, úir,
  Do réidheadh dhínn, gach daér-shnaídhm dá d-tigeadh 'n ar g-cionn,
  Ar g-céillídheacht, ar g-caémh-dhídhean, ar d-tacadh 's ar g-cúl ;
  'S gur céimsíós air thaébh Gaéidhil tú dhul marbh a' n-úir.

'S an úir ó coigleadh Donnchadh a g-Cill-chré th-siar,
  Mar thuile bhorb, gidh soilbhir, caóin, séimh, fial ;
  Ba chóngnamh cosanta a's cothuighthe d'á bhuídhin féin riamh
  Tá an dúithche follamh 's ní'l polladh de'n t-síol fá n' iadhadh.

Renown'd, conspicuous in the van, while trumpets peal'd
to arms,
Wav'd his bright crest, till death's sad hour invincible in
arms;
Yet mercy stay'd his conquering hand, still generous
and just,—
Alas, our stately pine lies stretch'd in ruin on the *dust*.

Dust hides the comeliest of mankind, munificent and
brave,
Who never fail'd his friends from foes and dungeons drear
to save;
The great and learn'd he entertained, and all their worth
combin'd,—
'Neath yon grey stone that marks his grave each virtue
lies *enshrined*.

Enshrined with this illustrious branch of Carthy's
vigorous tree,
Our prop, our spear and shield, from wrong and want
who kept us free;
A foaming torrent, when arous'd he swept the embattled
plains;
The country's desolate!—not one of all his race *remains*.

Iadhtha daingean faoi ghlasaibh a g cúmhangrach baéghail,
Is riadh 's is danaid do chlannaibh cheirt Mhúmhan faraor,
Do gach biadhtach flaitheamhuil, fairsing ó chiúmhais na laoí,
De'n triath-fhuil Charrthamhail Chairll do bhrúgadh lucht téin.

Ba theann le tréan, 's budh shéimh le dragain bhíodh lag,
Gídh gur leabhair a réim ní'r dhaér fear dealbh na reacht!—
Cam na claén 'n a mhéinn ní'r tuigeadh a'm mheas,
'S gur dall ar g-cléir, mo léun! ó cailleadh an fear!

Fear aoíbhinn, seanga-choirp, gléigeal, úr,
Budh shuídhte pearsa, ba thaithneamhaiche géug a's cúm,
Budh dhíreach seasamh, budh thapaidh, deas, éudtrom siúbhal,
A's lí an t-sneachta 'n a leacaibh, tre lasadh na g-caor 'n a ghnúis.

Gnúis ghrádhmhar, is áilne d'a bh-feacadh-sa fós,
Púdhair chráidhte air an m-bás nach d-tug urraim do'd shnódh!

Remains? ah yes! immured for life in solitude they pine,
The last of Munster's genuine stock, Mac Carthy's royal
line;
Dissimulation and deceit were odious in his sight,
Oh! with his funeral torch is quench'd our clergy's holy
light.

Light, vigorous and erect his form, of symmetry the
mould,
Created to command and charm the beauteous and the
bold;
The berries' glow through new-fallen snow was blended
in his cheek,
His gracious smile proclaimed his soul benevolent and
meek.

Meek but majestic in his mien! oh death! thou, only
thou,
Durst unabashed, unawed, confront that calm command-
ing brow;
Grim spoiler hence, who Erin plunged in deep and
cureless anguish,
The last of our Iberian line alas! in bondage *languish.*

Thrúigh ghránda na gáige, na'r fhillir go deoigh !
D'fúig gár-ghul a g-clár-loirc, le h-iomarcaibh bróin.

Brón deacrach ! nach maireann acht fíor-bheagán !
Dhe na leóghain chalma, dhe ghlan-fhuil na Ríogh o'n Spáinn,
Budh theinnearnach a lár machaire no a g-coscar námhad,
Luchd taisgthe na h-eagluise, lucht greinn a's stair.

Stair dhoilbh mar do chloiseann sibh claoídhte fann
Gur b'é'n bás choigleas gach polladh 'ta n-daerbhroid thall,
Mar bhárr donais air ar m-bochtaineacht, do claoídheadh 'n a g-cionn,
Ar sgiath-chosnaimh, ar n-ursa, ar n-dídean, 's ar g-ceann.

Ceann-treórach na Fódla, agus fullaing na n-Gaodhal.
Ceann-coíge an leógan, do ursa ann gach céim,
Ceann d'fóireadh do ró-bhoicht, a's d'Eaglais Dé,
Do cheann cóirighthe a g-comhrainn cúis osna agus éighmheacht.

Languish! oh melancholy tale! defeated, in disgrace,
In dens and chains the last remains of lordly lion race;
And worst of woes, our spear and shield, prime leader
of the Gaël,
Mac Carthy More is lost, and long we're doom'd to *sigh
and wail.*

ÓID DO CHLANNAIBH MILEADH.

Aonghus mac Doighrí Uí Dhálaigh ró chan.[1]

Dia libh a laochraídh Ghaoidhiol,
Na cluintear claoídhteacht orraibh,
Riamh níor' thuilleabhar masladh,
A n-am catha na cogaidh.
Déuntar libh coinghlic calma
A bhuidhean armghlan faoilteach,
Fa cheann bhur bh-fearainn dúthchais
Puirt úr-ghoirt inse Gaoidhiol.
Mádh áil libh agradh Eireann,
A gharraídh céimeann g-cródha,
Na seachnuídh éucht na íorghuil,
Na catha mionca móra.
Fearr bheith a m-barraibh fuair-bheann,
A bh-feitheamh shuan gheárr ghrínnmhear,
Ag seilg troda ar féain eachtrann,
'Ga bh-fuil fearann bhur sinsear.
Mó as mall gur h-agradh libh-se,
Mágh lisse no lios Teamhra,

ODE TO THE MILESIANS.

BY EDWARD LAWSON.

God shield you, champions of the Gaël,
Never may your foes prevail;
Never were ye known to yield,
Basely in the embattled field.

Generous youths, in glittering arms,
Rouse at glory's shrill alarms;
Fight for your green native hills,
And flowery banks of flowing rills.

Ireland, to avenge or save,
Many a conflict you must brave;
And on rough crags in storms and snows,
Snatch a short though sound repose.

Mo Caiseal na sreamh nuadh-ghlan,
Mo mín-chlár Cruachna Meadhbha !
Is dith cuímhne, a chlanna Míleadh,
Fonn réidh na rígh-lios n-daith-gheal,
Tug orraibh gan agradh Tailtean
Mo tách críoch Máighreach maisdean.
Ní tacha luidh na lámhaigh,
Tug orraibh, a ógbhaidh Bhanbha,
Bheith dhíbh urramach úmhal
Do mhear-shluagh gúsmhar gallda.
Acht nach deóin le dia, a Eire,
Sibh lé chéile do chongnamh,
Ni bheidh bhur m-buaid a n-aénfheacht
Ag sluagh críoch léidmheach Londain.
Crádh liom eachtrainn da bh-fóghradh
Ríoghraidh fodhla 's a n-oireacht,
'S nach góirthear diobh 'n a n-dúthchas
Acht ceitheirn cuthal coille !
'S iad féin a n-gleanntaibh garbha
Laoich Bhanbha beag d'a leathtrom,
Agus fonn mín an chlair-seo Chríomhthain,
Ag feadhain fhiochmhair Eachtronn.

Slow to wrest your father's land
From the foreign spoiler's hand;
You forget its fields of flowers,
Its stately palaces and towers.

Not for lack of heart or nerve,
Bloated foreigners we serve;
Would to heaven, united all,
We resolved to stand or fall.

Oh grief of heart! proscribed at home,
Dispersed, our chiefs and princes roam
Through gloomy glens and forests wild,
Hunted like wolves—banditti stiled.

While a rude remorseless horde,
O'er our lovely vallies lord;
Their vengeful hosts, who round us close,
Rob my long nights of sweet repose.

Nor till you prostrate them in gore,
Can rapture thrill my bosom's core;
Empurpled squadrons bright in arms,
Your perils rack me with alarms.

Gach rún feill da bh-fuil chugtha,
Buidhean fhial chuiradh g-cogtha,
'S a liach námha ar tí a n-gonadh,
Do bheir oram codhla corrach.
An tráith bheir't laoich laighean
Cínn deaigh-fhear cláir na g-curadh,
Buaidh Eachtrann an chraoi Chúinn si
Bí m' aigne soilbhir subhach.
Dúbhach bhím-se uair oile
Mar beirid bhuaidh na saoirfhear,
Na goillsi tar tonn-mhuir
Do chomhloch gasradh Gaóidhiol.
Líon gleóidh do laochraidh lann-ghuirm,
Gabhal Raghnaill dia da n-dídean,
Méud a n-guaire 's a' n-gleann so
Do chuir mo mheanma a míneart.
Dia leó ag luídhe 's ag eirghe,
Tréin-fhir is treise a d-tachar,
Dia 'na seasamh 's na luídhe,
Leo 's a d-trath curtha an chatha.

No less will glut their savage hate,
Than root and branch to extirpate:
God guide and guard you day and night,
And chiefly in the dreadful fight.

Forth warriors, forth, with heaven to speed,
Proud in your country's cause to bleed;
They best may hope the victor's wreath,
Whose watch word's "liberty or death."

DÁN DO BHRIAN NA MURTHA O'RUAIRC.

Sean Mac Tórna O'Maoilchonaire ró chan. [2]

Fuair Bréifne a díol do hsaoghlond,[a]
 Tar gach aon fhonn diath Ealcca; [b]
 Fear ag a ttat [c] gníomha féinnidh, [d]
 La taoph eaimhfhis [e] na seasga.[f]

A tá triath [g] os cionn Ruarcac
 Rear cóir Cruacha [h] do thuidhmhe; [i]
 Os clannaibh Briain Mheic Eachach
 Is é cleathor [k] is cuibhdhe. [l]

GLUAIS.

[a] saéghlann (eadhon) breitheamh no tighearna.—[b] tar fhearann air bith a n-éirinn.—[c] aga bhfuil.—[d] gaisgídhe.—[e] allamh fiosséugaigh.—[f] tobar Seasga (eadhon) bóinn.

ODE TO BRIAN NA MURTHA O'ROURKE.[1]

BY JOHN D'ALTON.

O'er heaven-favoured Breifny a chieftain commands,
In whom all endowments of excellence join;
There is not a hero in Erin's green lands,
Equals Bryan who dwells on the science-loved Boyne.

A Tanist presides o'er the race of Hy Brun,
The worthy descendant of Eochy the king:
O'Rourke and O'Conor shall grow into one,
And the hills of each Croghan with happiness ring.

Gluais

[g] tighearna.—[h] Cruachán Chonacht.—[i] coimhcheangal.—[k] cliath thighearna or (eadhon) tighearna no Rí.—[l] or imeall cliath imeal.

Do ní Brian a ré [m] catha
  Béus an dalta [n] bhí ag Bodhmaind;
  Ní thug ó ro ghabh a iodhna [o]
  Iomdha [p] dia chéile comhlaind.

Os a bhfordhorcha fileadh
  Dlighthear moladh cech [q] flatha;
  Do dhen ni bearla rusdacc [r]
  Do Bhrian mo dhuthracht natha.[s]

Ní hail do bhearla rusdacc
  In úrshlat do fhreaimh Fhearghna;
  O fuair eól air na colluibh
  Fil ar bru thobair Seaghsa.

Cuma eirhirt [t] is aicce
  Do Bhrian gan aigneadh meabhla; [u]
  Ní gnáth gealladh gan comhall
  Do clothand [v] chineoil Fhearghna.

---

[m] an am.—[n] Fionn Mac Cúmhail.—[o] arma.—[p] a shlinneán.—[q] gach.—[r] ní bearla bodach.—[s] airde no ealadhna molta. —[t] ionann arádha do a bheith aig duine

Sincere are our praises of Breifny's great lord,
Like the father of Oisin in story renown'd;
Since the hour when a stripling he first drew the sword,
Where the foe dar'd to meet him he never gave ground.

But what were the sword, if the harp should be mute,
Or the deeds of the hero if silent the Bard;
Be mine the proud strains that his dignity suit,
And I'll offer to Bryan a minstrel's reward.

Old Boyne! from the days I have wandered thy streams,
Or mused in the forests that shadow thy face;
'Twas the theme of my wishes, the thought of my dreams,
To sing the green scion of Feargna's famed race!

Well is the rapture of eulogy due,
To him in whom treachery never could lurk;
Whose promise is sacred, whose friendship is true,
The glory of Feargna, the gallant O'Rourke.

---

don ní eibirt (eadhon) radh no tuarasgbhail.—[u] feille.—
[v] onn (eadhon) cloch, cloth (eadhon) clú, clothonn (eadhon) carrtha, cliuthech cómhnuigheach go buan.

In nach fhoirtceadhach[w] dholbhaim[x]
Do Bhrian nar fhoghluim ainbhle;[y]
Ní bhia neac acht dá mholadh
Ccean motha osccur ainbhfis.

Ar a mhéad do nicc[z] chuicce
'Snach diult duine ar druim thalmhan;
Cé a tá mór ttuath dia thurgnamh[a]
Is ing úrgnamh dia thargnamh.[b]

Nir thuill riamh act duar[c] toladh
Ar chrann toraidh Rí Breifne:
Mo chean tir dar ab codnach[d]
An té nar thollscaigh[e] féile.

Tréidhe Chonaire Cualann
A m-Brian dan buanann[f] buime;
Ar easlabhra[g] is ar aoide[h]
Is ar gheall gaoíse[i] o gach duine.

---

[w] anaisde dhorcha.—[x] chumaim.—[y] amhnáire, ainfhéile no olcas.—[z] do thuig.—[a] togbháil no ullmhughadh.—[b] Is ingnamh ní dfághail dá chathamh.—[c] rann no focal.—[d] Rígh no tíghearna.—[e] nar loit.—[f] Buanann

In verses of mystery weave I the song,
  For one who was ever a stranger to guile;
To whom all the hearts of the people belong,
  Save the joyless who never have basked in his smile.

To him as a shield although numbers have fled,
  Yet under his shadow they never knew fear;
And still with profusion his tables are spread,
  Though thousands have feasted there all the long year.

The fruit-bearing tree, the chief beyond praise,
  Though like instinct his eulogy flows from our hearts;
But he, he alone, all deaf to our lays,
  Would fain secret the fame of the good he imparts.

The glory of Conary shines in his face;
  Sure the breast of his nurse own'd a warrior's fire;
Of youth is his bloom, and of manhood his grace,
  While his wisdom surpasses what age could inspire.

---

muime na bh-fiann (eadhon) bé anann amhail rob mathar dea an tí ana, *sic* buanann mathair na bhfian on ní is bana. Buanann din deaghmhathair ag foirceadal gaiscidh do fhianaibh.—[g] óineach.—[h] oige.— gliocas.—

Neach ar bith iniath ealga [k]
Ní bh-fuil dua Fearzna a choibhéis ; [l]
Acht mar a tá muir is mionshruth [m]
No iombath [n] agus oiccén [o]

Coimdhe [p] do thír mur ruire, [q]
Ni mac muine [r] no pléisce,
Acht coimpeirt [s] rígh re ríghain
Nach ar thuill miscaith [t] éigsi.

Frith don iollanach aithgin, [u]
Brian nach ar thairigh inntleamh ; [v]
Deacmhaicc [w] sreasdol a fhéile
Ge ueith [x] Eire dá thinnreamh. [y]

Cain na cairde dá nglee, [z]
Fir Breifne ní conbachat ; [a]
Cirsi [b] mbith dáil for congra [c]
Cuma corla dia nascadh. [d]

---

[k] Ní bhfuil duine air bith in Eirinn.—[l] ionchomardais re Brian na Murtha O'Ruairc. — [m] fairge re sruth bheag.—[n] Tanalach no muir bheag.—[o] doimhne no muir mor. — [p] is ceart no dlightheach. — [q] tigearna, no

Name your chieftain in Erin, all proud as it teems
With heroes, I care not whoever he be;
O'Rourke in the glorious comparison seems
As the sea to a river, or ocean to sea!

And who is the Tanist dare stand in his place,
So firm in the fight, so majestic in mien;
Not sprung from a lawless or lowly embrace,
But the spotless descent of a king and a queen.

There love of the sciences finds a compeer,
But who can the bounty describe of O'Rourke?
All the pens of the land in a rival career,
Would be worn to the core, yet not master the work.

---

oirigh no ro thighearna.—[r] sgriapach no bean coitchionn.—[s] coimhghein.—[t] mallacht.—[u] iolbanach (eadhon) duine lan dealladhnaibh (eadhon) lughaidh lamhfhada (samhail)—[v] nar thairigh ionnmhas.—[w] doilghidh no docamhlach.—[x] bheith.—[y] fhritheolamh.—[z] *aliter* cáim (eadhon) comhlann; cáirde (eadhon) sith; nglee no ngleire (eadhon) da n-iomad.—[a] ni obaid.—[b] gidh b'é ar bith modh.—[c] for an iarrann.—[d] ionann agus urradh da nascadh no tha cceangal.

Cia mór ngleo[e] a mbí Rí Bréifne,
Sgoth na féini[f] o ur finni,
Ni clos fós fair go ruimhidh,[g]
Ni gnath dia thuidhin[h] time.

Tuir[i] chatha mar Coin cculoinn,
Gabhail fhuloing mac Mileadh,
Séat[k] Chorbmaic mac Airt aoinfhir,
Aighereire[l] ag breith fírbhreath.

At coda[m] mian mná teathrach,[n]
Sloighe[o] seathnach[p] a nithibh,[q]
Bail adacht[r] gleó dia niadhoibh,[s]
Coisle[t] fiamoin[u] for siothloibh.[v]

Dá tteagmhadh Miach no Airmheadh[w]
Leis ní fuighbheadh a chobhair,[x]
Ní bhi déis gleó don Ruaireach
Tarbha a mbualadh[y] fir othair.

---

[e] cathaibh.—[f] mac na mná ó imeal na finne abhann a ttír Chonaill.—[g] gur briseadh no gur h-imdheargadh. —[h] ní gnath eagla dá thaobhadh. —[i] tighearna no taoiseach catha.—[k] slighe Chorbmaic,—[l] aighe (eadhon)

In peace, the young hero is gallant and gay;
In war, like a whirlwind uprooting his foes:
'Tis he whom all Breifny is proud to obey,
The bond of their union wherever he goes.

The son of the fair one who dwells on the Boyne,
Is never o'ercome by a foe or a fear;
In the field where the deadliest combatants join,
In the vanward of danger, O'Rourke will be there.

Like a tower, in the battle, is he whom we sing,
To whose shelter the race of Milesius retreat;
Like Cormac, the son of the Eremite king,
His judgments are justice—his sanction is fate.

---

sáil no gabhál; réire (eadhon) aosda (eadhon) sáil sheanoirde re breitheamhnas. — [m] ata leis. — [n] inná teathrach (eadhon) badhbha.—[o] gearradh.—[p] corp.—[q] a ccathaibh no a cotoibh.—[r] an áit a ccomhracaid.—[s] trenḟhir.—[t] siubhal.—[u] sionnach no mac tire.—[v] corraibh.—[w] da liaigh tuath de-danann d'aithbheódhadh daoine.—[x] ní leigheasaidís aon neach da loitḟeadh brian O'Ruairc.—[y] leigheas.

Cread nach ccuirthear a ccuimhne [z]
Lat mar uinche [a] bri tuireadh,[b]
In té is tríath ar fhuil Fearghna,[c]
Mór a cearna [d] fria tuireamh?

Ar a ghaóis [e] ar a eargna,[f]
Ar a tednus [g] frí olcuibh,
Ar a cloth,[h] ar a chonnla,[i]
Tuath is tomhsa [k] dia thoghae.

A bhéusa cia nach molunn? [l]
Ní dhlomhann [m] is ní thimghair, [n]
Luighi [o] néithigh ní thoingeann,
Do ghní boiscill [p] die bhidhbhadh [q].

Ní bhí claon ina fhuigheall,[r]
Acht so ghní cumhang reáire,[s]
Ní bhí laobh [t] iná leaithbhe [u]
'San bhreath bheairius Rígh Bhréifne.

---

[z] Cread nach ccurthar a ghníomhartha a leabhraibh. —[a] cath.—[b] magh tuireadh.—[c] sinnsear ui Ruairc, ui Raghallaigh, &c.—[d] abhuadha.—[e] gliocas—[f] inntleacht. —[g] a bhurba no mhearrdhacht ag cosg olc.—[h]—clú.— críonnacht no ciall.—[k] tearmonn.—[l] Cia an duine ler

Where'er thro' the legions of battle he goes,
  Vistas of victory break in his path;
Like a wolf in the midst of his awe-stricken foes,
  He battens on carnage, he riots in death.

Even Miach and Arvey, renown'd as they were,
  The wounds of his sword would their science defy;
To all who oppose it is left but—despair,
  And the tenderest pity consigns them—to die.

Proud chief, son of Feargna! oh! why not proclaim
  Thy deeds, while the voice of the Bard shall endure?
For thine are achievements more worthy of fame,
  Than the long vaunted glories that hallow Moy Tuire.

The faith of his friends and the fears of his foes,
  His far-searching eye at a glance can command;
In his prudence and courage his people repose,
  The lord and the guardian of Breifny's blest land.

---

féidir gan a bhéusa do mholadh.—[m] ní dhiultann.—[n] iarrann.—[o] mionna bréige ní thugann.—[p] baos céille (eadhon) geilt.—[q] do namhuid.—[r] breitheamhnas.—[s] cruas forfe na bhreitheamhnas.—[t] claon.—[u] leatrom no claon.

Cath Aodha finn [v] ni filltear
Cirsi inteach [w] imtheasatt, [x]
Gnath ga noireachuibh [y] tuisi [z]
Alcnamh [a] duisi [b] iniath [c] eacrat. [d]

Ni sáin caimpear [e] is inirt, [f]
Ní sain iris [g] is afost, [h]
Ní sain foilmean [i] is brothruch, [k]
Ní sain bloach [l] is maghar. [m]

Ní sain earr [n] agus a raé, [o]
Ni sain tamhon is tréinclí, [p]
Ní sain triath agus teamoir, [q]
Ní sáin eamhoin is aon nídh. [r]

---

[v] O'Ruairc, O'Raghallaigh, &c.—[w] slighe.—[x] a ttéid.—[y] uachdar áin no taoisighe.—[z] Dae uais (eadhon) fear uasal.—[a] ágh.—[b] seoid —[c] fearann.—[d] eascairde no namhad.—[e] caimpear (eadhon) fear mor-chomhlainn.—[f] inirt (eadhon) duine lag (eadhon) ní hionann fear morchomhluinn agus duine neamhneartmhar.—[g] iris (eadhon) umha.—[h] afost (eadhon) ór (eadhon) ní h-ionann umha agus ór.—[i] foilmean (eadhon) drochbhrat no ceirt.—[k] brothrach (eadhon) brat riogha (eadhon) ní hionann ceirt is brat ríogha.—[l] bloach (eadhon) míol mór.—

Oh! who in the theme of his praise can forbear,
The chief who ne'er sought nor refused a request?
An oath, nay a promise, he would not forswear,
And his prowess strikes fear in the manliest breast.

From the fountain of justice that heaven has fixed
In the breast of the righteous, his laws purely spring;
Nor favor, nor prejudice ever are mixed,
With the judgments that glorify Briefny's good king.

His battle, a victory—his field, a campaign;
No hope can encourage his once vanquished foes;
The great are more glorious when joined in his train,
And trophies reward him wherever he goes.

---

[m] maghar (eadhon) miniasg (eadhon) ní hionann bleidh-mhíol mara agus libín deamhain no minbhreac.—[n] gairgidheach.—[o] giolla.—[p] tamhon gach ní dá mbeantar a cheann, clí (eadhon) cleath (eadhon) ní hionann cuid do chrann no do chleith, agus tréan-chrann no tréanchleath fo na hiomshláine.—[q] triath (eadhon) tulach ann so (eadhon) ní hionann aon tulach a n-Eirinn is Teamhair na ríogh.—[r] Eamhoin (eadhon) amhaon (eadhon) dá ní (eadhon) ní hionann aon ní agus morán.

An Eirinn cídh bé is feile [s]
Ne rígh Bréifne ní measdae, [t]
Ní sain ór agus inol, [u]
Ní sain méadhól is deascae. [v]

Mar seuchaid [w] os na sléibhtibh
Sliabh Armenia, sliabh Olimp;
Sin, sin, an t-O'Ruairc-sion
Céim is uaisle sa choinneilg.[x]

Mar nach conchlann dá chéile,
Na déidhe a tu do chonneilg,[y]
Ni conchlann do rígh Breifne,
In ti is féile a miath Oillill.[z]

---

[s] Cé bé duine is feile a n-Eirinn.—[t] ní hionchomortair. —[u] ór (eadhon) rí: inol (eadhon) greasuighe no fear deanta buidéal leathair.—[v] ní hionann ól meadha agus ól deascadh.—[w] Seuchaid (eadhon) chéimnighid no éirghid os cionn gach sléibhe sliabh Armenia (eadhon) Ararat, ainm air cheann sleibhe Taurus 's an Asia os coinne Armenia os muir Caisp: is air do stad an áirc taréis dilionn; agus sliabh Olimpus san Tesaille: a deirid re áirde gur ab é an ceathramhadh porda no gabhal don domhain é: Atlas, Ara Herculeis, agus Latmos na trí gabhla oile.—[x] sin, sin, (eadhon) is amhlaidh sin: sa

More unlike are the hearts of the coward and brave,
Than the dull worthless brass and the pure virgin gold:
Than the pitiful sprat, and the lord of the wave;
Or the rag, and the vesture round royalty rolled.

The freeman and slave are less like at the core,
Than the stump, and the tree with its foliage unfurled;
Than the indolent mole-hill, and royal Temor;
Than a closed heart, and that which embraces the world.

Our chiefs, the most generous, valiant and tried,
Can less be compared with the light of his soul;
Than the poor artizan to the king in his pride,
Or the lees of the feast to the first of the bowl.

---

choinneilg (eadhon) sa chomppráid no tagra: a ccomppráid mar cheimnigheas na sléibhte sin ós gach sliabh san domhain *in superlativo gradu*; mar sin is é O'Ruairc céim is uaisle a ccéimibh an chomórtais (eadhon) *superlativus gradus* coinneilg (eadhon) comortas.—[y] mar nach comppráid dá chéile na deidhe (eadhon) dhá ní, da n-dúbhras ar fad a nuas.—[z] Ní hionchomppráid do Righ Breifne an duine is féile a bhfearann Ríghe Conacht (eadhon) Oilill Mac Maghach (eadhon) iniath Oilliolla (eadhon) a Conacht

Go ttuillfeadh sé aoir m-Breisi[a]
Is cian om thseise curadh,[b]
Na thuigh na faghthar dubrón,[c]
Curson[d] e a mbéasoibh brúghadh.[e]

Ni uia[f] an Bhreifne gan bhráa[g]
Go ttí an bhrátha[h] tar bhruach;
Tir do bheannach Mac Allproinn[i]
As ar thafainn Crom Cruaach.[k]

In Bhreifne ródhach,[l] roilbheach,[m]
Tir in a soilbeach suthach;[n]
Maith a heathamh[o] sa haindreann,[p]
Fo cheann tairmcheall[q] atulach.

---

[a] Do Bhreas Mac Ealathain righ Eirionn de tuata dé danann do roinne an file (eadhon) Cairbre Mac Eathna an chead aoir riamh an Eirinn: a tá sí san leabhar-so: agus tuillbhreas (eadhon) acht ní hé sin do Bhrian ní thuillfeadh a leithéid do féin.—[b] companach gairgeadh.—[c] trosgadh.—[d] saoi.—[e] biadhtach.—[f] bheidh.—[g] mhaith.

As that hill of Armenia, where Noah found rest,
  And Olympus exceed every other in height;
Such pre-eminent glory is Briefny's behest,
  And all other splendors are lost in his light.

Uncongenial, unkin, as are all we have named,
  The pride of O'Rourke is more peerless by far;
In the land of Oilill is no hero so famed,
  As the guardian of Briefny—our western star.

The slander that envy despairingly throws,
  From the shield of his virtues innoxiously falls;
At the gates of his dwelling the wearied repose,
  And the hungry rejoice in his plentiful halls.

—[h] go deireadh an domhain.—[i] do bheannaigh Pattruicc—[k] ar ar chuir an t-Ard-lodhall Crom Cru.—[l] ro-fheadhach.—[m] ro-shleibhteach, roilbhe (eadhon) sleibhte.—[n] ann ar tharbhach loilgheach no mart bhainne.—[o] a magha.—[p] doinionn.—[q] garbhthalamh no a heath-amh (eadhon).—[r] soinionn.

Ní bhi ar eairiort[s] co ruanaidh,[t]
Bí ar chuanaibh go feithmheach,[u]
Nír choguir[v] neimheadh[w] darcioll,
Nír thuill anbrean[x] dia oineach.

Sgiath imdheagla[y] na daimhe,
Mac Grainne[z] gnúis is péidhe,
Cian uaidh ro soich a fhoscadh,[a]
Bile tortan fhear m-Breifne.

Aitchim[b] Muire sa haonmhac,
Dia chosain ar gach guasacht,[c]
In té is rígh[d] ar an mbládh thalmhuin
O ttig slaphradh Chon Nuadat.[e]—Fuair, &c.

---

[s] Eirreacht (eadhon) dilleachta.—[t] go trén no láidir.—[u] ar bhuidhnibh go coimheadach.—[v] ní dubhairt.—[w] neamh iath (eadhon) talamh eaglaise dfhiorchaoladh no laghdughadh.—[x] aoir da aghaidh aigneadh.—[y] anacla.—[z] Grainne Inghinn Dhomhnaill mathair Bhriain.—[a] Is fada uaidh do theid a scáile re maith air gach aon.—[b] guidhim.—[c] ar an uile contabhairt agus olc.—[d] Brian

There's good fortune for Breifny, which ever shall last,
By the feet of the saint 'twas in holiness trod;
The idol of guilt from its presence he cast,
And breathed o'er its people the blessing of God.

Oh Breifny, dear land of the mountain and vale,
Where the heifers stray cheerily all the long year:
How fragrant thy moorlands in summer's fresh gale,
How green in its showers thy meadows appear.

Here the orphan may rest as secure in his smile,
As if steeled in his strength:—O'Rourke's gallant band
Would not war with the helpless, nor think to despoil
The shrine of its gold, or the church of its land.

---

na Murcha O'Ruairc is rígh air an m-Breifne as a dtig an t-Sionainn.—[e] an t-Sionainn o inis da ghobhal amach ar fad.

AN SIOGAIDHE ROMANACH.

Innsim fíos a's ní fíos bréige,
  Le ar súilibh dhúinne ba léur é,
  Le mo chluasaibh chualas féin é,
  An nídh a deirim ní cheilim air aén chor.

Lá d'á rabhas air maidin a' m'aonar
  Is an Róimh air ór-chnoc Chéphais,
  Sínte air leic ag silleadh déura,
  Lán de ghruaim air uaigh na n-Gaédhal-fhear.

Fá roibh dias do b'fhial fá shéudaibh,
  Le ná'r ghrádhmhar ádhbhar m'éugnaich,
  Iarfhlaith mór Thíre-Eóghain Néill-mhir,
  A's O'Dómhnaill na n-ór-lann bh-faébhrach.

THE ROMAN VISION.[1]

BY HENRY GRATTAN CURRAN.

No idle fiction this! too sadly true,
Upon my wasting eyes the vision grew;
Too well my ears drank in the heavy sound,
Give it ye winds swift proclamation round.

Lonely I strayed on Cephas' golden hill,
And memory came my heart and eyes to fill;
While o'er the stone that shrouds the Gaël in dust,
Bending I mourned their country's fallen trust.
There slept the hand of bounty—there the tear
Prompt to respond the patriot's sinking cheer;
Tyrone, proud scion of the O'Niall race;
There too O'Donnell was thy resting place,
Thou of the glittering blade! I brushed away
The mournful tribute to a better day;
When lo! a nymph, whose brow, whose bosom's sheen,
Might shame the grace of beauty's fabled queen,

An trách do shaoíleas sgíth do dhéanadh,
Cia do chídhfinn de mhaoílinn an t-sléibhe,
Acht máighdean bhráighid-gheal phéurlach,
Do bhain bárr go brách de Bhénus.

'S de Mhinerbhá a n-deilbh 's a' n-déanadh,
Is maith do shníomhadh a bráoídhthe caéla,
Do bhídh an t-ór a' meódhan a céibhe,
'S do bhídh an sneachta 's a lasair 'n a h-éudain.

A dúbhairt sí leam 's an m-ball g-céadna,
De ghlór mhilis ba bhinne 'ná téudaibh,
Druideadh shuas ó uaigh na d-tréun-fhear,
Ba fada a caoídh 's a croídhe 'g á réubadh.

Fá dheireadh shiar a n-diaidh a saéthair,
Do thóig sí uaill budh truagh le h-éisdeacht,
Do bhainfeadh deóir go leór as chléir'chaibh,
Agus osnadh as na clochaibh dá m-b'fhéidir.

Leis an mhaoídheadh sin do shín sí a géuga,
'S a dearca suas go cruadh air néullaibh,
Do labhair sí le Rígh na spéire,
Lán de channtlamh ann sa' réim so.

Came o'er the hill—her towering forehead bore
The impress of high thought—like molten ore,
Gushed the gold ringlets o'er its polished plane;
Her cheek of snow confessed one rose's stain—
She spoke, and vain, in sooth, were minstrel skill,
To bid the chord such liquid sweets distill.

When from that grave I turned me to depart,
A wild emotion shook the maiden's heart:
It passed at length; that agony: and then,
What human heart might brook her melting strain!
The rifted rock, in sternest solitude,
Had poured its echoes in a tone subdued;
Her hands uplift to heaven, her streaming eyes,
Raised with her fervid accents to the skies;
In words half broken by the labouring groan,
She poured her sorrows to the Eternal throne.

Say thou Supreme! in pity dost thou deign
To bend thine ear while abject I complain?
Or darkeneth thy brow? since mortals still
Should hail, nor dare to scrutinize thy will.
But deep and darkling doubts beset my soul;
For, if one primal taint pervade the whole
Of the first parents blighted race, and all
Are fall'n alike with the first woman's fall,

"A dhé mhóir an deóin libh m'éisteachd,
Nó an misde ceist bheag éigín,
Do chuaidh a n-daingean air mhachaib léighinn,
D'fiafraídhe dhíbh ó's díbh is leur í.

"O táim air mearbhall i n-ainbhfios sgéala,
Oir má's ionaon do thuill gach aén neach,
Coir na Séinnsear do rinne an chéad-fhear,
Adhamh ar n-Athair do mealladh le h-Eubha.

"Cread fá n-díoltar rian na péine,
Air aén phór níos mó 'ná chéile,
Creud fá saértar gach daér éigceart,
A's nach m-bídheann saér nach daértar é seal.

"Cread fá g-croichtear boicht gan aén choir,
Agus sliocht na locht a d-toice an t-saéghail-si ?
Cread é an tóbhacht nach sgriosdar eiricigh,
'S gur buan a d-tóir a n-deóigh na g-creidmheach ?

"Cread nach b-feanntar clann lútéruis,
A's clann Chríost 'g á g-claóidheadh go n-éagaid ?
Cread nach truagh na h-uain 'g á g-créuchtadh,
'S na meictíreadha ag inghreím' an tréuda ?

Dread ruler ! why doth the tremendous meed
Crush with unequal force the doomed seed ?
Why doth the sinless bosom tinge the dart,
That should have quivered to the guilty heart ?
Why groan the lowly poor, while wealth and pride
Triumphant o'er the waves of fortune ride ?
Shall they, whose hearts confess thee "holy," weep
Outcast, proscribed ? and shall thy vengeance sleep ?
'Gainst Luther's brood why rages not thy breath,
When Christ's pure creed is made a spell of death ?
Do the lambs vainly in thy shadow rest ?
How long shall ravening wolves the fold infest ?
Say, why doth Erin weep ? what crime incurs
Thine ear averted ?—Lord, that voice is hers,
That calls, implores, with wild and tireless breath :
Doth not thy faith exalt ?—she sinks in death !

And yet, since erst thy pure Apostle came,
And brought to Ealga's isle thy holy name ;
Tho' flaunted 'mid our homes strange flags unfurled,
Nay, tho' the sun grew dark, the floating world,
That shut from us the brightness of the day,
Veiled not thy glory, whose effulgent ray
Illumed our hearts, by faith's seraphic wing
Guided to thee, the days eternal spring.
My God ! my God ! Milesius' life blood runs
In Fodhla's race, these are Milesius' sons !

"Cread an ceart fá leagthar Eire,
'S le na gleóidh nach mór go n-éirdthear?
Cread an chóir nach d-tógthar Gaédhala,
Dream ná'r dhiúlt' do'n n-Dúileamh géilleadh?

"Oir ó tháinic Páttruice naémhtha
Leis an g-creideamh go h inis Eilge,
Ní'r bhain traéchadh, gaéth na spéirling,
Foirneart eachdrann na leath-trom d'á m-b'fhéidir.

"Creidiomh Chríost as chroídhe na n-Gaodhal-fhear;
Do bhídh a g-coingeal mar loinnear na gréine,—
Do bhídh an t aithinne mar aingeal ag sbréuchadh,
Air nír chuit smál, na cáidh, ná aén sbot —

"Feadh na Fodhla air Phór Mhiléisius,
Uch! a Chríost is fíor an méid sin!
Cread tá uait, nó an rún leat m'éisteacht?
Nó an é is áill leat go bráth gan féuchain?

"Air an g-cuaine is buan do d' shléachtain,
Fá ghallaibh 'g á bh-feannadh le h-éigceart,
'S gur b'é an t-álmhach glasfarnach, béarlach,
Luchd an fheill do chuíll a d-tréigeann.

Wilt thou look down in mercy?—say! oh say!
Or is thine eye for ever turned away?
And, while the trusting spirit bends to thee,
Shall ruthless tyrants bow the neck—the knee?
Still wilt thou smile on England's traitor horde,
Whose lips unhallowed scoff thy sacred word?
Thy church's law their rebel hearts have spurned—
'Gainst "her," the "undefiled," their wrath bas burned:
Their own dark heresies they rear elate,—
Thy faith, the faith divine, they execrate.

Why need I mention? thou, dread power! hast seen
The apostate Henry spurn his spotless queen,
For Anna's fresher beauties—thou hast cursed
That traitor to thy faith, the boldest, worst—
Need I name her, whose heritage of shame
Grew darker, murkier, in the wanton flame
That all could kindle, and that none could claim?
Can we forget Elizabeth?—oh never,
In Heber's heart she'll rankling live for ever;
The land grew waste beneath her—sex or age
Yielded no shelter from her bigot rage,
Till, bloodiest consummation! Mary fell
To close her long account, but not the spell
That claimed her ruthless ministry—her sway
Devolved on James—and Phelim's land can say

"Do chuir droím le cuíng na cléire,
Do ghníodh cnáid faoí Mháthair an Aén-mheic,
'S le nach míann do Dhía seal géilleadh,
Acht an creideamh do scrios le nimh éirceacht'.

"Ní áirmhíghim Hannrídh an chéud fhear
Do chuir uaidh go truaillighthe a chéile,
Air Anna Boilen, a inghin chéadna,
A's d'imthigh ó'n n-Eagluis air theagasg lútéruis.

"Cuirim leis Elísabéata,
Ná'r phós fear 's ná'r stad ó aén neach,
Is iomdha dream air ar fheall an Mhéirdreach,
Do rinne sí fasach de Chlár Eibhir.

"A mná 's a bh-fir do sgriosadh léithi,
Do thug sí bás do Mháire Stéabhard,
A n-diaigh na mná-so tháinigh Séumas
Mar thuair fasaich do chlár Fhéidhlim.

"An fear do leag a b-pór a's a bh-fréumha,
A's d'órduigh a d-talamh do thomhas le téudaibh,
Do chuir Sacsanaich a' n-ionad na n-Gaodhal-fhear.
A's creideamh cam a d-teamplaibh Cléire.

How well the tyrant's sceptre graced his hand—
The " measuring chain" he cast upon the land—
Her nobles plundered for an alien race,
And with unhallowed rites defiled thy holy place.
Lo next—his father's every taint and crime
Expanded in his soul's congenial clime,
His son succeeded, to embalm his fame
By deeds, which, let Leith Moath, Leith Cuin proclaim.
Spoiled of the rights long held from sire to son,
Their arms, and every glorious meed they won;
Of rank, of wealth, and damned foul decree!
Spurned from the shrines where they had knelt to Thee:
The very tongue, thy gift, in which they poured
Their souls, while at thy altars they adored,
Condemned to rudest jargon to give place.
For every woe he wrought upon her race,
The bitterness of Erin's heart ran o'er
In curses on the despot; and he wore
No amulet against the bolt that sped
Retributive to his devoted head.
'Twas a divine behest! high justice spoke,
And the pale tyrant's wily minions broke
Their hollow fealty; and the block and blade
Brought the stern quittance of man's rights betray'd.

Yet ere it fell, to blast his glazing eye,
Maguire had tossed his banner to the sky—

Is geárr na dhiaidh gur thionsgain Séurlas,
  Air nós a Athar le cealg 's le bréagaibh,
  Air leath Coínn an chuing do b'éigceart,
  A's air leath Mógha 'g á bh-fóghairt go h-aén-Fhear.

Do bhain sé dhíobh a g-cíos 's á m-bhéusa,
  A maoín 's a g-clann a n-airm 's a n-éudach,
  Trian a bh-fearann 's a n-gairme n-éinfheacht,
  Leis do h-iarradh Dia do thréigeann.

Fairche maireann gan aithfrionn d'éisdeacht
  'S gan úrlabhra a' d-teangain na Gaédhilge,
  'S gan na h-áit ag cách acht béarla,
  Ord a's aithfrionn do bacadh leis d'éisdeacht.

Tré gach gráin d'á n-deárnaidh air Eirinn
  Is buan mallacht ag fearadh go h-éag air,
  Smal a n-deárnaidh is leór mar léun air,
  Munab é is cionntach ni h-aithne dhamh féin súd.

Cread fá cúis air d-túr d'á b-péinbhruid,
  Fá'r dheóin Dia an Triath so shéunadh,
  Leis an luchd do thug do géilleadh,
  Párlementáirídhe na d-táir-m-baothlach.

Freedom's high priest; and kindling Ulster saw
Mc. Mahon soon assert her bounteous law:
Last of the Finians—in whose ample mind,
The gifts of his long lineage shone combined;
Of gentlest nature both, yet thus pursued,
Two lions chafing in their might they stood;
Nor lured by conquest—nor athirst for fame,
Their rallying word was the Eternal name:
The stranger's false embrace their hearts disdained,
Save when in deadliest fold in battle strained—
In life united; on the scaffold floor,
Those dauntless bosoms poured their mingling gore;
A crimson attestation of that faith,
That sheds a halo round the brow of death.
Nor yet unmarked by glory, Phelim's claim,
Proud soul, and fitly shrined in such a frame!
Who taught the stranger's lip the craven cry,
And tamed the Scot, that subtlest enemy.

But see! what steadier lustre wins her gaze,
Where from Hispania's coast, O'Neill displays
His standard wide; and, eager to sustain,
Pours his proud chivalry athwart the main.
"Eogan the Red!"—to freedom's strife he flies,
To veil the lustre of his past emprise
With deeds of higher prowess—Cormac's blood
Bounds in the hero's heart—a tameless flood;

Le'r baineadh a chionn le lann faébhrach,
D'an Ríogh bhainghin cheann-fhionn chéadna,
Is le na línn do mhúscail Eire,
'S a' g-cóigeadh Ulaidh do thionnsgain an chéud fhear.

Mac Uídhir fuígheall na Féinne,
A's Mac Mathghamhna amhail ba béus do,
An dá leómhan cródha, méinn-mhaith,
Ná'r chuir suim a' maóin an t-saéghail-si.

'S nach n-deárnaidh ceangal le Dainfhearaibh saébha
Nó gur dortadh leó a' n-éinfheacht
A g-cuid fola, 'n a lochanna cróidhearg',
De ghrádh an chreidmhe ba leisge leó thréigeann.

Ní le fuath nach luadhaim Féidhlim
An t-óg uasal, ruaidh-gheal, péucach,
Fear le'r baineadh as eachtrannaibh méileach,
A's lán na g-cartach as Albanchaibh baothlach'.

Ag so an uair do ghluais an trén-fhear
Ar an Spáinn faoi lán éarmaidh,
Eógan ruadh-ghlan na sluagh m-baéghlach,
Laéch na g-creach mac Airt éuchtaich.

And all his grandsire's soul of flame he bears—
Attest it many a trophy that he wears,
The harvest of his hand in many a strife,
Waged in the tender spring-time of his life;
And, when the greenness of his age went by,
The deeds he did are registered on high;
Those, rife with living proofs, let Spain avow,
Almania, richest wreath on Caesar's brow;
Let France, the weeping Netherlands, attest:
And oh! beyond them all, the brightest, best,
Let the Milesian race his glories tell;
Let Erin's voice the volumed record swell.
Could fame unlearn, can words of mine portray
How Ulster spurned the cowering stranger's sway?
How Leslie fled, and the pale Saxons' fright
Confessed no leader in their panic flight?
Montgomery's shackled limbs we still descry,
Lo, where the routed Scotch bewildered fly;
Blindly they rush—but hark, that jarring sound,
With thundering crash their bulwarks strew the ground:
Scarce the proud capital his course arrests,
While her high walls the girding fire invests—
Meath mourns the slaughter of her changling race;
Portlester's thousands, where is now their place?
In Birr, in Nenagh, rose the suppliant hand;
Heberian Thomond, through her tainted land,

Mac meic oirdheirc Chormaic Néillmhair,
 Lámh ghairgeadhach ná'r sáruígheadh a' n-aén-ghoil,
 Bíodh air mh'fhallaing gur dearbhtha an sgéal sin
 Iomdha guais ann a bh-fuair sé fhéuchain.

O'n lá ba eól do a shrón do shrón do sheídeadh
 Nó gur chríochnuigh Críost a théurma
 Cuirim a fhiadhain air Dhia nach bréag sin,
 A's air an Sbáinn tá lán d'á ghéur-ghol.

A's air an Almáinn, leanán Shaésair,
 A's air an bh-Fráinnc ba teann ag dréim leis,
 A's air Thír-fó-thóinn tá tínn d'a éugmais,
 A's air Chlannaibh Míleadh a' ríoghacht Eireann.

Leath a ghníomh do ríomhadh ní féadaim,
 Do chóigeadh Ulaidh thug furtacht iar n-éigean,
 Do chuir sé Gaill de dhroím a g-céille,
 A's Leslie air teitheadh go h-éusgaidh.

Do chuir air chosaibh Mhontgomaráidhe géimhleach,
 Chuir sé meatacht air Albán'aibh maola,
 Do chuir sé a n-daoíne tré n-a chéile,
 'S do bhris sé brúgh an Mhúraich bhréugaich.

The Saxon saw, endenizened in vain,
Disgorge the spoils of rapine's broken reign—
The echoing hills proclaimed to Inis-Con
His spreading conquests; Waterford o'erthrown;
Duncannon's waters in his course were dyed;
Wexford's keen blade hung useless by her side;
Nor Ross Mc. Truin, Ben Edar stayed his tread;
Kilkenny bowed to him—his myriads spread
By Shannon's ample tide their long array;
The Avonmore was chequered with the play
Of their broad banners—by the Nore they stood,
And by the sedgy Barrow's headlong flood—
The Suir ran purpled with the stream of life;
Lough Erne rolled back proud tidings of the strife:
From Meave's high dome triumphant strains arose,
And Erin's centre caught the exulting close;
Thence to Bearhaven rolled the whelming tide,
And well might Sligo's unsupported pride
Droop at the sound of Jamestown's shattered wall,
Whose circling echoes thundered to appal.

So sped the victor still where freedom urged,
Till the base Saxon clanked the chain he forged:
Oh son of Duach, what a loud acclaim
Burst through the land o'erburthened with his fame,

Baile-áith-cliath dh'iadhadh an trén-fhear,
A's leis do sgiúradh an chúndaé chéadna,
Is an Mhidhe mheabhlach, Ghallda, Ghaédhlach,
A b-Port-leastair do threasgair sé céuda.

Bhain sé giodar as Bhiorra 's as Aonach,
Agus as súd suas go Tuath-Mhúmhain Eibhir,
Do rug sé creach gan chead do'n m-Béarla
O Inis-Cóinn tar bhéinn an t-sléibhe.

Thug Portláirge a' láimh go léir leis,
A's Dún-Canáin na g-canál d-taésgach,
Loch-Garmann na n-arm b-faébhrach,
Ros-Mheic-Triúin a's Dún-bheinne-Eadair.

'S de Cheill-Chainnich bhain urraim d'fhoiréigean,
Chois na Sionnabha ba neartmhar a ghéuga,
Chois Abhan-móire a's Feórach a' n-éinfheacht,
Chois na Bearbha mearbha méirsgníche.

Chois na Siúire a thrúip ba saéthrach,
A's ó sin siós a rís go h-Eirne,
Do rinne sé áthas a' ráth Méidhbhe,
'S ó bhaile Atha-luain do fuair sé géilleadh.

When hope, that many a year had trembling hung
O'er the rich presage, with exulting tongue
Heard Truth and Freedom hail the auspicious ray
That rose above the Saxon's tottering sway!
Hail to the conqueror, by the Gaël upborne,
(Bound these high hearts from shackles lately worn?)
Mark, the proud flame his martial deeds avow
Burns in his breast, irradiates his brow;
Nor only battle's sterner lights illume,
There mercy smiles away impending doom
From vanquished valour—and the warrior's eye,
As fixed dominion calm, hath ne'er been dry
O'er others' woe; and wise, albeit not yet
On his young brow hath thought her impress set,
He weighs mankind, and, learning to appraise,
Hath learned to feel for frailty while it strays.
Strong as its iron mail, that kindling breast
To meek eyed ruth affords a shrine of rest;
Nor swifter speeds his blade, at freedom's call,
To the false Saxon's heart, when round him fall
Their gathering numbers, by his might o'erthrown,
Than misery's claim finds access to his own—
In council sage; in battle's fiery glow
Like the launched thunder 'mid the astonished foe.
And oh! when peace her gentle plume hath spread,
Mild as the melting tear that mourns the dead;

A's ó sin siar go h-iachdar Bhéarna,
Do bhris sé an balla ag baile Shéumais,
Chuir sé Sligeach air critheadh le n' fheuchain,
Is leis do ceangladh Gallaibh lé chéile.

Dar mac Duach ba suairc an sgéal sin,
Air gach cuan de chuantaibh Eirean,
'G á rádh, 'g á luadhadh, 'g á thuar, 'g á léughadh,
Gur cuireadh suas air uachdar an Bhéarla.

Eogan ruadh air ghuailnibh Gaédhal-fhear,
An t-Og-uasal uanach, aédhearach,
Bratach, buadhach, buanach, béimneach,
Creachach, cuartach, cuantach, créachtach.

Dreachach, dualach, duanach, déirceach,
Feasach, fuadrach, fuadach, féastach,
Gaisgeadhach gluasda, gruagach gléasda,
Lannach, luathmhar, luaimneach, léimneach.

Marcach mórdha, muadh-ghlan, maérdha,
Neartmhar, nuailleach, n-uaibhreach, n-éideach,
Rachtmhar, ruathar-chreach, ruaigtheach, réim-
eamhail,
Searcach, suairceach, subhailceach, séunmhar.

Witness High Heaven, if yet his eagle gaze
Glared out to blast—no raven brood would raise
A wing the sky-built Eyry to invade:
Nor thus had cold succumbency betrayed
The land to Cromwell's sanguinary sway—
Woe is my heart that such could pass away;
And yet, Eternal Justice, while I grieve,
My bleeding heart's full gratitude receive.
No Saxon blade in freedom's cause unblest
Quaffed the deep current of his free-born breast;
For thou did'st shield him from the dire disgrace;
And when he fell, O—meet to fill such place!—
Bad'st thy own priest to countervail his loss,
And o'er his prostrate banner rear the cross—
And well he did thine errand;—but the grave,
When hath it ceased for human hopes to crave?
The grave hath closed on Heber; O great heart!
Proud germ of nature so matured by art,
Had genius, culture, all, thou costly prey,
But decked thee for the tomb? thou envious clay,
Oh what a mind thy leaden sleep hath bound;
Pure as pervading—lucid as profound!
Spirit of Eogan, chafe not, if my eye
The while I speak of Heber be not dry;
Nor deem thyself forgot—had he remained
To rend the withering yoke his valour strained

Déanaim d' aithne dá mairfeadh an t-Éan so,
  Nach m-biadh an ealta-so a' leabain na bh-Fénics,
  'S nach bhfághadh Galla ná Cromshuil géilleadh,
  Amhail mar a fuair ó'n n-uair do éug sé.

Acht gídh crádh liom a thásg-sean d'éisteacht,
  Liom ní cás a bhás air aen-chor,
  O nach le Gallaibh do gearradh a laéthe,
  Acht le Dia le r' mhiann a shaéradh.

Is gearr 'n a dhiaidh go dian gur éirghidh
  An leomhan cathach an t-Easbog Eibhir,
  Fear an chloigeinn chomhthroim éuchtaich,
  Do rug bárr air chach 's an léighionntacht.

An fear ba díreach croidhe do Ghaédhlaibh
  Do bhris meisneach a's dlighthe na méirleach,
  A bhain ceannas de Ghallaibh a' n-Eirinn,
  'S do chuir ruaig air shluaighthibh Shéarlais.

'S é mo chreach mar do gearradh a laéthe,
  Tré easbog Dhúin ní lúgha m'éagnach,
  A's tré uaislibh Ulaidh na g-curaidh laéchda,
  A's Henrídhe ruadh d'ár bha dual tréine.

Almost to breaking; had his happier hand
Swept the pale, palsied Saxon from the land;
Blasting the iron sceptre which it bent,
Giv'n us homes, happiness, enfranchisement,
No—not success, had taught another's fame
To supersede thy memory's vital claim.

But O! my heart! what saddening phantoms rise,
Worthies of Ulster! Henry! my red eyes
Might weep their fountains dry, tho' these were all,
But faithful memory unfolds the pall;
And lo! Mac Guire!—and now the fleet O'Kane,
And Phelim come to swell the spectral train;
Great spirits, fare you well! with mute regret
I gaze upon you, but my cheek is wet—
My tears shall number you; Almighty power!
We had not dreamed of this disastrous hour.
Bercan—Senan, our ancient prophets saw
The dread revealings of thy mystic law;
Thy truth the breast of pious Kieran warmed;
Sage Colum's lips, thy spirit, Lord! informed,
The bounteous Columkille; on Caillan came
Thy inspiration, and the elysian flame
Illumed the soul of Ultan; Colman too,
Nurtured with heavenly food, all these foreknew
Thy dispensations—but they bade us not
To deprecate this dark impending lot;

Mac-Uídhir an chroídhe Ghaédhlaich,
  A's O'Catháin an coileán léimneach,
  Laéch na ruaig Mac Tuathail Féidhlim,
  Beannacht leó a g-comhaireamh ní fhéudaim.

A's ó táim cráidhte, fágtha, céasta,
  Fiafruíghim díbh a rís a thréin-mheic,
  Cá r' ghabh tárrngaireacht Phátruicc náemhtha,
  Nádh Bhearcáin no Sheanáin shéimh, dhil.

Chiaráin Chluana do fuair géilleadh,
  Cholaim-Cille an oinich áedhearaich,
  Nádh Chaillín no Ultáin t-saorach,
  Nó Cholmáin Adhla dá'r bha beatha féur glas.

Uch ó'n óch! mo bhron ghéur é!
  Mo ghul! mo chaóidh! mo dhíthcéille!
  Mo lom! mo ghleóidh! mo cheódh! mo léun ghuirt!
  Mo nuar! mo mhilleadh! mo mhire! mo phéin-bhroid!

Trian a n-galar go follus ní léur dhamh,
  Acht na Gaeídhil 's á sníomhadh 's 's á n-géur-ghoin,
  'S á g-cur síos, 's á g-claóidheadh, 's 's á réubadh,
  le pláigh, le gorta, le cogadh 's le léirsgrios.

They said not, "burning tears shall overflow,
Dark days shall come upon thee; shame and woe,
The reeking phial of a tyrant's hate
Shall wash thee, and thou shalt be desolate;
No joy or hope shall visit thy cold breast,
Till reason reel with the huge weight opprest;
And thy soul, seared beneath the chastening rod,
Shall almost curse the high behests of God"—
And yet, the burning tear hath steeped my cheek,
And every pang that tyranny could wreak;
Shame, anguish, all, save madness and despair,
To freeze my accents or to warp my prayer,
All have I known; lost all; Oh God! my trust!
Faith only lives to raise me from the dust.—
Though war its fiery plagues around me breathe,
Faith prompts my sword from its inglorious sheath;
No bloodless triumph shall my children yield,
While Thou, dread chastener! look'st upon the field
Not unapproving—at destruction's brink
My "heart's established and will not shrink;"
Father of mercies!—oh forgive the thought
That dared impugn thy fiat—if our lot
Have been a dark one; if defeat have bowed,
And trouble girded us as with a shroud,
Not thine the cruelty, but ours the crime
That stirred thee, slow to vengeance; in their prime

Cóir do Dhia gan iad do shaoradh,
Ní raibh a m-bara a n-glacaibh a chéile,
Ní roibh an tuath go fuaighte d' aen-toil,
'S ní raibh an Chliar a riamh acht réubtha.

Do bhídh cuid líonta dhíobh de bhréagaibh,
A's cuid nó dhó le pór na n-Eirceach,
Dhá chuid aili le Gallaibh ag géilleadh,
Cuid le cleasaibh ag mealladh na n-Gaédhala.

Cuid ós árd a' b-páirt na h-Eirean,
A's iad do ghnáith faoi láimh 'g á tréigeann,
Cuid ag seasadh 'n aghaidh Sacsan 'de'n d-taébh 'muich,
A's iad 'n a dhiaidh sin leó faoi thóin méire.

Buan mo mhallacht ag fearadh air an g-cléir sin,
A's air a g-cuaine go luan an t-sléibhe,
Luchd gan dílse croídhe d'á chéile,
Do rinne fásach de chlár Eibhir.

Do chur suas de uaislibh Gaodhalach',
Air ar thuit cánntracht an Nuncío dheígheanaich,
Eoin-baiste árd-easbog Fhéarma,
Aén-fhear-áite an Phápa a' n-Eirinn,

Though sunk our thousands, Lord! we kiss the hand
Stretched not to desolate, but purge the land.
Weigh well the lesson ye surviving few,
Your country's hope, its moral points to you;
Scan the monition well, for it imparts
How human fate is shaped by human hearts;
Stout ones are swords; the false, the feeble, chains.
And yours were false and feeble, and the stains,
The deep, the damning stains of cold deceit
With virtuous seeming cloked—the deep retreat
Of the shut soul with foulest treason rife,
Belying the lip's promise; the keen knife
Searching the side, while the betrayer's sword
Assured the blood its subtle stroke unstored;
These stains were yours—say not the hand of God
Hath armed the despot with an iron rod—
Blame your own vices—may the blood you've spilt,
Your tears wash out the suicidal guilt!

Degenerate spirits! while my glazing eye
Dwells on these phantoms; when I hear the cry,
The long, low cry, whose quivering accents come
Back on me now—when I remember some,
True to the land, which glory had caressed
And learning dignified; and affluence blessed
But for the mean malignant souls that strove,
By petty jealousies and mean self love,

Ag so an chúis is cúis do m' dhéaraibh,
Ag so an cás do chrádh go léir me,
A chuir folach air sholus na gréine,
Do chuir gruaim a's buaidhreadh air spéuraibh.

'S do chuir an Eóraip faoí cheódh éclips,
A's creideamh Chríost a rís faoí néullaibh,
Mallacht go deóigh air phór na bh-fáel-chon,
Gídheadh fós mo dhóich ní thréigfead.

Mairidh fós de phór Mhíléisius
An t-Aodh buídhe dhe fhuígheall na Féinne,
Fear air ar thárngair fáigh nach bréugach,
A chuirfeas Gaill tré n-a chéile.

Mairidh an ruaidh-fhear gruaidh-gheal Féidhlim,
A's Conall Fearghall an gaisgeadhach éuchtach,
A's Aodh O'Bruin le a d-tuitfeadh céada,
Mairidh Caomhánaich a's Tuathail laechda.

Mairidh an chóip nach clódhadh a' n-aén chath,
Ruarcaich, Raghalaich a's Briana lé chéile,
Síol g-Ceallaich ná'r bh-fann a'n-aén ghoil,
Agus síol g-Conchobhair staireamhail, stéudmhair.

And rankest perfidy to render nought
The teeming promise of the deeds they wrought.
Scarce can my lips the struggling curse repress
On those who marred it into wilderness—
Weep for the treason! weep for the high race
Its lordly victims! oh! could tears efface
The record, all had been forgotten now,
That quenched the light of heaven's indignant brow,
Mantling with lurid clouds the sky's expanse,
Till Europe felt the cold unnatural trance;
Christ's faith dishonoured could salt tears atone,
The righteous penalty were mine alone;
But oh not thus the forfeit might be paid!
A thrilling curse the holy nuncio laid
Upon the recreant race; could justice less?
And steeped my soul in utter bitterness—
But why should fruitless grief my soul employ,
When hope assuring points to promised Boy,
By gifted lips to other days foreshewn,
Scourge of the stranger; and not Boy alone,
Still can my banner o'er Milesians fly,
Lo! where our Phelim stands; his flashing eye
Bright as his tireless blade; and, by his side,
The proud O'Ferrall bares no brand untried,
O'Byrne the puissant—the dauntless tribes
Of Tool and Kavanagh—high fame inscribes

Agus síol g-Carthaich nach n-dearnaidh clé-beart,
Dál g-Cais na n-gníomh agus síol g-Cinnéide,
Sliocht Eireamhóin a's mór-shliocht Eibhir,
Agus leath-Mogha rogha na h-éigsi.

A's leath-Cuinn mhóir le r' buadhadh céud chath,
O' Maoileachlainn an preabaire laéchda,
O'Maélmhuaidh na ruathar n-éigin,
Mac Cochláin na g-caisleán n-gléghеal.

O Díomsaich an faol-chú léimneach,
O'Cearbhaill trúpach ó dhúithche Eile,
O'Súilliobhain ó chlár Bhéara,
O'Mórdha, O'Fláinn a's O'Dóinn-sléibhe.

Déanfaidh an dáimh so go gearr aén-chorp
A's cuirfeadh a lámha ann lámhaibh a chéile,
Buadh air Ghallaibh a' Saingil do bhéarfaid,
Ag Mullach-Maistin air dhainfhearaibh réubfaid.

Ni bhiadh ceangal le Sagsaibh ag aén neach,
Ni bhiadh caidreamh le h-Albán'chaibh maola,
Ní bhiadh marthainn air Eachtrainn' a' n-Eirinn,
'S ní bhiadh cead coimirce air theangain an Bhéarla.

No worthier name on her emblazoned roll
Than the O'Rourkes; O'Reillys: storm of soul
The O'Briens come; the O'Kellys; nor can shame
Point at O'Conor's fallen yet regal name—
Come Clan Mac Carthy honour looks for you;
Dalcassians and O'Kennedys; and, true
To their ancestral fame, great Heber's race;
While Heremons assert their well earned place,
Theme of admiring bards Leath Moath maintains
Her high repute; an hundred glorious plains
Live in your memories, ye sons of Con.
See! O'Maoleachlain's sturdy blade is drawn,
Thine O'Molloy, red sickler, strong to cleave,
And falcon-like the flying ranks to reave;
Mac Coghlan now deserts his lime-white towers,
O'Dempsy, rushing wolf; the marshalled powers
Of Ely answer fierce O'Carroll's call;
Bearhaven's lord hath left his stately hall—
O'Flinn—the O'More, and, bounding from his hills,
Valiant O'Dunn the glorious gathering fills.—
Weave, conquest, weave a chaplet for the brave;
Fame through all time their deathless memories save,
Tinted at Saingil—soon shall Mullaghmast
With ruddier hue their conquering blades o'ercast—
Through weltering fields the panic route pursue!
Our weak estrangements well the Saxon knew,

Biadh an buadh ag sluagh na n-Gaédhal-fhear,
Air chláinn Chailbhín chleasaich, bhradaich, bhréa-
gaich,
Biadh a n-uaisle a'n-uachtar air éircibh,
A's gáir fá tholl a n-diaidh chlann Lútéruis.

Biadh a g-creideamh gan mhilleadh gan traéchadh,
Biadh an Eaglais ag teagasgadh a d-tréuda,
Bráithre, Easboig, Sagairt a's Cléir'chaibh,
'S beidh sích go deóigh 'n a dheoigh ag Eirinn.

Guídhim-si DIA, má's miann leis m'éisteacht,
Guidhim IOSA a chídhear an méid so,
A's an Spiorad Naoímhtha, a sír d'aén-toil,
Muire Mhátháir a's Páttruicc déid-gheal.

Colam Croídhe agus Bríghitt naomhtha,
Go n-daingníghe siad Gaoídhil d'á chéile,
'S go d-tigidh dhíobh an gníomh so dhéanadh,
Gaill do dhíbirt a's críoch Bhanbha shaoradh.

An trách críochnuigh an t-Sígh bhean phéucach,
Mar a dúbhras air d-túis an méid so,
Iar m-bualadh a bas go prab fá chéile,
Do chuaidh sí suas de ruaig go néullaibh.

And clutched the sceptre with an iron grasp—
He sways the faulchion with a feebler clasp!
Flee, trembling churls! high justice wakes at last,
Sternly to reckon o'er the guilty past—
Flee from the land's assembled might, nor stain,
Saxon or Scot, her sacred soil again.

Oh what a lambent glory kindles now,
Chasing the shadows from Ierne's brow,
Green as the sward upon her mountain's side
Floats her broad banner o'er the girding tide—
A vigorous race her children stand around,
Free as the billows, mighty as their bound;
Lo! where the opening clouds reveal a form
Tranquil as sunshine—stately as the storm.
Tremble ye false ones that strange altars raise,
Insulting heaven with opprobrious praise;
Tremble ye false ones while religion's hand
Bids the broad volume of her truth expand—
Prompt at the summons of the meek-eyed maid,
Faith rears the crosier—freedom bares the blade,
"Truth and the Gaël"—'tis Banba's rallying word,
Stamped on each banner, graven on each sword—
Pours every lip the sacred burthen round,
And every heart reverberates the sound.
Fainting and foiled the bleeding scorners fly;
While, freedom's eldest born, with humid eye,

A's d'fhág si me-si air leic a m'aénar,
Sínte air thuama uaigh na n-Gaédhal-fhear,
Gan sgracadh, gan ghlór gan treóir, gan aén chor,
Lán de bhrón tré sgeón a sgéulta.

Aóis an Tighearna a' m-bliadhnaibh déarfad,
Trách bhídheas 's an Róimh am dheóraidhe dhéurach,
Míle go leith, chuig dheich a's céud leis,
Ag sin daoíbh-si críoch mo sgéil-sa.

Go m-budh slán do'n mhnaoí bhidh a raeír air uaigh Uí Néill,
Le crádh a croídhe ag caoíneadh uasal Gaédhal,
Gídh d'fág sí mo chlí go suaithte tréith,
Mo ghrádh í 's gach nídh d'á g-cualaidh mé.

Peace, o'er the prospect waves her mantling wing,
And bards, in Erin's tongue, her triumphs sing.
God of my hope! thou seest my soul's distress—
My tears—my anguish—God of mercy! bless
This union of the Gaël—my bleeding heart
Invokes thee, heavenly queen! oh thou, that art
Our own apostle; thou of gentlest breast—
Columb; and Bridget, on each warrior's crest
Bid victory sit, till Banba's circling wave
Encompass not a tyrant or a slave!—

These suppliant accents breathed, all wildly clung
The maiden's hands, in holy transport wrung,
Her upraised brow with heaven's effulgence shone,
Then sudden wrapt from earth the nymph was gone—
And solitude was on me, and the thought
Darker than solitude; in vain I sought
With straining eye to catch the lustruous hue
Of her unearthly vesture as she flew;
And I was left alone with my despair,
Weeping the mighty hearts that mouldered there.

Adieu to her who poured beside the tomb,
That wondrous tale of mingling joy and gloom;
Dear maid! blest tale! on every tear you drew,
Sweet Hope looked down; my soul remembers you.

NOTES

TO THE

ODES, ELEGIES, ETC.

NOTES.

[1] TORNA'S LAMENT FOR CORC AND NIAL, A. D. 423.

The rule *de non apparentibus et non existentibus eadem ratio*, has long been applicable to the Bardic remains of Ireland. Whatever the public may have heard of our ancient *Fileas*, it knows but little of their works; hence, an apparently well-formed, though certainly erroneous, conclusion seems to have been adopted, either that no such works have ever been extant, or that they have altogether perished by the hand of time, or in the unparalleled distractions of this unhappy country.*

* The people of Wales and Scotland have anxiously encouraged the publication of their ancient literature; but in Ireland, even to the present day, it has been almost entirely neglected. This national apathy may be accounted for, in some degree, by our unhappy dissentions, and the division of our population into two great contending parties, the Anglo-Irish and the Milesian-Irish; both actuated by different views and interests, and, for some centuries, irreconcilable enemies. The former invariably looked with a jealous eye on the language and literature of Ireland, which they endeavoured to depreciate and destroy, as Anti-English and Anti-Protestant; while the latter, or ancient natives, though always well inclined to protect and restore those memorials of their ancestors, were debarred from so doing by political circumstances. Thus it has happened, that since the splendid projects of the Friars of Donegal in the seventeenth century, (which were unfortunately frustrated by the troubles of 1641,) no Irishman has as yet

That much has been so destroyed is a melancholy fact, which cannot be denied; but that a great and valuable portion of our early literature has survived, is also equally incontrovertible. In the present part of this work, a few of these preserved relics are laid before the readers; and should they have the effect of awakening the attention of my fellow countrymen to the remainder of those neglected remnants of national antiquity, I shall esteem myself amply rewarded for the time and labour bestowed on this undertaking.

Torna Eigeas, or the *learned*, the author of the present ode, was one of the last of our Pagan Bards, though he has been, by some, supposed to have been a Christian. He flourished

---

appeared, to undertake or patronise any pervasive measure for the restoration of the ancient literature and poetry of his native country.—Not so in the patriotic Principality of Wales. There, an individual, Owen Jones, "The Thames Street Furrier," or, according to his well deserved and more enviable appellation, "the Cambrian Mecænas," has done more for the literary honor and character of his native land, than all that the sons of Erin have been able to achieve for theirs, for the last 200 years. In 1774, this excellent man, whose life was dedicated to the preservation of the literary treasures of his country, founded the *Gwyneddigion* Society, and collected, printed and published, at his sole expence, that noble monument of Cymric literature, the ARCHAIOLOGY OF WALES. With a perseverance as ardent as it was inflexible, he employed his time and his purse in the collection of all the ancient manuscripts relating to the history, the poetry, and the antiquities of Wales; and, in addition to those of which the Archaiology consists, he succeeded in obtaining nearly one hundred quarto volumes of Welch poetry, which have been lately published by the *Cymmrodorion* Society.—See that valuable publication, the *Retrospective Review*, vol. xi. p. 68. In vain do we seek in Ireland for any such example of genuine patriotism. Neither collectively nor individually is the like to be found. The venerable literary remains of former days, (and no country could produce them in greater number, or of higher value,) are rapidly decaying, but no generous spirit, like that of the noble-minded Welchman, appears, to rescue them from destruction. The sons of the Gaël—the ancient Milesian race, have seldom required stimulants in the career of glory, even when decorating with laurels the proud brows of their oppressors. Here then an achievement awaits them, worthy their piety and patriotism, to rescue from the destroying hand of time those ancient monuments on which depends so much of the fame and glory of their country and ancestors.

early in the fifth century, and a particular account of his life and works will be found in O'Flaherty's Ogygia, and in Bishop Nicholson's Irish Historical Library. In his time, the Irish Monarchy having become vacant, *Corc*, king of Munster, of the race of *Heber*, eldest son of *Milesius*, and *Nial*, descended from *Herimon* the youngest son, contended for the throne, each claiming it, under various pretences, as his hereditary right. Our bard, who was then the *chief Druid*, *Doctor*, or *Ard-ollamh* of the kingdom, and who had been preceptor, (or, as he himself seems to insinuate, foster father) to both princes, endeavoured to reconcile their differences. Three poems of his composition, commemorative of these contending chiefs, are extant. In the first, he delivers certain precepts to his pupil Nial; the second exhibits him in the character of a mediator between the royal rivals, in which office it seems he was successful, *vide Mac Curtin's Antiquities, p.* 122; and the third poem, here translated, describes, in feeling terms, the friendship which they bore for our bard, and his lamentation for their death. These poems, which are preserved in manuscripts of considerable antiquity, gave rise, about the close of the sixteenth century, to a memorable poetical contest between the bards of the North and South of Ireland, well known as the Iomarbadh idir leath Cuin agus leath Moghadh,—"The contention of the bards of the Northern and Southern divisions of Ireland"—Controversia Hibernica, Ultoniam inter at Momoniam, de nobilitate Regum utriusque Provinciæ orta. This contest was commenced by *Teige Mac Daire* a famous bard of Thomond, who sought to exalt the Southern princes, and particularly the O'Briens, over the Northern descendants of Nial; while *Louis O'Clery* and other bards of *Leath Cuin* ably supported the pretensions of the latter. The several poems produced on both sides have been collected under the above title, and, independently of their value as literary compositions, they contain allusions to historical facts, of which there is reason to believe no other proofs are now remaining. The *Iomarba* is, therefore, highly deserving of publication. To most copies is prefixed Torna's *Duan,* beginning Dáil catha ittir Corc is Niall—"The cause of war betwixt Corc and Nial;" but whatever disputes subsisted, respecting the right of precedency between these rival princes and their descendants, all our contending bards were unanimous, as to the poetical merits of this ancient composition.*

[2] " *The ties of holy fosterage.*"

The bard gives his wards an appellation particularly endearing among the Irish, Mo dhá dháltann, My two foster children. *Cambrensis* extols the exceeding great love which, in Ireland, subsisted between the fosterers and their foster-children. Sir John Davies alludes to it in his Historical Relations —*See also Coigan, p.* 496, *and Ware,* I. 72.—This, like many other Irish customs, with our *Finian* poetry and ancient music, reached Scotland.—See Johnson's Journey to the Western Islands; and the Report of the Committee of the Highland Society on the poems of Ossian, p. 147.

[3] " *Albania bowed to Nial's bands.*"

Nial invaded *Alba*, and gave it the name of *Scotia minor.* In his reign, St. Patrick was brought a captive to Ireland.

About this period, as Christianity encreased in Ireland, the

---

* This is a fine old poem, and I regret having been disappointed in my intention of including it in this collection. It contains some passages of great force and beauty. Borb a ttreathan ar gách tráig "The waves loud roaring on the shore," is a happy assimilation of the sound to the sense. The distich 'Suaill nach scoiltid neoill neimhe, A threoin air a ttairrpídhe, "A wonder that the heavens were not rent, by the shoutings of the multitude," is truly poetic. The heroes contend like Achilles and Agamemnon.—-After Corc's declaration that he would not forego his claim to the Sovereignty, Nial, without vouchsafing a reply, commands immediate preparation for war. Na catha do cur amach, "Pour forth the battalions," (a metaphor taken from letting sheep loose out of a pen,) is not unworthy of Homer. Torna lived upwards of 1400 years ago.

salutation, Ꝺon Ꝺia dhuit, "One God to you," became general among the people. It was at first used interrogatively by the new convert, towards his pagan neighbour, to ascertain whether the latter had embraced the Christian faith, and admitted only the one true God, but it was afterwards understood as a pious wish for his conversion. It is a curious fact, that the same salutation has continued in use to the present day, a period of upwards of 1400 years, in many parts of Ireland, although the original meaning is forgotten.

REMAINS OF THE PAGAN BARDS.

Although I have commenced this part of the present work, with a poem of one of the *last* of our pagan bards, it was not for want of others of a much earlier date, some of which I shall now proceed to lay before the reader. These consist of a few short odes, *attributed* to *Amergin*, the son, and *Lugad*, the nephew, of *Milesius*, who lived about one thousand years before the Christian era; to *Roynè* the *poetic*, who preceded it by four centuries; and *Ferceirtre*, who lived shortly before it. Although in the last sentence the word "attributed" has been used, out of respect for the antiquarian scruples of some readers, yet the writer is himself firmly convinced of the antiquity of these poems, and that they have been composed by the bards whose names they bear. To this conclusion he has arrived, after a scrupulous investigation of the language and contents of our earliest records, aided by whatever external evidence could be found to bear on the subject; and he has no doubt, but that a similar investigation, by any unprejudiced mind, would lead to a similar conclusion. Here, the historical sceptic would do well to consider what Spenser and Camden, no friends, by the way, of the Irish, say of their remote origin. The latter ascribes it to the very beginning of time, and his opinion is supported by the investigations of the ablest modern antiquaries. But what, if Ireland were yet proved to be a fragment of the famous *Atlantis* of antiquity. We know that "where the Atlantic rolls wide Continents have bloomed." Some scattered traditions among the Irish are otherwise inexplicable. The geographical projection of the Island, its whole line of precipitous coast, from the Giant's Causeway, westward, to the scattered islets on the South of Munster, afford undeniable proofs of some great convulsion of nature, at an early period of the world. Hence, Whitehurst was of opinion, that the celebrated continent alluded to, extended from Ireland, and the Azores, to the shores of America. If our ancient records were collected and published, much additional assistance might be derived by the learned, towards elucidating this, and many other points of primary importance to the early history of Europe.—To return, however, from this digression.

The following poems are taken from the *Leabhar Ghabhaltus*, or "Book of Invasions," an old historical record, of which a copy, *transcribed* in the beginning of the twelfth century, from one of an earlier date, now remains in the Buckingham library, at Stowe.—See O'Conor's catalogue of the Irish MSS. there preserved.—They are written chiefly in the *Bearla Feni*, or *Fenian dialect*. The language is so obsolete, that it cannot be understood without a gloss; and even the gloss itself is frequently so obscure, as to be equally difficult with the text. The old glossaries of these ancient dialects are lost, or lie hidden in foreign libraries; and there can be no doubt but that the want of them has prevented our linguists and antiquaries from illustrating and publishing many valuable manuscripts; and, amongst others, the following ancient fragments. It is not intended here, to accompany these poems with translations, which would necessarily require explanations too copious for my present limits. I must, therefore, be content, as in other instances, with merely preserving the originals.

The first poem, by *Amergin*, was composed while he was

coasting on the shores of Ireland. It is in *Conaclon* verse, accompanied by a gloss, and evidently appears to have been sung to music. It bears every mark of the highest antiquity. The bard intimates that he and his companions, sailing on the clear sea, approached the land of Erin.—He praises the appearance of the country as he passes along—its fruitful extensive heights — extensive dropping woods — showery cascade-like rivers—overflowing lakes, and innumerable springs; and naturally wishes that it may prove to them a country of peace and delights, &c. This was esteemed an ancient poem in the ninth century.

Ailiu iath n-Eireann [a]—Er mac mhuir mothach [b]—

Mothach sliabh sreathach—sreathach coill ciothach [c]—

Ciothach abh easach [d]—Easach loch lionmhar [e]—

Lionmhar tair tiorpa—Tiorpa tuath aonach [f]—

Aonach righ Teamhrach—Teamhor tor tuatha [g]—

Tuatha mac Mileadh [h]—mile long libhearn [i]—

GLUAIS.

[a] Gídheadh, fearann na h-Eireann do rochtain duinn.— [b] muintir ata ag eirim no ag marcuigheacht air an muir mhorthorthaigh, no air an adhbhal mhuir.—[c] Air searnadh agus air sreathnughadh air a sléibhtibh, air a sreathaibh agus air a ccoilltibh air a m-bid ceatha.—[d] Ga haibhnibh agus ga heasaibh.—[e] Da locha líonmhara.—[f] Da hiomad tiobrad, no air thulchuibh tiobrad.—go raibh aonach no aoibhneas.—[g] Go raibh righ uaim fein a Tteamhra.— Agus go m-ba h-í bus tuath d'ar n-iomad ríogh.—[h] Go madh follas mic Mileadh for tuatha.—[i] Eire árdlong.—

Libhearn ard Eire [k]—Eire ard dichleas [l]—

Dicheadal ro ghaoth [m]—ro gaos ban breise [n]—

Breis ban buaighne—buaighne be adhbhal Eire [o]—

Eire Eireamhon ortus [p]—ir eibhior ailsios,

The next poem, or *Rithairee*, by *Amergin*, was composed on his landing at *Inver-Colpa*, near the present town of Drogheda—

Am gaoth i muir—am tonn treathan—
Am fuaim mar—am damh setir—
Am segh aille—am dér gréine—
Am caoin lubha—am torc gaille—
Am e. o. i linnibh—am loch i maigh—
Am brigh dana—am gai la fodhb—fear as feachta—
Am dae dealbhus do chinn cotnu—coiche nod glean clochar sléibhe—
Cia dú i luidh fuine gréine—
Cia seacht siecht sith gan eccla—
Cis nondogh buar teathrach tibhdhe—
Cia daon cia dea dealbhus faobhra andionn—
Indionn aileas, cainte dican tothlacht—

---

[k] Libhearn mac Mileadh le tairsiomh ínnte.—[l] adhbhal solusda, nois diata.—[m] An t-airchеadal ro ghaoth-sa do dhéanamh.—[n] Gidheadh mná gaoda breis.—[o] Buaighne dhuinn rochtain gus an saor-mnaoi Eire aibhseach.—[p] Gidheadh Eiremhón agus Eibhior.

Daileas feadha fodhail cobhlach—cachain aille—
Ailisidhe sieas coimeas cainte—gaoth am gaoth i muir—
Cachain iaramh do tosccal escc i n-inbearoibh—
.asccach muir mothach tir—Tomaidhm nescc iascc fo tuinn reathaibh—
En fairg cruaidh casair fhionn—ceadaibh iach leathan mil port—
A claoidh, tomaidhm nescc iascach muir, iasccach.

The third poem is by *Lugad*, the son of *Ith*, and contemporary of *Amergin*. In the old copy of the book of Invasions at Stowe, *Lugad* is called Céd laid h-Er. The first, or primæval bard of Erin. He delivered these verses on the loss of his wife, *Fial*, who died through excess of shame, for having been seen naked while bathing. The bard represents himself as seated on a cold and stormy beach, overwhelmed with great sorrow; for a woman died—Fial her name—a beauteous flower—being unveiled, she saw a hero on the shore —great and oppressive was her death to her husband—The river Fial in Munster, where the event occurred, still bears her name. The language of this poem is most ancient.

Suidheam sonn for san tracht—
ainbhtheach fuacht [a]—
Crioth for mo dhéd adhbhal eacht—
eacht dom ruacht—

GLUAIS.

[a] Bhí fuacht orra ó ainbhthine na trágha.

Ais néidhim dhuibh ad bách bean—
brogais bladh [b]—
Fial a h-ainm Fris madh neamh—
os grian glan.[c]—
Adhbhal ʹecc ʹecc dom ruacht—
cruaidh rom chlaidh.[d]—
Nocht a fir ar ro shil—
siu ro suidh:

The following is another venerable fragment of antiquity, composed by *Roynè file*, or the bard, son of *Ugaine Mor*, monarch of Ireland, who flourished about four centuries before the Christian era. He briefly describes the progress of the *Gaël*, from Egypt, through Scythia and Spain, to Ireland; the division of the island among them, and the names of their leaders.—

A mhic Ugaine co sach—do rús Eirinn ingabh.
Adain ruaidh re rerdadar Scitia saichsit
Sluaigh ri seanair riechtator Eicipt a ndiobhadh
Cingcris cónort ollarbhair bebhais muir robhair
Rersat re ruidhlios la fa ro fechtaibh fonais
Nuil Scota combeart ar naithre ainm gabhsat gaoidhil
Rethis Scot comhainm cain inghin forainm rerdatar
Ambruige maidhid go Scitia cinnsit cíann cocc. clanna

---

[b] Air a raibh bíseach ag céimniúghadh.—[c] Re fear-dhacht an tréinfhir d'fhaicsin ós an bh-feárann n-glan.—[d] Clodh no tochailt do thabhairt for a bhrí.

Niul is Naonbhail badar occ Galamh Gonais mic Nemain
Clais co Heiccipt ambai Nectinebus ba forainm fail.
Fri Galamh gabhas cleamhnas Nectinebus doi Scota
Acc sgoith chinel caomchlais ainm uaid. brogsat seach
Affraic fo fear fon ciach lathar Feinius Farsaigh
Fo don sert sir ainm siechtatar Easp. a ccoimpth
Luith Donn aireach aimhirgin Eimhir Ir aon colptha
  Eireamhón
Erannan oc maca Galamh gabhsais miadh mil. maic
Mil. mainich a ceamha cinsit Fodhailsit sceassa
Fir fel fillsit Fodhailsit Eir. an da
Se sealbh saeghlannach sa sae fir feneachais
Fris nedh fegh focmuirc measa maoin amaic.

The next noted bard before the era of redemption, whose works have descended to our time, is *Ferceirtne*. He sung, in the following poem, of *Ollamh Fodhla,* the monarch and lawgiver of the Irish, whom he describes as valiant in battle; as having founded the múr n' ollamh, or college of the learned; and instituted the *Feis* of Tarah; and that he ruled in peace and glory, for forty years, as sole monarch of Ireland. This poem also gives an account of six succeeding rulers of his race, and explains the origin of the names of the great territorial divisions of Ireland. It is highly prized by Irish antiquaries.

Ollamh fodhla feochair gal—do ro rainn múr n'ollamh—
C.na righ ruannh go rath—las a n-dearnadh feis
  Teamhrach—

Ceathracha bliadhain bladh binn—boi 'n a áirdrigh for Eirinn—
Conadh uaidh fri saoire son—gabhsat Ul. ainmniúghadh
Gabhsa se ri reim go n-gail—for Eirinn O Ollamhain—
Ceathracha ar céad acht tri tra—ni thudhchaidh neach eatorra ann—
Fiannachta Slanoll go rath—agus Géidhe ollghothach—
Fiacha Oillioll arn gaoth ros gabh—agus an badhbh laoch bearnghal—
Ba h-Ollamh airde gach ail—mac feigh Fiacha Fionnscothaigh—
Uaisle gach ri rioghdha a dhreach—dr shiol Mhileadh na moir chreach—
Mor chlann Rúdhraidhe radh ngle—curadha cródha craobhruaidhe—
As a ionadh uaill ros ghabh—a seadh cinneadh Ollamhan
Labhradh loingseach lor a líon—ro ort Cobhthach a ndionn riogh—
Go sluaigh laighneach tar lunn lir—dibh ro hainmnighthi laighen—
Eochaidh Mumo mo gach m-breis—ri Eirionn mac Mo Feibhis—
As uaidh ainm Mumhan cenmhair—ainm Uladh o Ollamhain.

These hitherto unpublished fragments, are considered as decisive evidence of the early cultivation of letters, and the poetic art in Ireland. Aware, however, that many objections might be raised against this extreme antiquity, the various proofs commonly adduced in support of it by Irish writers, have been carefully examined, and the result was, the most firm conviction of its reality. The poems themselves are preserved in grave historical treatises, many centuries old. They are found preceded by the names, and some short notices, of the several *Fileas*, to whom they are attributed. Their language is obsolete, and their idioms antiquated. Both are evidently of the earliest ages—certainly very different from those of any composition of the last thousand years. According, therefore, to the strictest rules of historic evidence, their antiquity must be allowed. Indeed it would require more than even the scepticism of my old friend, Doctor Ledwich, to resist the proofs of their authenticity.

But the following extract from the *Book of Lecan*, will be found to refer even to an earlier period, and to contain, as it appears to me, something of the mythology of the *Dedanites*, who possessed this island before their invading conquerors, since known by the name of Milesians.

"Batar iad na tri dea-danann ón ainmnígheher Tuatha Dedanand, (eadhon) trí mic Breiss mhic Elathain, triall, agus Brian, agus Cet—agus Brian, agus Iuchar agus Iucharba tri mic Tuirend.—Batar iad na tri druidh on ainmnighther tuatha de danand—Slap agus brott agus robb a tri druith.—Fis agus focmuirc agus eolus a trí n-oide.—Dubh agus dobur agus doirce a tri deogbuiri, (eadhon) saith agus lór agus línudh a trí ronnaire.—Feith agus rosc agus radharcc a tri dercaidh.—Tailcc agus trén agus tress a tri gillai.—Athac agus gaeth agus sidhe a tri gabra.—Aicc agus taigh agus Tairchell a tri choin.—Ceol agus binn agus tétbinn a tri cruitiri.—Gle agus glan agus gleo a tri tiprata.—Buaidh agus ordan agus toghadh a tri n-aite. Sidh agus saine agus suba a tri muime.—Cuma agus set agus samhail a tri cuaich.—Mell agus teiti agus rochain a tri muighi-cluichi.—Aine agus indmhus agus brugas a tri druimni. Cain agus alaigh agus rochain a tri n-duine.—Ocas is iat ro bris Cath muighi-tuiredh for fomharcaibh."*—*Book of Lecan, p.* 11, *col.* 1.

As European discoveries extended in the East, several ancient monuments have come to light, which corroborate many parts of our early history. Even so near us as Sicily, a Phenician Inscription has lately been found, which is said to record a great famine in Canaan, and the expatriation of a numerous body of the people, who established themselves in the dominion of an Atlantic prince, about 2000 years before the Christian

---

* These were the three Dedanites, (or divinities of Danann,) from whom the Tuatha De Danann take their name, viz: the three sons of Brass, the son of Elathain, Triall, and Brian, and Cet—and Brian and Juchar and Jucharba were the three sons of Tuirend.—Rapine, Theft, and Robbery, were their three concubines.—Knowledge, Inquisitive Research, and Science, their three instructors.—Blackness, Obscurity, and Darkness, their three Cup-bearers.—Satiety, Sufficiency, and Impletion, their three Apportioners.—Vision, Eye or Perception, and Sight, their three Spies.—Strength, Robustness, and Vigor, their three Servants.—Storm, Wind, and Breeze, their three Horses.—Indagation, Pursuit, and Active Swiftness, their three Hounds.—Music, Melody, and Harmony of Strings, their three Harpers.—Purity, Cleanness, and Neatness, their three Wells.—Wish, Selection, and Choice, their three Delights.—Peace, Pleasure, and Mirth, their three Nurses.—Equality, Identity, and Similarity, their three Cups.—Eminence, Fair-hill, and Rising-ground, their three places of Convention.—Riches, Treasure, and Possession, their three Hills.—Fairness, Beauty, and Extreme Mildness, their three Mounts. (Dunes,) &c.

era. It is probable that this inscription, when decyphered, may be found to correspond with the Irish accounts of some of our early invaders.

---

[1] DALLAN FORGAILL'S ODE TO AODH, SON OF DUACH.—A. D. 580.

This, and the two poems which immediately follow it in the text, are compositions of the *sixth* and *seventh* centuries of Christianity. *Dallan* the author of the present ode, died, according to *Tigernach*, in A. D. 597. Colgan informs us, that he "flourished in 580, and that he was better acquainted with the antiquities of his native country than any other writer of his time. He wrote *in the antiquated language* some works, which, in these latter ages, cannot be easily understood even by the best informed in Irish. Hence, it is, that the antiquaries of later times have illustrated them with copious glossaries, and have been accustomed to expound them *in the antiquarian schools*, as precious monuments of the ancient idiom and antiquities of Ireland. Dallan's principal poem is in honor of *S. Columba*, and was written before that Saint had departed from the Synod of *Dromceat* in Ulster, in 596. It is entitled *Amhra Columchille*. I have a copy of it, well written, but intelligible to very few."—Thus for Colgan.—Many of Dallan's works, known to have been extant in the days of that learned writer, (1647,) are now supposed to be lost. The *Amhra*, or poem in Eulogy of Colum-Celle, is, however, safe, and the poems in the text are preserved in a curious old tract, entitled "The Reformation of the Bards," and were produced on the following occasion.—*Aodh*, Hugh, the son of *Duach* the black, king of *Orgial*, was possessed of a famous shield, called Dubhgiolla, which was the pride of his kingdom, and the envy of his neighbours, and seems to have been gifted with as many virtues as that of the renowned Grecian hero. This shield was long coveted by *Aodh Fion*, or the fair, Prince of *Breifne*, and after many solicitations and promises, he prevailed on our bard, *Dallan*, to go to Orgial, and endeavour to obtain it for him; for so great was the influence of the bards, at that time, that few durst venture to refuse any request of theirs, however unreasonable. Dallan, having undertaken the task, went, attended by a retinue of fifty bards, to the *Dun*, or mansion of the son of *Duach*, where he delivered the two odes in our text. He failed, however, in his design. " Your poem is good," replied *Aodh*, " and I will reward thee with gold and silver and precious gems: stately steeds and cattle will I likewise give, but not the shield, that thou canst not have." After this determined refusal, Dallan departed, threatening to inflict the dreaded vengeance. " I will," says he, " *satirize* the king, and make his name odious, throughout the wide extended regions of *Alba* and Ireland.* Of the bard's poetic powers, to carry this threat into execution, the specimens which have descended to

* Bardic insolence at this period, knew no bounds. *O'Donnellus*, in his life of *Columba*, mentions, that on one occasion, they threatened, in a body, to *Satirize* that Saint, for not giving them presents at a time when he had nothing to bestow.—*See Smith's excellent History of Columba, p.* 93.—Our general History informs us, that the poetic tribe was, soon after this period, "reformed," yet, much of the old leaven remained. To the present day, the rural Irish dread nothing so much as the satirical severity of their bards. Many a man, who would kindle into rage at the sight of an armed foe, will be found to tremble at the thought of offending a rymer. One of the latter I have seen: his name was *Brenan*, and though he might not be called "a fellow of infinite jest, of most excellent fancy," yet he was a ready versifier in his native tongue, and had wit enough to keep two large districts in the West of Ireland, for many years amused by his rural songs and in dread of his broad local satire. He bore some faint resemblance to the ancient bards. He knew no settled residence. Whatever house he chose to stop at, and he seldom selected the poorest, became his home during the time of his stay. Generally welcomed with pretended, though often with real sincerity; the best bed, and place at table were always at his service. Thus he lived to a good old age, feared for his satirical powers, but respected for his virtues. He has left behind some songs and sarcastic verses, but none of them above mediocrity.

us, leave very little room to doubt. A stanza of his, on the death of Columkill, A. D. 594, is quoted by the Four Masters.

Is leighes legha gan les,
Is dedhail smera re smuais,
Is abhran re cruit gan ceis,
Sinde deis air nargain uais.

The Leech's drug that's sanative no more;
The bone that's marrowless—whose strength is o'er;
The harp that thrills not to one answering breast:
Such are we since HE fell—our noblest!—best!—

Adamnan in his valuable life of Columba, apud Messingham, Parisiis, 1624, relates, of the poet *Cronan*, A. D. 560, that he *sung verses according to the manner of his art*, "ex more suæ artis carmina modulabiliter cantabat." Doctor O'Conor remarks that "Irish poems of the seventh century, yet extant, afford internal evidence that their construction is founded on the traditional Rhythmical Songs of the Pagan Bards. Their metre and their jingle are national. They follow a long established practice, well known to the bards of former times Well might this indefatigable and truly learned antiquarian ask, "What northern nation of Europe can compare with these in point of antiquity?"—*Ep. Nunc. p.* 20.

DALLAN'S ODE TO DUBHGHIOLLA, THE SHIELD OF AODH.

From this ode it appears that the Irish gave names to their warlike weapons. In the fine old historical romance—"*The death of the children of Usnach,*" Conor, king of Ulster, thus describes his arms.—" The ocean, the victorious, the cast, and the blue green blade;" that is, my shield and my two javelins, and my broad sword—*See the Transactions of the Gaelic Society, Dublin*, 1808, *p*. 95, for that ancient piece, as translated by the late ingenious Theophilus O'Flanagan.—The ancient Britons took a particular pride in adorning their swords. The Goths as well as the Saracens gave them names. Clemens Alexandrinus says, that the ancient Scythians even went so far as to worship a sword. Their country was called by the Irish Scitia scíath-gloin, Scythia of polished shields.

---

[1] SEANCHAN'S LAMENT OVER DALLAN, A. D. 597.

Seanchan Torpest, a Conaught poet, succeeded Dallan as chief of the bards; and sung this funeral hymn over the mortal remains of his celebrated predecessor. He survived him many years, and chiefly flourished in the reign of *Guaire* the Munificent, king of Conaught, in the middle of the seventh century. These verses have been selected, as they present a fine specimen of the poetic powers of the bard. The third and fourth stanzas in particular, have been much admired. An historical poem by Seanchan is preserved in the Book of Lecan, fo. 17.

---

[1] KINCORA, OR MAC LIAG'S LAMENT, A. D. 1015.

Kincora, the palace of our patriot monarch, Brian Borù, is here described, in its deserted state, after the fall of its distinguished owner, at the famous battle of Clontarf, in 1014. It was situate on the banks of the Shannon, near Killaloo, in the present county of Clare. Mr. Dutton, in his statistical survey of that county mentions, that "all traces of this palace are almost obliterated by planting, levelling and other improvements; and thus *one of the most interesting antiquities of Ireland* has been spoiled by modern taste."—Former writers abound with descriptions of the ancient splendour of Kincora.

Mac Liag, the author of the present pathetic poem, was doctor, or professor, Ard Ollamh, of Ireland, in Brian's time. He also became secretary, or private scribe to that prince, and afterwards compiled his life.—*See Mac Curtin*, 214, 217.—*O'Halloran*, I. 148.—*Nicholson's Irish Historical Library*,—*and O'Conor's Rerum Hib. Scriptores, Vol.* I. *Elenchus*, II. 7.—He did not long survive his royal master, having died, according to the annals of the Four Masters, in the year 1015. He was author of many valuable works in prose and verse, some of which have descended to our times. The principal of these are, his life of Brian; an historical treatise, intituled, Leabhar Oiris agus Annala air chogthaibh agus air Chatuibh Eirinn—A book of chronology and annals on the wars and battles of Ireland; and several poems, all of which possess considerable merit. The *Leabhar Oiris* principally records the warlike exploits of Brian Borù, terminating with the battle of Clontarf, of which it gives the best and most circumstantial account. From this work of Mac Liag, Mr. O'Halloran principally drew his description of that battle, which is therefore, perhaps, one of the best finished parts of his history. For the sake of the Irish reader, I am induced to transcribe from this unpublished original, a few extracts, which appear to me to contain some highly interesting passages. Their substance will be found in the history alluded to.

The treacherous *Malachie* of Meath, having been requested by the estates of that province, to describe the battle of Clontarf, at which he stood, an inactive spectator! thus proceeds.—

"Ni h-urusa sin d innsin, no d'aithris, ar sé, ni acht

muna d-tiucfadh aingil Dé do nimh da innsin: Oir do chuamair-ne, ar se, agus do chuiremar gort trebtha agus cladh edrainn agus iad, agus an ghaoth Erraidh thairrsigh diobh chugainn. Agus ní faide no fedh ledh uaire, do bhamar ann sin, an tan nach d-tiubhradh nech do'n da chath aithne ar a chéile, ge go madh é athair, no a derbhrathair, ba comhfhogus dho, muna d-tugadh aithne air a ghuth, no a fhis do bheith aige roimhe sin an t-inadh ann a m-biadh se, agus sin air na línadh, idir aghaidh arm agus cenn, agus folt, agus édach, do bhraénaibh na fola for-dheirge tainig diobh chugainn, agus go madh congnamh dob'áil linn do dhenamh, ni fhédfamais. Oir do cenghladh ar n-arm ós ár g-cennuibh, do na folta fada finn-bhuídhe do ráinig chugainn, iar na d-tescadh d' armaibh an catha; gur bho ledh monair dhúinn bheadh ag réidiúghadh ar n-arm, agus ar g-crann-ghoile ó chéile: agus is beg air ar mhó d' ingnamh do'n mhúintir do bhí is an chath fulang a faicsina gan dol air folamuin. Agus do bhadar ag cur an chatha, ó thrách eirghe do'n lo, go hiar nóin, agus go rug an mhuir a longa uatha, iar d-techt do'n lán mhara fútha."—*Leabhar Oiris, MS.*

The death of Earl *Sitric* the Dane,* and of *Morrogh,* Brian's princely son, are thus recorded.—

---

* The *Norse*, or *Danish* songs, descriptive of the sanguinary battle of *Clontarf*, which was long after famous throughout Europe, were published in Den-

"Od' chonairc Murchadh Sitric mac Lodair, iarla Insi h-orc air láir Dhalccais ag a n-oirlech, gan luadh teithe aige, do ling air lár an chatha chuige, agus tug dá bhuille a néinfhecht do as a dhá lámh, gur thesg a chenn agus a chosa a n-éinfhecht de. Agus do chonairc Anradh, mac Eibhric air lár Dalccais ag a n-óirlech, lingios chuige, agus ó nach raibh air a chumus airm d'imirt, air sgoltadh ladhra a ghlac, do mhudhorn a chloidhimh roimhe sin: sínes a lámh chlí agus crothes a luithrech tar a chenn amach, glacus a chloidhimh, agus é fái, agus lingidh a ucht air, ó nár b' eidear leis a bhualadh, gur sáith tríd go talamh é: Tairngios an t-Anradh sin sgín Murchaidh amach, agus sáithes i n-íchtar a chuirp í, gur thuit an Cath-mhile Murchadh air a mhuin; agus eirghios Murchadh, agus dí-chennus mac Rígh Lochlann ann sin; agus do mhair féin go n-dérna a fhaísidín air na mhárach agus ghur chaith Corp Chríosd."—*Idem.*

But the circumstances attending the death of the gallant old

---

mark, in the seventeenth century.—See *Thermodus Torfœus, Hafniœ,* 1679; also *Bartholinus;* but the *Irish* account yet remains to be published!! From these Scaldic Poems, the English bard, Grey, has taken his ode of "The fatal Sisters," in which the following stanzas allude to Sitric and Brian:—

"Low the dauntless earl is laid,
Gor'd with many a gasping wound;
Fate demands a nobler head;
Soon a king shall bite the ground.

"Long his loss shall *Erin* weep,
Ne'er again his likeness see;
Long her strains in sorrow steep,
Strains of immortality!"

chief himself, and of the Danish commander *Brodar*, who fell by his hands, are related in terms of peculiar interest.—

"Od' chonairc Láidín, gilla Bhriain, Righ Eirínn, na catha air n-dul trí na chéile, agus gan aithne ag cechtar dibh air eile, a dubhairt le Brian dul air ech: Ni rachad, ar Brian; óir ni beó rachad as an g-cath so, agus imthigh-si agus an chuid eile do'n ghill-anraidh, agus beiridh na h-eich libh, agus innis mo thiomna-sa do Dhia agus do Phadruic air m'anam, agus mo chorp do Arda-macha, agus mo bhenacht do Dhonchadh, mac Bhriain, tair chenn dá fichid dég bó do thabhairt do Arda-macha, re cois mo chuirp, agus imthigh-si romhad go Sord Colum Cille a nocht, agus tagaid air chenn mo chuirp-si a márach, agus tionnlacaid é go Dámh-liag Chianáin, agus tinnlacaid sin go lughmaidh é, agus tigheadh Maol-muire, mac Eochaidh, comharbhadh Pattraic, agus muíntir Arda-macha air mo chenn go nuige sin.

Dáine chugainn, ar an gilla; créd an seoirt dáine iad? ar Brian; dáine glasa, lomnochta, ar an gilla. Goill na luithreach iad-san, ar Brian; agus air eirge do'n Pheall do bhi fái, do ghlac a chlóidhihmh amach agus do bhí ag féchain Bhródair co n-a bhuídin chuige, agus ni faca aenbhall de gan éidedh, acht a shúile agus a chosa. Bainidh san a cloidímh amach agus togbhus a lámh, agus tug buille dho, gur bhain a chos chli do Brodar ó na ghlúin, agus a chos des ó na thraigh, Tárla tuadh Bhrodair a g-cenn Bhriain, gur dhlug é; tug Brian buille eile agus marbhus an dara fer, do bhi a bh-fochair Bhródair, agus bainidh a chenn do Bhrodar féin air an uair, agus fuair fein bas ann sin.

"Mór an sgél sin do rinneadh ann sin. Brian mac Cinnéide, mhic Lorcáin do mharbhadh."—*Idem.*

Such is the interesting narrative, by which our neglected native historian has perpetuated the particulars of that memorable engagement. With respect to the style and language in which it is delivered, I hesitate not to say, and the proof is before the reader, that no nation in Europe can produce so old, and at the same time, so pure and perfect a specimen of its vernacular dialect, as that now submitted to his perusal from a mouldering Irish manuscript. Our bard's poetic productions are distinguished for a peculiar ease and elegance of versification, and are pathetic to a high degree. Some of them are contained in the *Leabhar Oiris;* and, with that work deserve publication, as well for the national subjects which they celebrate, as for the talents which they display. The address to *Kincora* is preserved in a volume of Irish poetry, transcribed by *Fergal O'Gara*, an Augustine Friar, in the low countries, about the year 1650, from the ancient manuscripts carried away by the banished Catholic clergy out of this kingdom. This volume was the property of the late John Mac Namara of Clare; and by his heirs was presented to his friend the writer hereof. It contains 169 poems, all composed between the years 423 and 1630, and is, perhaps, the most valuable collection of Irish poetry extant. A particular account of this inestimable volume will be found in Whitelaw and Walsh's *History of Dublin*, in the *Transactions of the Gaelic* Society, Dublin, 1808, and of the *Iberno-Celtic Society, Ib.* 1820. Its contents, if published, would prove most important to our history and literature.

[2] ***Where are the golden hilted brands,***
That gleamed in the gallant Dalcassian's hands.

The Dalcassians, (Dalgais,) Brian's body guards, alone had the privilege of wearing their "gleaming brands," within the precincts of his palace. Their bravery became proverbial.

[3]–[4] "*Where is the son of Boru.*"

Here, and throughout the remainder of this poem, the poet laments the dispersion of the patriotic nobles of Brian's court, after the death of their heroic leader. Amongst those who fell at Clontarf were, the brave ***Morrogh,*** (called "the Swimmer of Rivers,") who seems to have inherited all his father's virtues; ***Conuing,*** his cousin; and the *great Steward of Alba,* (Scotland) who is particularly mentioned as a payer of tribute to Brian; a fact, which it would have been well, that Mr. Pinkerton had been acquainted with. Of those who survived that battle, the principal was ***Cian,*** the son of ***Molloy,*** leader of the ***Eugenians*** of Cashell, and son-in-law of the monarch; but he was soon after slain in the battle of ***Magh-Guillidhe.*** This prince bore a high character for wisdom and bravery. "No one," says the historian, "seemed more worthy the crown of Munster, or Monarchy of Ireland, than Cian; and had fate so decreed it, in all appearance Ireland would not have felt these calamities which she has so long endured." According to ***Erard Mac Coise,*** Ard-Croinic nan gaoind, chief chronicler of the Irish, who died, anno 1023, Cian was as gallant and generous a prince, as the house of Heber ever produced. "Budh mór an scél sin," says ***Mac Liag,*** recording his death, "óir ní raibh a n-Éirinn, ina aimsir féin, nech budh feir, einech agus uaisle, nó an Cían-sin." — ***Leabhar Oiris.*** — This was indeed a noble epitaph. Cian was chief of the sept of the O'Mahonies.

The martial music, or "Gathering Sound," by which the Irish troops are said to have formed into battalions, and marched to the plains of Clontarf, is still preserved, and may be heard in many of our sequestered glens and mountain fastnesses. It is generally known by the name of "BrianBorú's march;" but though this title is evidently modern, the music itself, (of which I have been favoured with a copy from the borders of Cork and Kerry,) bears every mark of antiquity. It is one of those soul-stirring combinations of sound, which, according to our talented countryman, *Usher*, in his inimitable *Discourse on Taste*, "rouses to rage," iram suggerit, and "whose passionate power was perfectly understood and practised by the ancients." Many fine specimens of these old martial pieces of music are current in Ireland; but as their history almost entirely depends on tradition, it is of course liable to all the doubt and uncertainty which generally attend that mode of perpetuation. They yet remain to be collected.

———" *the first of the bowls*"—

2nd Stanza, p. 201.

This was esteemed a most distinguished honour. The old Irish treatise, entitled "*The Book of Rights,*" states, that "at *Tarah*, the king of *Orgial* is to sit at the right hand of the king of *Tailtin;* and to have the *third cup* and place, after the monarch."—*Leabhar na Cceart, MS.—See Books of Lecan and Ballimote.*

MAC GIOLLA CAOIMH MOURNFULLY REMEMBERS BRIAN AND HIS NOBLES.

By a mistake, arising from transposition, the name of *Mac Liag* remains inserted in the Irish and English headings of these stanzas, at pp. 202—3, in place of that of *Mac Giolla Caoimh*, his contemporary, by whom they were composed. The latter was one of the many minstrels who frequented the court of *Brian;* and he appears, from his writings, to have been a favourite with that prince, whose loss he here most pathetically mourns. This and another affecting elegy, by our author, on the desolate state of Rath-Rathlean, and other mansions of the nobles of Munster, are preserved in the ***Leabhar Oiris,*** where the present poem is preceded by the following curious notice of our bard.—

"Agus sa mar a dúbhairt mac Gilla Caímh, air d-techt ó Aedh ui Neill, iar m-beadh trí ráithe a g-cóigeadh Ulladh, a bh-fochair Aedh Ui Néill, go d-táinig 'go tigh Chéin, mic Maelmhuaidh; agus do bhí Brian mac Cinneídigh is an bhaile air a chenn: agus do chuir Brian fáilte re mac Gilla Caímh, agus a dubhairt gur ro fhada do bhi a n-égmuis; agus do fhiafraigh dhe, créd fuair ó Aedh Ui Neill? Fuaras deich bh-fichid bó agus deich n-eich, agus naí n-uinge d'ór, agus deir Aedh Ui Neill. Do bhearsa agus Sadhbh, inghen Bhriain ni sa mó no sin duit, ar Cian, sul chodlam, a n-égmais a d-tiubhradh Brian, agus Murchadh agus maithe O n-Echach ó sin amach; amhail do chuímhnigh mac Gilla caímh féin, agus é air an taíbh thuaidh do'n Ghréig, ag dul do go sruth Or-thannain, agus as sin d'iarradh Pharrthais, ina a n-dubhairt ag cuímhniúgadh air Bhriain, agus air Murchaidh agus air Céin."—*

---

* "And as *Mac Giolla Caoimh* said, on his coming from ***Hugh O'Neill,*** with whom he remained three quarters of the year, until he returned to ***Cian*** the son of *Molloy.*—*Brien* the son of *Kennedy* was at home before him, and he welcomed *Mac Giolla Caoimh,* and said he was very long absent from him, and asked what were the presents he got from *O'Neill:* I received, said the bard, 200 cows, and ten horses, and nine ounces of gold, &c. I and *Sabia,* the daughter of *Brian,* will give you more than that, said *Cian,* exclusive of what ***Brian*** and

[1] "*In a far foreign land, on a pilgrimage wending,*
A bard of green Erin passed cheerless along;"

Pilgrimages from Ireland to the Holy Land were frequent long before the time of the Crusades. Colgan relates an instance, so early as the year 643, of a young Irish prince of Royal blood, who after returning from Palestine, led an austere eremitical life, for forty years, in the chain of mountains near Modena in Italy.—On these occasions the Irish generally passed through Spain, a country with which they claimed kindred from the earliest period, and always regarded as the land of their fathers. *Urard Mac Coise*, a distinguished bard, who died, according to *Tigernach* in 990, and who was, consequently, contemporary with *Mac Giolla Caoimh*, described Spain, in a stanza preserved by that annalist, as follows:—

Tir suairce, subhan, setaib irrech,
Tir ifetar m-Mileḋ,
Tir n gleren gablach fri glor,
Tir is tarbach ro fesson.

A country delightful, fertile, abounding in riches, prosperous.—*A country from which sprung the sons of Milesius*—A country illustrious, conquering with glory, and renowned for nature's choicest gifts.

These poems shew the estimation in which the bards were held by the princes of Ireland. The custom was similar in Scandanavia. "All the historical monuments of the North," says *Mallet*, I. 323, "are full of the honours paid this order of

---

Murrogh, and the other nobles of the posterity of *Eochy*, shall give you; as *Mac Giolla Caoimh* himself declared he well remembered, when he was at the North of *Greece*, going to the river *Jordan*, and from thence in search of the site of *Paradise*, in the poem wherein he commemorates *Brian* and *Cian*, and *Morrogh*, as follows."—*Leabhar Oiris.*

men, both by princes and people. They were rewarded for the poems they composed in honour of the kings and heroes with magnificent presents." — *See also O'Halloran,* I. 74. — The learned English Essayist, Doctor Drake, in his excellent publication, intituled "LITERARY HOURS," mentions the splendid rewards conferred on their bards by Athelstan and Canute, kings of England. — *Vol.* III.

MAC LIAG, IN EXILE, REMEMBERS BRIAN.

1 "*In the isle of strangers black and rude.*"

These elegiac stanzas were written by *Mac Liag* when he retired to Inse Gall, or the Hebrides, after the death of his royal and munificent patron. They are given in the *Leabhar Oiris,* with the following explanation.—

"Agus mar a dubhairt Mac Líacc ag rochtáin do go Cenn-coradh, iar g-cúairt ó Shenáinn budh-dhes, cia d'ar buidhe thú a Ollamh [ ], ar Brían, do Dhomhnall, mac duibh dha bhuirenn, ar mac liacc. An bh-facais Cian, nó Sadhbh, a bhean, ar Brian, do chonairc ar Mac liacc: An bh-fuarais aen raedh uatha, ar Brian, inneosad duit, ar Mac liacc. Air rochtain damhsa air Faithche ratha Flaithlenn, do h-innsead do Chian agus do Shaidhbh mo theachta do'n bhaile, do eirgedar a raén um choinne a n-éinfhecht, agus do h-imchradh me air mhuin dáine, agus an deichnemhur agus da fhichid do bhuidhin, do bhí um' fhochair. do rugadh anonn 'san dun iad, agus tugadh bert nua do gach aen dibh, idir shlabhradh agus léine, agus brat; agus tug Cian a dheirr Féin, idir Ech agus Edach agus bhratraigh loing, agus gon branuibh déad agus nái fichid bo dom féin, agus deich n-ech, agus da fichid do mo chléir; agus deich g-céd unga d'ór agus caega fail do'm' chléir, mar an g-cédna. Créd fuarais ó mhac duibh da Bhuirenn, ar Brian: Fuarus cris agus teine crisa. Is ingnadh, ar Brian, gur bhuídhe thusa do Dhomhnall, no do Chian, mur sin; Ní h-ingnadh ar mac Liagh; Oir do budh decra le Domhnall an cris agus an teine chrisa do thabhairt uaidh, no le Cian a n-dubhairt-sa a chianaibh, amhail a deir mac Liacc féin agus e na shenóir a n-insi an Ghoill duibh, iar m-bás Bhriain agus Mhurchaidh agus Chéin, agus é ag cuímhniúghadh orra: ag so mar a deir."*

* "And as *Mac Liag* said, on his arrival at *Kincora,* after having been on a visit with *Senan,* in the South.—Who is the person, oh! bard, to whom you are most grateful? said *Brian.* To *Donald Macduffe Davoren,* said Mac Laig. Have you seen *Cian* or *Sabia?* said *Brian.* I have said *Mac Liag.* Have they given you presents? said *Brian.* I shall tell you, said *Mac Liag.* On my arrival at the plain of *Rath Raithlen, Cian* and *Sabia* who had been informed of my coming *to the town,* both advanced to meet me, and I, and the fifty persons in my train, were borne on men's shoulders. My people were brought to the castle, (*Dune*) and each of them was there presented with a suit of garments, a chain, shirt, and cloak; and to me, Cian gave his own habiliments, horse and armour, with his tables (chess) and nine score kine. He moreover gave fifty steeds to my train, and a thousand (here I suspect my original to be incorrect,) ounces of gold, and fifty rings to my bards. What have you received from the son of *Dubh Davoren?* said *Brian.* A girdle and a girdle clasp, said *Mac Liag.* It is strange, said *Brian,* that you should be more grateful to *Donald* than to *Cian.* Not so, said *Mac Liag,* for it was more difficult for *Donald* to prevail on himself to part with that girdle and clasp, than it was for *Cian* to make all the before-mentioned gifts.—As *Mac Laig* himself expressed, in his old age, in the isle of the Black Strangers, (the Hebrides,) after the death of *Brian* and *Morogh* and *Cian,* in the following poem."—*Id.*

Before I bid adieu, perhaps for ever, to these venerable old bards, whose names and works have been so long buried in oblivion, I must entreat the reader's indulgence for introducing another ancient Celtic poem, by Aldfred, King of the Northumbrian Britons, written during his exile in Ireland, where he was known by the name of Flann Fion. This prince was illegitimate son of Oswy, king of Northumberland, on whose death he was violently persecuted by his brother, and to avoid his violence, he retired to Ireland, where according to Bede, in his Life of Saint Cuthbert, he devoted his time to study, "lectioni operam dabat." This was about the year 685. The poem describes the various things which he observed in Ireland while there. See Lynch's Cambr. Eversus, p. 128; and O'Conor's Rerum Hib. vol. iv. p. 129, where the author strangely says, "Ego minime assero genuinum esse Aldfridi fetus," for its authenticity was never before doubted. Compare it with the well known verses written in the same century by Donatus, bishop of Fesulæ, beginning "Finibus occiduis describitur optima tellus." Aldfred's poem is preserved in ancient vellum MSS. The late Charles O'Conor had a copy "in a very obscure character." It is now, for the first time, printed.

Ro dheat an inis Finn Fáil,
In Eirinn re imarbhaidh,
Iomad ban ni baoth in breas,
Iomad laoch iomad cleireach.

Ro dheat an gach cuiged and,
A ccuig chuigidh Eireann,
Idir chill is tir gofraigh,
Iomaid bídh iomaid ettaigh,

Ro bheat ór is airgeadacht,
Ro bheat mil agus cruithneacht,
Ro bheat muirn ag daoine Dé,
Ro bheat cuirm ro bheat caithre.

Ro bheat in Ardmhacha mas,
Ceannsacht eagna aireachas,
Aoineach aobhdha re mac Dé
Sruithe saordha sonaidthe.

Ro bheat in gach eglais uill,
Idir tír is traigh is tuinn,
Foghluim eagna crabad De,
Lughair creathra cuimirce.

Ro bheat manachadh na ttuath,
Eair nalmsan co ro lúath,
Is an eagair ima le,
In scriptuir sin gan aithche.

Ro bheat im Mumhain gan ghéis,
Drong righ, rigna, rig in eigís,
Iar mheas gach dána co ceart,
Sonus, saimhe, sadhnoileachd.

Ro bheat a ccrich Conact choir,
Ana lachta co lán mhór,
Féile brigh buanfhad is bladh,
A g-crich Chruachán na ccuradh.

Ro bheat i ccrich Conaill cais,
Curaigh crodha chonghlais,
Fir garga go caoímhe deann,
Re d' lanna arda Eireann.

Ro bheat a gcog Uladh,
Breighus buan ambrigh bunadh,
Bruthbhradh báoige ingas,
Cath cruth cáoimhe calamantus.

Ro bheat ag-crich buileach,
I, amus aille [ ] seach,
breatheamhain aird cein de aros,
Riam sleig maithe marcus.

Ro bheat o Laighean lithge,
O Athcliath go sliabh mairge,
buain mo ille dridhius ratt,
Gallacht cruaidhe ceannuigheacht.

Ro bheat ó aroinn cogle,
A ttir aloinn Osraighe,
Miolla milseach uall mor smacht,
Flanna fiora fidhchiollacht.

Ro bheat abruirt moir Midhe,
Fianus féile Firinne,
Galgart amhla gloire greann,
Fortamhla tíre Eireand.

Ro bheat na haoisi na anosa,
Fínest an taois seanchusa,
Gach maith gach tarbha gom ceatt,
Isin Bhanbha ro sloinneas.—Ro bheat.

---

[1] CARROL O'DALY AND ECHO.

This playful and elegant little poem, which displays so much of the "curiosa felicitas" of Horace, and vies in grace and delicacy of expression with any of the lighter pieces of that poet, is generally attributed to *Carrol O'Daly* of *Corcamroe* in Thomond, who died about the end of the fourteenth century.*

---

* Some sweet pieces of poetry, composed by *Carrol O'Daly*, may be met with in Clare; but care must be taken to discriminate between them, and the more numerous productions of a later bard of the same name and district, who lived

It is, consequently, one of the earliest instances of verses, ending with an echo, in any of the Modern European languages. In Spain they were used by *Juan de la Encina* in 1535.—*See Dillon on Spanish poetry*, 115, and *Vossius de Arte Poetica.*—Some of the classic poets, but particularly Lucretius and Ovid, have given beautiful descriptions of this ærial nymph. The Irish bard, in the conclusion of his poem, seems to have imitated the "*Dictoque vale, vale inquit et Echo,*" of the latter; or rather, perhaps, the final farewell to the "babbling gossip."—"*Si retulisti Echo mihi vera, valeto— valeto.*"

Echo is the parent of rhyme, and rhyme was known from an early period in Ireland. It was employed in a manner peculiar to our bards. "The rhythm in the middle of the line corresponding and harmonizing with the last syllable in the end."—*O'Conor.*—In succeeding times, the class of poetry, called Abhran was introduced, which having in many respects, deviated from the strict rules of ancient verse, the alternate lines were made to rhyme at the end, particularly in the octave stanza. Although there are several examples of this latter species of verse to be found in the present volumes, the subjoined lively pastoral song,* is further submitted, as a pleasing specimen deserving of preservation.

---

in the seventeenth century.—The family of O'Daly has, in former times, been eminently conspicuous in Irish literature, and has furnished more bards and chroniclers of note, than any other tribe in the kingdom, not even excepting those in whose families the profession of literature was hereditary. Not fewer than thirty individuals of the name have been distinguished as writers, from the days of *Cuchonocht O'Daly* who died, according to the Four Masters, in 1139, and some of whose poems are still extant, to those of *Carroll oge O'Daly*, alluded to in the first part of this note, who lived about the year 1680. In the writer's manuscript collection, there are poems by sixteen bards of the name of O'Daly.

* Maidin gheal t-samhra choir amhan an Rízhe,
Dhearcas an chúilfhionn dhréimreach, dhonn,

[1] DOCTOR KEATING TO HIS LETTER.

Our Irish Herodotus, was both a poet and an historian. Indeed the flowery style of his "Foras Feasa air Eirinn," or "History of Ireland," shews that he must have paid early and sedulous court to the Muses; and, that he was rewarded for his attentions, appears from the pleasing poems which he has left behind. Although as an historian and antiquary, Doctor Keating has acquired much celebrity for profound knowledge of the antiquities of his country, "vir multiplicis lectionis in patriis antiquitatibus," yet as a poet, he is, comparatively, but

---

Ba bhinne a béul-ghuth ioná sianrán sluagh síghe,
 Ba ghile a gruadh ioná cuire na d-tonn :—
A cúimín cáel, cailce,—a troighín cháel, theann,
 Ag gabhail le fonn faoí fhásaighibh le fán ;—
Ar me-si go múinte, a ghile ó'n n-gleann,
 Muna d-tiocfaidh tú leam ní bheidh me-si slán.

An uair rugadh an chuilfhionn tháinic beach bhinn
 Le cioth meala míne air a cáer bheól;
Phógas-sa an Chúilfhionn chúmhra, gheal, ghreínn,
 Ba ghreidheannach dar linn, acht éisteacht le m' sgeól :—
Chuaidh dealg a grís-ghoib mar chealg tré m' chróídhe,
 D' fhag mé gan bhrígh, gídh brónach le rád ;—
Nach iongantach beódh me le cealg tré m' chróídhe,
 Na céuda do claóidhead, rómham-sa d'á grádh.

little known. In any future edition, therefore, of his History, (and no book on Irish lore stands more in need of a judicious editor.*) it might prove a pleasing part of the task, to do justice to the author's poetical talents, by collecting and publishing his poems. They may be easily procured, and will be found to contain many fine descriptive passages, in the purest dialect of our language. The following sweet little ode, descriptive of the musical performance of *Thadeus O'Coffy,* a celebrated harper, pleads for admission here.

Cia an Saoí le seinnthir an chruit?
Le mochtar neimh go nuadh loit.
Tré ghoireadh guth-bhínn a cclar,
Mar sruth-bhínn fhoghar orgáin?

Muca muigi ghial a n-glas,
luith luimneach a mhór mearbhreas,
Gan éisling mar is lór línn,
Gan ceól seis-bhínn 'g á sheinneadh.

Siogáidh préamh-ghlan, portach,
Dar leat isé Abhbhortach,
Nó Aéngus leasach ó'n línn,
Daolgas no Greasach guth-bhinn.

---

* It is an irreparable loss to Irish history, that Doctor Keating did not continue his work after the Anglo invasion. Of all men, he was best qualified to give a true *domestic picture* of this country, from a knowledge of its civil affairs, manners, customs, poetry, music architecture, &c. seldom equalled and never surpassed; besides, his intimate acquaintance with many ancient MSS. extant in his time, but since dispersed or destroyed. The English edition by which his history, so far as it extends, is known to the world, is a burlesque on translation. In innumerable passages, it is as much a version of Geoffry of Monmouth, as of Geoffry Keating.

Manannán tar mhodh mire,
No Craftine an cruitire,
No maordha mac an Daghdha,
Slat aobhdha na h-ealadhna.

Gach aén neach dá'r áirmhear ann,
De Tuathaibh dealbha Dé Danainn,
No d'fóir ó'n am-sin a leith,
Do amsuigh cóir na cruite.

Tadhg O' Cobhtha, cruth chorcra,
Brannan, bréagthach na m-bantrocht,
Uaithnigh iúil frithir go fóinn,
Crithir an chiúil 's a chogail.

Do gheibh gach saoí a shásamh dhe,
Mar a sheinneas air cheól cóimhdhe,
Slánsa sgáthmheur ttirim, ttiugh,
D'fír-rinn dath-gheal adhóideadha.

Do mhodh, do méin, do 'mhaise,
Thugas annsacht éagmhaise,
Rogha leanáin chríche Chuinn,
A m-beangán síthi slighuin.

Mo chnú 'smo chisde so an siollaire geanamhuil, grínn!
Is siúbhlach, slightheach, glan sheinneas go bleacht dlúith-bhínn,

Go lúthmhar, crithir-mhéur, frithir-cheart frais-tiúin fóinn,
Go cáinhra clisde, gan mhilleadh, gan mhearúghadh póinc.

The powers of the ancient Irish musicians are but imperfectly known. The unwilling admission on this head, of the prejudiced *Cambrensis*, has been echoed by every essayist on Irish history; but the descriptions of our native writers, in their own language, have never been given. The following extract, translated from an old historical tale, entitled "*Kearnagh Ui Donnell;*" is the first of the numerous descriptions of the kind that has presented itself.—"The Kearnagh took a loud toned sweet stringed harp; the train below heard him among the rocks, even they who cast the soothing strains which lead the passions captive; which cause some to dissolve in tears, some to rise with joy, and others again to sink in sleep. But sweeter than all was the song of the Kearnach. The fell woundings, diseases, and persecutions of the world seemed to cease, while his sweet strain lasted. He took the harp, and it sent forth soft warbling sounds. Wounded men, and women in travail, and the wily serpent slept while he played.—Again he tuned the harp, and roused the note of war, wondrous and terrible. He struck the thick chords of bold and fiery notes;—then the slow and deepening tones of tragic grief, full of melancholy and gloom, intermingled with melodious strains."—*Ir. MS.*

ODE TO THE HILL OF HOWTH.

1 "*How sweet from proud Ben-Edir's height,*
To see the ocean roll in light."

The magnificent sea prospect from the summit of this well-known hill, has been often described by our native poets, in

Irish and English verse; but of all the attempts which I have seen, in either language, the present classic-like little ode, seems entitled to the preference. The ancient name, ***Bin Edair,*** is derived, according to the ***Dinn Seanchas,*** from ***Edair*** the wife of ***Gand,*** son of ***Dala,*** one of the ***Firbolgian*** rulers of Ireland. "She was," says this old treatise, "the first woman that died in this land of grief on the death of a husband, and having been interred at that place, it thence had the name ***Beand*** or ***Bin Edair,*** the hill or mount of ***Edair.***" Other derivations have been given, but the foregoing is, perhaps, the most ancient, and though never before published, seems the most probable. On the subject, the subjoined fragment of ancient Irish topography, translated from the ***Book of Ballimote,*** fo. 75, may be considered curious.*

---

* Teóra h-uaire do chuir Eire,
Teóra monga agus teóra maola dhi.

Ireland was thrice beneath the plow-share,
Thrice it was wood, and thrice it was bare.

The head of Ireland, *Armagh*—the arts of Ireland, at *Clonmacnoise*—the happiness of Ireland, *Kildare*—the learned of Ireland, at *Benchor*—the defence of Ireland, *Lusca*—the joy of Ireland, *Kells*—the eyes of Ireland, *Tamlaghta* and *Finglassacarn* at *Slyassal*—the wonder of Ireland, *Iniscatha*—the cemetry of Ireland, *Glandalogh*—the house of Ease of Ireland, *Heania*—the laws of Ireland, *Cluanuama*—the litanies of Ireland, *Lismore*—the antiquity of Ireland, *Imly*—the difficult language of Ireland, *Corke*—the learning of Ireland, *Rosalkry*—the roof of Ireland, *Tirdaglasse*—the anchor of Ireland, *Cluanfert*—the roughness of Ireland, *Loghra*—the judgment of Ireland, *Slane*—the austerity of Ireland, *Favur*—the content of Ireland, *Ardbreakan*—the simplicity of Ireland, *Roscommon*—the welcome of Ireland, *Rapho* or *Drumleahan*—the alms of Ireland, *Dundaleahglas*—the stay of Ireland, *Mabily*—the martyrdom of Ireland, *Tulen*—the abuse of Ireland, *Kilruan*—the fat of Ireland, *Lendela.*—These epithets were given because each place was remarkable for the epithet which it bore.—The three hosts of Ireland, *Cluanirard, Glandalogh* and *Lumy*—the three steeples of Ireland, *Ardmagh, Cluanmacnoise,* and *Kildare*—the three fairs of Ireland, the fair of *Tailtin,* the fair of *Cruaghan,* and the fair of *Colman*—the three old buildings of Ireland, *Dunsovarky, Dunkarmna,* and *Cahirconry*—the

The promontory of Howth forms the northern extremity of the extensive and beautiful Bay of Dublin. It was anciently the residence of some of the Irish princes; but it has recently become distinguished as the landing place of our late most gracious Sovereign, who will be long remembered as the first British Monarch, whose visit to Irish shores was unattended by bloodshed and confiscation. His Majesty landed here on the 12th August, 1821. The writer happened to be present, and never can he forget the enthusiastic demonstrations of joy which burst from the Irish hearts, there assembled to receive him. The wide stretched Bay presented the splendid, though unusual, spectacle of a royal squadron sailing on its ample bosom, and heightening its richly variegated surrounding beauties. Recurrence to that memorable event, and to the enlivening scenes which the Bay afterwards presented,

---

three mountains of Ireland, *Sliavekua*, *Sliavmis*, and *Sliavkualan*—the three heights of Ireland, *Cruaghanogly*, *Cualan*, and *Beanborky*—the three loughs of Ireland, *Loghneahagh*, *Loghrie*, and *Logh-Ernie*—the three streams of Ireland, the *Shannon*, the *Boyne*, and the *Ban*—the three plains of Ireland, *Ma-mie*, *Ma-linie*. and *Liffy*—the three caves of Ireland, *Uavconba*, *Uav-Slangie*, and the cave of *Ferna*—the things less covetted in Ireland, the Abbotship of *Bangor*, the Abbotship of *Landela*, and the Chieftainship of *Modorn*—the worst in Ireland, *Gragrie*, *Glasrie*, and *Bantrie*—the three safest things in Ireland, the Abbotship of *Lusga*, the Chieftainship of the three *Kualans*, and the old Government of *Ardmagh*—the three strands of Ireland, the strand of *Rossargid*, the strand of *Rostedie*, and the strand of *Travally*—the three fords of Ireland, *Athluan* or *Athlone*, *Athcliath or Dublin*, and *Athcully*—the three roads of Ireland, *Sly-assal*, *Sly-daly* and *Sly-midluaghra*—the three ways of Ireland, *Bealaghconglas*, or the way of Clonglas, *Bealaghluimnie*, or the way of Limerick, and *Bealagh-Athcliath*, or the way of Dublin—the three mounts of Ireland, *Drumfinin*, *Drumrobel*, and *Drumlehy*—the three *Cluans*, or pasturages of Ireland, *Cluanmacnoise*. *Cluanose*, and *Cluanirard*—the three mansion-houses of Ireland, *Tarah*, *Cruaghan* and *Cashil*—the three waterleaps of Ireland, *Easroe*, *Easdonany*, and *Easmagie*—the three wells of Ireland, the well of *Dasie*, the well of *Tipperary*, and the well of *Brigid*, in *Brilcassane*—the three impassable places in Ireland, *Brefny*, *Burren*, and *Bearra*—the three creeks of Ireland, *Amargie*, *Feil*, and *Tuagie*—the three most famous places of Ireland, *Leimcongulan*, *Dunkine*, and *Srubrun*. – *Book of Ballimote.*

during the Regatta, or marine festivities, patronised by our viceroy, the MARQUIS OF ANGLESEA, and his family, brings to recollection the following spirited Marine Ode, well known along many parts of the Irish coast, but particularly in the west, as the "Boatman's Hymn." The bard has, it is true, gone to the full extent of his poetic licence; but the stanzas and chorus are considered highly characteristic and descriptive.—

A bharc b' anamh tu ann anacair na d-tonntrach n-árd,
Cásg cobharthach, gidh budh barbardha trom é an lá,
Trá lasáidh an fairge o bhonn go bár,
Lán coirn dhi ní ghabhan o stiuir go crann.
    Cuir fá.—a bár a lán, a bár a lán,
        A ghrádh na rún, achuid de'n t-saoghail
        A lán—'s é an bád breádh seóil.

Trá ghléasann se a h-édach gan fiar, gan cham,
De'n g-cael anairt gle-gheil o na h-inndiatha anall,
Cael-bharc seang, síoganda, ag ar cuir Dia an greann,
A's da bh-feicfeá annaghaidh an laé e, 's é ag éirígheadh
    as gal.
        Cuir fá.—abár alán, &c.

A Dhaoileinn a chrom-charraig gharbh, gan sgáth,
Air an nuadh-bharc-so fum-sa breathnuigh do shath,
An chuimhin leat 's an g-cuan-so go bh-feaca tu bád,
Gan chontabhairt, tonn-bharra ghearradh, mar táim ?
        Cúir fá.—a bár, a lán, &c.

Is cuímhín liom, a dubhairt Daoileann, gur carraig me
de ghnáth,
'S gur ab' air an g-cuan so· is buan dam ag amharc
gach lá,
Acht slinteóg ni tabharfainn air a bh-feacas de bháid,
Seoch an nuadh-bharc a's a chomplacht ag tarraing 's
an t-snámh.
Cuir fá.—a bar, a lan, &c.

* * * * * *

A athair na n-dúl, tabhair duinn-ne dídean na tráighe,
Gabhaim do comairce, sud é a n-ios an bád,
Tre gharbh-thonntaibh fobhadhach fa chíocras ghnáth
A's mana m-barraidh do chumacht gabhan se trí mo
lár. *

——[2] "*Great Fionn of old.*"

Howth is much celebrated as one of the military stations of this famous chief, and his brave followers, the *Fian*, or ancient

---

* In this curious ode, the Irish reader will perceive the appropriate nature of the Cuir fá or *Chorus;* and the poetic descriptions of the "Sea reddening from bottom to top," with the full-rigged bark "rising out of the gale," will not pass unobserved. The rock, *Whillan,* lies on the west coast of Ireland, off Black-sod harbour, and is marked on some maps. Between the last stanza, and the others, there seems some want of connection; if the entire be not, as is likely, the fragment of a hymn, formerly entire, and sung in parts by the crews of several assembled boats. If this conjecture be correct, and I have reason to think it so, the last stanza may have belonged to the part of a different person from the first, who prayed to the Father of the Elements, Athair na n-dúl, to protect him and his bark, from being run down by the previously described vessel, which it would seem was rapidly bearing on them, in full sail.

"militia" of Ireland. The Book of Howth is quoted by the prejudiced chronicler, *Hanmer*, for a curious account of this chivalrous legion; and the narrative is respectfully recommended to the perusal of those honest Scotchmen, for many such there are, who still place faith in Macpherson's assertion that these Irish warriors, and their bard *Oisin*, were true born natives of old *Caledonia*. One cannot, at the present day, look back at that monstrous fabrication, though of an age famous for literary forgery, without astonishment at the consummate boldness of the fabricator, the infatuation of his learned supporters, and the national credulity and ignorance of an entire people. In former days, the ancestors of our Scottish friends liberally supplied themselves with Irish saints and Irish music; but it was reserved for the last age to make a bold attempt on our heroes, their bards and poetry. The day of learning, however, was then too far advanced, and the appropriation which might have been effected, in the hour of literary darkness, was prevented at the moment of returning light. To none, more than to our excellent countryman, Doctor Drummond, is Ireland indebted, for vindicating her right to these ancient literary treasures. This will shortly appear, in his learned Dissertation on "The authenticity of the Poems attributed to Ossian," addressed to the members of the Royal Irish Academy, and intended for publication in their Transactions. To that gentleman I am indebted for a translation of the following extract from a *Finian poem*, taken with several others, from the recital of a mountain shepherd, at Partry in the county of Mayo. These metrical fragments, to the number of several thousand verses, had been committed to memory by the reciter in his early youth, amidst his native hills, where they have been transmitted from sire to son, through countless generations. The poem is named the LAY of BIN BOLBIN, a hill in the county of Sligo. It opens with a fine description of rural scenery.—

LAOIDH BHIN BHOILBIN.

Oisín ro chan.

A bhinn Boilbin, is dúbhach a n-diu!
A bhinn budh chaoin a's do b' fearr cruth!
An tan sin a mhic Chalfruinn,
Do budh álainn a bheith air a mhullach.

Budh iomdha cú agus giolla,
Gáir bhúgail agus gadhair,
Bhíodh air do lios, agus laoch láidir,
A bhinn árd na g-comhlann,
Bhíodh lán de chorraibh ann san n-óidhche,
Agus cearca fraoich air a sléibhtibh,
Le chéile agus ceóil ein-bheig.
Do budh aoibhin a bheith d'á n-éisteacht
Gáir na ngadhar ann a n-gleanntaibh,
An muc-alla do b' iongantach,
Agus gach aon de'n bh-fian do bhí láthair,
A g-conta ailne air a n-iallaibh.
Budh iomdha cnuastóir coille
De mhnáibh fionna na féinne,
Agus caor de bhlas cúmhra,
Subhcraobh agus sméara,

Moin-eoga caomha, corcra,
Biolar-fochain agus gleóran,
Agus na h-ingheana cas caol-fhionn.
Budh bínn fuaim a n-órdhain,
Budh adhbhar a bheith meanamnach,
A bheith ag féuchain a's ag éisteacht,
Le gair uaigneach an Fhiolair,
Le canrán na n-dóbhran,
A's le comhrádh na sionach,
An lon dubh air inbhear sceiche
Agus í ag sinim go fior-bhínn.—
Dearbhaim duit, a Phádraic,
Go m-budh é an áit aoibhin,
Bhíodhmair-ne air an g-cnoc so,
Seacht g-catha na féinne,
A nocht is tearc mo charaid
A's nach truaigh leat mo sgéala.

TRANSLATION BY DOCTOR DRUMMOND.

OISIN SUNG.

Bin Bolbin thou art sad to day;
Thou that wast erst of aspect gay
And lovely to be seen;
O son of Calfruin! then 'twas sweet,
To find a soft and mossy seat,
On its lofty summit green.

Thou hill of battles, stained with gore,
How oft thy fortress strong around,
Where dwelt a hero bold of yore,
Rose music sweet of horn and hound;
The bittern round thee boomed at night,
The grouse, loud-whirring in her flight,
Peopled thy heath, and every tree
Rang with the small birds' melody.

Yes, 'twas delight to hear the cry
Of hounds along thy valleys sweep;
To hear the rock's wild son* reply
From every cliff and steep;
To see the chiefs of the Fenian band,
To slip the greyhounds ready stand;
And groups of maidens young and fair,
That plucked as they went the flow'rets rare;
With berries of every form and hue,
Of crimson blush, or of glossy blue,
From bramble and bush; or cresses young,
That by the crystal streamlet sprung:
And passing sweet was the voice of their song,
As the fair-haired damsels roved along.

Sweet too, by the source of the lonely stream,
To see aloof of the eagle sail;
To hear her solitary scream,
Burst startling o'er the vale:
To hear the otter's whining note;
Or, mid the hollow mountain rocks,
The barking of the wary fox;
Or mellow song of the blackbird, float

* Mac-alla, Echo; literally, the son of the rock.

From bower and grove, o'er wood and lawn,
To evening hour from early dawn.

With joy it thrilled my heart I vow,
To sit upon the mountain's brow,
  And all the glorious landscape view ;
The seven brave Fenian bands around,
In war, in peace, still faithful found—
  But now my friends are few :
Then merry and gay in the summer ray,
  They frolicked and they shone ;
With autumn's blast away they past,
  And I am left alone.
My fate with tears may dim your eye,
And wake your tender sympathy.

[3] The circumstance alluded to in this stanza forms the subject of one of the finest wrought romantic tales in the Irish language.

[4] " *And forests crown thy cliff-girt steeps.*"

No " forests," at present, " crown" the bold promontory of Howth ; but the ornamental plantations in the ancient demesne, and castle grounds, present a pleasing contrast to the rude majestic features of the surrounding scenery. In the wish expressed in the concluding stanza of our poem, every Irishman will most cordially join. Howth was one of the first acquisitions made by the Anglo-Norman knights in Ireland ; and it has continued nearly 700 years in one worthy family, through a succession of *thirty* Barons, to the present noble and respected proprietor. To his lordship's kindness I am indebted for one of the most ancient deeds of settlement of Irish lands, by the invaders. It was entered into by his great ancestor, prior to Prince John's confirmatory grant of *Houede* (Howth,) to *Almaric* the warlike, the second baron ; and is preserved, with several hundred other curious documents, all anterior to the year 1500, in his lordship's archives. I here subjoin a translation from the original.*

ODE BY GERALD NUGENT ON LEAVING IRELAND.

This ode was composed in the reign of Queen Elizabeth, by the "Son of a Settler;" but he was one, who appears to have possessed the lofty port and bearing of a bard, whose proud soul spurned the enemies of his country. In him the native of the pale expanded into a native of the land. He adopted the language of the "mere Irish," and learned to think and feel like his oppressed fellow countrymen. Roused by their wrongs, he flung aside the harp, and bared his arm in their cause; but, alas! his efforts were ineffectual, and he was forced to become a voluntary exile from the ill-fated land of his birth. On this occasion, he composed these sweetly pathetic stanzas, so beautifully descriptive of the country. They

---

* Know all men, present and to come, that I, *Nicholas Saint Lawrence*, have given and granted and by this my present deed, have confirmed, to *Almaric Saint Lawrence*, my son, my whole land of *Houede*, with all its appurtenances, as I have ever held the same, *and all my conquest in Ireland*. To have and to hold in fee and inheritance, to him and his heirs, freely and peaceably, in churches, in mills, in lakes, in waters, in pastures, and meadows, in ways and paths, in woods and in all other things, which to me appertain, saving the service of John the Earl, Lord of Ireland.—In presence of J. Archbishop of Dublin—John de Courcy—Hugh Tyrrell—Robert Tyrrell, his son—William the Little—Geoffry de Constantyn—Adam de Hereford—Richard de Hereford —Geoffry de Nugent—Adam de Pheypoe—Richard Talbot—Robert de Nugent —Andrew de Courtyn—Robert de Excestria—Geoffry de Vincestria—William de Vincestria—Ralph Whitrell—Richard de Castello—Robert de Cornewalishe —cum multis aliis.—Most of these witnesses founded families in Ireland.

Without reference to the ancient documents in the possession of the Earl of Howth, no correct history of the English pale can be written. The importance of such a work is obvious.

may recall to the reader's recollection Smollet's Ode to the Leven water; and, perhaps, not suffer much even by a comparison. See, also, the affecting farewell of the unfortunate Mary Queen of Scots to the shores of France, commencing—

> "Oh ma patrie très chérie
> Ou je passai ma jeunesse."

1 "*What sorrow wrings my bleeding heart,*
To flee from Inisfail!"

According to the bard, *Keneth O'Hartigan*, Anno 950, *Inisfail*, one of the early names of this Island, was derived from the lıa ṗaıl or "*Stone of Destiny*," brought from the East, and once so celebrated in Ireland and Scotland. See Keating, for the wonderful virtues of the *Lia fail*, which, for many ages was as much venerated in Ireland, as was Jacob's stone, in the temple at *Jerusalem*, by Christian and Moslem; or the famous black stone at *Mecca*, for centuries before the time of Mahomet. This Irish relic is, at present, to be seen in the coronation chair at Westminster Abbey, where it is shewn as Jacob's *pillow* or *pillar*; for the learned antiquaries of Westminster do not allow that it has any connection with Ireland. In this they may be right, as to the stone now in their possession, for it is confidently asserted by a worthy friend of mine, who has obliged the world with many well-intended publications, that the real *Lia fail* has been abstracted from the coronation chair, by some zealous Gaelic Patriots, who have replaced it with the stone at present exhibited. It is further surmised that it may, by due diligence, be traced, strange turn of destiny! to the buildings of the *Catholic Association*; and, stranger still, that it is there religiously preserved, by those Irish Demagogues, to crown their great leader on it, who by facetious anticipation is already known by the name of *King O'Connell.—Diu vivat Rex.*

[2] " *Plains where generous steeds abound.*"

Until the seventeenth century, Ireland was particularly celebrated throughout Europe, for valuable horses. 500 cows have been often given for a single horse. Our bards have exhausted the powers of their language in descriptions of this noble animal. The old Irish breed is now nearly extinct.

[3] " *I see fair Fintan's shore recede.*"

Fintan, one of the companions of *Casar*, the earliest reputed colonist of Ireland. Keating makes a present of Fintan to the adversaries of Irish history.

[4] " *Rich plains of Ir.*"

Ir, one of the sons of Milesius. Irlanda, q. d. Fearann Ir.

[5] " *Nor e'er the crafty Saxon greet.*"

English treachéry was a theme on which our Irish *Tyrtæi* loved to dwell. It must be confessed, that no subject could be better calculated to heighten those feelings of national animosity, which so unhappily subsisted between the people of both countries, and which were so effectually perpetuated by repeated breaches of English faith. In the days of our bard, a horrible instance of this kind occurred at *Mullamast*, in the territory of *Leix*, then recently formed into shire-ground, under the name of the *Queen's County*. The following notice of this transaction is taken from the manuscript already quoted, Vol. I. p. 186.—" An account of the murder at the fort of Mullamast. In the year 1705, there was an old gentleman, of the name of *Cullen*, residing in the county of Kildare, who often discoursed with one *Dwyer* and one *Dowling*, who were actually living at Mullamast, when that horrid murder was committed, in the 16th year of the reign of Queen Elizabeth, Anno Domini 1573.* These old men frequently told him, that the

---

* Taaffe, in his History of Ireland, and others, state, but without authority,

whole was planned and perpetrated by a combination of *Catholic* and *Protestant* families, amongst whom they enumerated the *Bowens, Hartpoles, Hovendens, Dempsies,* and *Fitzgeralds,* as *Catholics.* They further stated, that it was by these families in particular, the unsuspecting victims were enticed to Mullamast, under pretence of entering into a friendly alliance of offence and defence against their mutual enemies. That the sufferers were of the *seven Septs of Leix,* viz. the *O'Mores, O'Kellys, O'Lalors, Devoys, Mac Evoys, O'Dorans* and *O'Dowlings;* and, so effectual were the measures taken for their destruction, that of the multitude which entered the fort, only a single individual escaped with his life, and he was one of the sons of O'More.* It is unnecessary to add, that the estates of the murdered proprietors, were granted to their assassins. Well might Elizabeth exclaim, as she is known to have done about

---

that it took place in the reign of Queen Mary. That historian's object was to shew, that before any change of religion took place, and when both were Catholic, the English persecuted and murdered the Irish; and to prove that fact, he has adduced the affair of Mullamast, which he has assigned to the reign of the Catholic Mary. We see, however, that some Irish families are named among the perpetrators, but it may be answered, that they were obliged to join, in order to save themselves.

* The manuscript here alludes to "a common tradition of the country," that several lives were saved, by means of one *Harry Lawlor,* who, on approaching the fort with his party, jocosely observed, that "he saw all going in, but none coming out." Suspicion being thus awakened, he prevailed on his people to remain behind and permit him to enter; and if they did not see him quickly return, as he intended, then to save themselves by flight, for they might be sure that there was treachery at bottom. This intrepid individual, no sooner entered the fort, than he saw the breathless bodies of his slaughtered friends lying all around, and, immediately drawing his sword, he boldly cut his way through the murderous crew, back to his companions, whom he conducted in safety to Dysart, near Maryborough, beyond the reach of all danger. The noble conduct of this brave and magnanimous character, who thus devoted himself to what might be considered certain death, for the safety of his friends, is deserving of every praise. Many an action, less entitled to the distinction, has been perpetuated in marble: but, alas! poor Harry Lawlor was an Irishman, and his name was, of course, consigned to oblivion.

this period, with reference to Ireland. " Ah ! how I fear, lest it be objected to us, as it was to *Tiberius* by *Bato ;* you, you, it is that are in fault, who have committed your flocks not to shepherds, but to wolves." Yet, strange inconsistency of human nature, this very woman, soon after so awful a confession of an affrighted conscience, again let loose fresh troops of ravening wolves, to commit even more dreadful ravages, until the fairest portion of Ireland was almost totally destroyed. This she did by her grants and commissions to her infamous favourite *Raleigh,* and the adventurous myrmidons called the "Undertakers" of Munster. The remembrance of the foul murders committed in Ireland by that sanguinary man, can never be effaced. But another opportunity may enable us to do full justice to his memory.

6 " *From thee sweet Delvin must I part.*"

Delvin barony, in the county of Westmeath, gives the title of Marquess to the Nugent family. It was anciently the territory of the ancient Irish sept of *Findelvin,* or *Finnellan ;* and in the reign of John was granted to Gilbert de Nugent, the ancestor of our bard, and also of the present noble family of Westmeath.

7 " *Dundargveis' happy lands.*"

The rich plains of Meath.

PATRICK HEALY'S WISHES.

" O that for me some home like this would smile."

Campbell.

" *Sperantibus, quoad licita et innocua, omnia sunt libera,*" says Vincent Bourne, in the preface to his elegant Latin translation of Doctor Pope's favourite English ballad, "The Wish." Patrick Healy, however, was content with the *necessaria*, for he has confined his humble aspirations to the things merely necessary for the rational enjoyment of existence. Like the generality of his poor oppressed countrymen, his desires are moderate; and yet, moderate though they be, there are *millions* in Ireland who are destined never to enjoy one of them, if we except that, which is so familiarily known, by the vulgar appellation of the "Beggar's blessing," alluded to by our bard in his concluding stanza. From both these ballads, some of the leading opinions of human comfort, which generally prevail in England and Ireland, may be ascertained. The Englishman wishes for a snug box in a country town; the Irishman prefers the open champaign. The former, being fond of good feeding, furnishes a regular bill of fare, not omitting even his Sunday pudding, "*Sabbata distinguat fartum;*" the latter scarcely notices the article food. All John's wants, in the female way, are supplied by a "*cleanly young girl to rub his bald pate;*" but Paddy, at hinc lachrymæ, will not be satisfied without one legally entitled to "comb his locks," and "to mind the cabban and the childer, your honour." Wives, in Ireland, are not sinecurists. This may be deduced from the conclusion of our poem, which anticipates, as a thing certain, "a babe every Easter!" quite enough to frighten poor Parson Malthus out of his wits, and perpetuate the blessings of our superabundant population.

The subject of the present little poem is one which comes home to every man's bosom, and seldom fails, at some period of life, to occupy his most serious thoughts; nay often to awaken reflections favourable to the best interests of religion and morality. I am here induced to extend my limits a little, in order to lay before the Irish reader a few of the old moral maxims by which his ancestors were wont to regulate their actions, selected, with some care and trouble, from various sources, both oral and written.* Amongst them will be found some noble truths and sentiments expressed with much force

---

* WISE SAYINGS FROM THE IRISH.

The following passages have been translated from the *Book of Ballimote*, fo. 75. The translations are given, as the original is too obsolete for the present purpose, and the necessary explanations to render it intelligible would require too much room. The first paragraph is from the "Advice of *Cormac Ulfada*, (the long bearded,) to his son," Carbré, Anno 254 —

"No fellowship with a king—no falling out with a madman—no dealing with a revengeful man—no competition with the powerful—no wrong to be done to seven classes of persons, excited to anger, viz:—a bard, a commander, a woman, a prisoner, a drunken person, a druid, a king in his own dominions. —No stopping the force of a going wheel by strength of hand—no forcing the sea—no entering a battle with broken bands—no heightening the grief of a sorrowful man—no merriment in the seat of justice—no grief at feasts—no oblivion in ordinances or laws—no contention with a righteous person—no mocking of a wise man—no staying in dangerous roads—no prosperity shall follow malice—no coveting of skirmishes—a lion is not a safe companion to all persons —three deaths that ought not to be bemoaned: the death of a fat hog, the death of a thief, and the death of a proud prince—three things that advance the subject: to be tender to a good wife, to serve a good prince, and to be obedient to a good governor."

"The son of *Fithil* the wise, asked him what was the best thing to maintain a family or a house?—*Fithil* answered, 'a good anvil.'—'What anvil?' says the son,—'a good wife,' says *Fithil.*—'How shall I know her?' says the son,—'by her countenance and virtue,' says *Fithil*, 'for, the small short is not to be coveted though she be fair-haired, nor the thick short, nor the long white, nor the swarthy yellow, nor the lean black, nor the fair scold or talkative woman, nor the small fruitful who is amorous and jealous, nor the fair complexioned, who is ambitious to see and be seen.'—'What then,' says the son, 'what woman shall I take?'—'I know not,' says *Fithil*, 'though the large flaxen-haired, and the white black-haired, are the best; but I know no sort fit for a man to trust to, if he wishes to live in peace.'—'What shall I do with them then?' says the son.—*Fithil* answered, 'you shall let them all alone, or take them for good or evil, as they may turn out, for until they are consumed to ashes, they shall not be free from imperfections.'—'Who is the worst of women?'—'*Becarn.*'— 'What is worse than her?'—'The man that married her, and brought her home to his house to get issue by her.'—'What can be worse than that man?'—'The child gotten between them, for it is utterly impossible that he can ever be free from villany and malice.'"

"Wisdom is what makes a poor man a king—a weak person powerful—a

and brevity, and in the simplest language. Although we abound in proverbial sayings, derived from the wisdom and

---

good generation of a bad one—a foolish man reasonable—though wisdom be good in the beginning, it is better at the end."—*Book of Ballimote.*

Such are a few of the wise sayings of the Pagan Irish, which have descended to our times. With respect to the dialogue between the ungallant *Fithil* and his son, the reader may recollect what Plutarch relates of the early Greek sages, who were accustomed to propose questions and riddles to one another; and also the similar instances of Sampson, and of the queen of Saba, in the Holy Scriptures.—*Plut. sept. sap.*—*Jud.* xiv. 14.—2 *Kings*, x. 1.—The same custom we here find prevailed in Ireland. The following original proverbs are of different ages. Many of them are of considerable antiquity; and, of these, some are obscure. All are conformable to the rule, *Quicquid præcipies, esto brevis.*

SEANRAITE EIRIONNACHA.

(IRISH PROVERBS.)

Aithníghthear caraid i g-cruadhtan.

Aimideacht geárr is sé is feárr

Aithnígheann mórdhacht modhamhlacht.

An t-uan ag múnadh méidhleach d'á mháthair.

Aithnígheann óinmhid locht amadáin.

Ailneacht mná ionnraice ghnídheann cúntus cruadhi.

A uain do'n tosach.

Athruíghthear gné na h-aimsire.

Air aon anamh biadh choídhche dearmád.

An taostadh ualach ni spreagan bualadh.

Aon i g-coimhreann fóidheach fuathann.

An t-slat nach n-glacann sníomh.

An t-seód dofhághala 's í is áilne.

experience of former times, yet they have shared in the general neglect of our literature. It is therefore hoped that some

---

(IRISH PROVERBS.)

An dubh ghné ní h-athruighthear é.
Air lí ni breith fear gan súilibh.
An uair is cruadh do chailigh caithfidh sí rith.

Bídh ádh air amadán.
Béul eidhinn a's croídhe cuilinn.
Buaidhfidh an t-each no cailfidh an srian.
Beathadh an staraídhe fírinne.
Bídh cluid fheascair ag an t-saothraídhe.
Bídh borb fo sgéimh.
Bídh boirbeacht i n-geal gháire.
Bidh cluanaídhe i n-deagh-chulaidh.
Bot ir uáill nae.
Buaine clú 'ná saoghal.
Briathar baoth baothanacht.
Beannuigh i m-báidh do dheagh-dhuine.
Bocht an-eagleais a bhíos gan cheol.

Conair gan ghábhadh conair na sláinte.
Cneastacht treartadh beatha an t-saoghail.
Craigean an bocht gach ailp.
Crodh roimh an art.

Patriotic Irish scholar may remedy this defect, by collecting and publishing these venerable *dicta* of our ancient saints and

---

(IRISH PROVERBS.)

Cnuasuigh anam oireamhnach.

Caoch an caoch air dhath.

Caoín re ceannsaigh.

Casann péisteóg air fhear a saltairt.

Cat féir cinéil.

Claoidheann neart ceart.

Caomhnann dóchas an t-inghreamach.

Ceasann an bolg lán.

Críonacht cínteacht.

Codhla fada sráideán leanbh.

Claoidhteann an sathach seang.

Déineacht gan luas.

Deisceann an bocht.

Dil go diugh.

Dearbhrathair leadránacht olachán.

Dochas liaigh gach annró.

Deis geimhre tig samhra.

Duilghe an t-uaibhreach do cheannsúghadh.

Deacair dréim ris ’in mhurrmór.

Dair ni féidir ros do dhéanamh.

Dubh do ghné ar an fionnóg féich.

sages, which are not inferior, either in wit or wisdom, to those of any other country of Europe.

(IRISH PROVERBS.)

Dubh do leaca ar an fionnóg Earaigh.
Dall air lí ni breathamh fíor.
Díomhaoíneas mian amadáin.
Dearc sul léimir.
Dearbh carad roimh riachtanas.

Eadtrom ór ag amadán.

Fearr deire fleidhe 'na tós bruídhne.
Fearr dreolán i n-dorn 'na corr air cáirde.
Fuaruígheann a chuid.
Fuar cumann caili.
Feile dartachain.
Feabhrán dhéis sódha.
Fearr mada beó 'na leómhan marbh.
Fearr a oileamhain 'na a oideachas.
Fearr fuin fleidh 'na tós gioraic.
Fada cuimhne sen-leinbh.
Fearg a's fuath námhuid an deagh-ghráidh.
Foillsíghthear gach nídh re h-aimsir.
Féadam ór do cheannach go daor.
Féadan cat dearcadh for rígh.

THE MOURNER'S SOLILOQUY IN THE RUINED ABBEY OF TIMOLEAGUE.

[1] Timoleague, Teach Molaga, the house or cell of *St. Molaga*, a small town in the south of Munster. Near it is a venerable abbey, whose extensive remains indicate its former magnificence.

(IRISH PROVERBS.)

Fearr dá shúil 'ná aon t-súil.

Foighid leigheas seanghalar.

Foghlaim mian gach eagnaidhe.

Fearr clú 'ná conach.

Fearr coigilt air d-tuis 'ná air deire.

Gnidheann léice léicídheacht.

Gan oileamhain gan mhodh.

Gan lon gan charaid.

Gan chiste is fuar an chlú.

Geibh lorgánach geimhre gortach.

Gach deamhan righeann a ré.

Gach nídh ghabhar go h-olc imthígheann go h-olc.

Gach a bh-fághar go h-olc imthigheann go h-olc.

Gnídhean bladar caradas.

Gnach ocrach fíochmhar.

Gnídh tart tart.

Glór nach d-tuilleann a g-ceann ní fearr a bheith ann no as.

"These remains," says Mr. Brewer, "occupy a low but lovely and peaceful station, on the banks of the silver stream,

---

(IRISH PROVERBS.)

Gach corr réir a iteadh.

Gach coineal a g-culuadar.

Gach am ní h-eagnach saoith.

Gach nídh daor mhian gach mnaoi.

Gean gach leantach a codansacht.

Gnídheann ceiste cathranacht.

Gnídheann saidhbhir réir a aonta.

Gnídheann olc olc.

Gnidheann maith maitheas.

Giorach frí trátha narc is masla,

Iomad gaoil air bheagán carad.

Is treise gliocas 'ná neart,

Is milis fíon, is searbh a íoc:

Iothlan cruachach gnídheann uabhar.

Is mo th'eagla 'na th'adhbhar.

Iomháigh an bháis codhla.

Is minic a bhi Grána geanamhail, agus dathamhail dona.

Is mall 's is díreach díoghaltas Dé.

Is coim cabáin do bhoicht.

Is sodh daochain.

whose tide laves the ancient but still firm walls." No spot could have been chosen more suitable for the mournful musings

---

(IRISH PROVERBS.)

Is godhar gach nae.
Is gnáth sanntach i riachtanas.
Is dall an grádh baoth.
Is feárr an mhaith a tá 'na an mhaith a bhí,
Is eagnach deagh dhuine,

Lígheann giorramach an sgála.
Luídheann bocht is gach sgairt.
Lom gacha léan.
Loisgeann úr a's críon.
Loiteann aoradh mór-chlú.
Luídheann Priompiollán for otrach.
Luídheann sodhnas air amadán.
luídheann cruadhtan for dhíomhaoineas.
Leanbh loisgthe fuathann teine.
Léigheas gach brón comhrádh.
Liagh gach boicht bás.
Luidhidh iolar air uaithibh.

Mianfuíghil a n-diaidh sochair.
Mian gan tairbhe gan bhlas.
Méad an luaghas is gainne cnuas.

of the bard. Grose, in his Antiquities of Ireland, gives a pleasing view of this abbey. He says that the building,

---

(IRISH PROVERBS.)

Ma's dona maol is measa maológ.

Ma's fada lá tig oídhche.

Ma's ionmhúin liom an chráin is ionmhúin liom a h-ál.

Mairg d'ar b' céile baothán borb.

Mairg do ní corb re mnaoí.

Mairg thréigeas a dhuine ghnáth, air dhuine dha trath no thrí.

Mairg do ní éitheach a's goid.

Mairg fheallas air a charaid.

Mairg tréigeas a thighearna.

Mairg do ní eagcóir mheabhladh.

Mairg léigeas a chogar ciúin, no arún re bean baoth, cogar noch nach gabhann scís, oráicheas o dhis do thriar.

Minic searrach cliubach 'na each cumuisceach.

Minic cu mall sonaidhe.

Mian mualacháin doircheacht.

Mian spaide spadántacht.

Na's buaidheartha ceann is claon na baill.

Mar greúgach an phéacog ni piocar a cnamh.

Ma 's an Róimh réir Róimh bí.

Ma's maith leat a bheith buan caith fuar agus teith.

though unroofed, is entire. It consists of a large choir with an aisle: one side of the said aisle is a square cloister arcaded,

---

(IRISH PROVERBS.)

Ni fhuil gaol ag aon re saoí gan séun.

Na raomh go teacht an scuit.

Ní fhuil sódh mar an íota.

Ní bhreathann eagnaidhe nídh nach d-tuigeann.

Ní fhuil baint re faobhar.

Ni fhuil fath sugradh re faobhar.

Ni car gach bladaire.

Ní uaisleacht gan subhailce.

Ní bocht go bráithine.

Ni saidhbhir go glóirshealbhadh.

Ní fhuil cumann i méirdreach.

Ni fhuil dileacht i lot.

Ní fhuil glóir acht glóir neimhe.

Ni gnath crann feóighte a' fás,

Ní gnath matacht gan mairg.

Ni loisgeann sean-chat é féin.

Ni daileann culuigheacht áilneacht.

Ní fhuil aimhleas a ttoichteach.

Namhuid grinniollacht dultapa.

Ní fhuil ro aosta re fóghlaim críonachta.

Ní h-athruighthear gné an duibh-smear.

Ni fhuil saoí gan locht.

with a platform in the middle: this leads to several large rooms, one of which is said to have been a chapel, another a chapter-

---

(IRISH PROVERBS.)

Ni fhuil dlígheadh ag riachtanas.
Neimhionann tíodhlaiceadh gach nae.
Nior toib cuire nach rachadh forfoidhe.
Ná ceann muc i mála.
Ní ionnsuígheann gach aon an tanach.
Ní fhuil sódh gan annsódh.
Ní fhuil fiadhta acht duine dona.

Olc gnídh olc do thí.
Or iodhol na sanntaigh,
Olc anaghaidh maitheasa.
Olc sion nach maith d'aon.
Omhan Dé tós eagna é.
Ocht n-amharc ocht ccuimhne.
Otracht sódh an leaghaidh.

Preab sean mharc is pótach.

Riaghluigheann rustach.
Robhuim an t-sith bhus measa roim air bus dleachta.
Rún gach searc an righ ceart.
Rós cura fial fear súdhach.

house, the third the refectory, besides a spacious apartment for the guardian of the house, with kitchen, cellars, &c. the whole

---

(IRISH PROVERBS.)

Riaghail réir oideachais.

Raidireacht gan riaghail.

Rúnaídhe cealgach.

Rith rustach re fána.

Righ míofhoghlamtha is asal corónta.

Seachain cluanaidhe is cealgaire.

Scléip i neimhnidh.

Sáruigheann eagnacht gach saidhbhreas.

Saoire i laethaibh díomhaoine.

Soightheach folamh is mó torann.

Spreagann spuir bacaigh.

Saidhbhreas síor subhailce.

Saraígheann críonacht laigheadh.

Slaodann tréan truagh.

Spaidean nae gna obair laeth.

Sodhna dail grandha.

Sodhna adhluic fluch.

Sgéitheann fíon firinne.

Sult gan cheó sódh neimhe.

Ta mianfuighil gabháltach.

forming a large pile of building. There is a handsome gothic tower, seventy feet high, between the choir and the aisle. Here are several tombs of ancient Irish families; as Mac Carthy Reaghs in the middle of the choir. West of it is an old broken monument of the *O'Cullanes*, (the sept from which our bard was descended,) and on the right hand, that of the Lords de Courcy. The O'Donovans, O'Heas, and others,

---

(IRISH PROVERBS.)

Toirbheart fann is airis gann.

Tairnge i m-beó.

Tig geimhre for an fhallsa.

Tá fo láimh an mhangaire.

Tuar fola fearthainn dhian.

Tuar gorta gailing a's gairbhshion.

Tionsganann tos maith críoch mhaith.

Tig grian a n-diaidh na fearthanna.

Tig' iomchar re foghlaim.

Toil gach aon reir mar ní.

Tos mhaith leath na h-oibre.

Tuisleán saoith.

Tos eagnadh uamhan Dé, ní fhuil eagna mar í, maith an gné don é, Eagla Dé gi air a m-bí.

Tosach coille a's deire móna.

Umhlacht d' uaisleacht.

Uabhar gan tairbhe.

Uaisleacht gan subhailce.

were interred here."—This minute detail may, perhaps, serve as a key to the beautiful description of these venerable ruins, contained in the present popular poem.

The ecclesiastical and collegiate ruins, so thickly scattered over the surface of Ireland, remain appalling monuments of the ravages committed by the first protestant reformers. These prostrate temples of the living God seem to proclaim the once permissive but temporary reign and triumph of his eternal adversary.* "The monastic institutions," says Coke, "provided alms for the poor, and education for the rich:" but as soon as the numerous indigent adventurers, the *Fastolfs* and *Pistols* of England, (whose descendants became titled *tyrants* in Ireland,) obtained grants of those profaned foundations, then "all that piety had planned," was at once overturned. Hear their own confession on the subject, contained in a proclamation from the Lord deputy and Privy Council of Ireland, on 4th March, 1584; which, for the benefit of modern reformers, is here transcribed out of the *original Irish Privy Council Book* of that period.† It needs no comment. Truly

---

* "Our monasteries have long since perished, nor have we any footsteps left of the piety of our ancestors, besides the tattered walls and deplorable ruins. We see, alas! we see the most august churches and stupendous monuments dedicated to the eternal God, than which nothing can be now more defaced, under the specious pretence of superstition, most filthily defiled and expecting utter destruction. Horses are stabled at the altar of Christ, and the relics of martyrs are dug up."—*Marsham*, in his preface to Stevens's additional volumes of the *Monasticon Anglicanum*.

How different this from the prejudiced descriptions given by a clergyman of the bigotted old orange school in Ireland, Doctor Ledwich, in all his writings, but particularly in his superficial prefaces to *Archdall's Monasticon* and *Grose's Antiquities of Ireland*. An ingenious friend, to whom I have lent some little assistance towards an intended enlarged edition of Archdall's Monasticon, will, I hope, remember the advice which I have ventured to offer him on this point.

† "Jo Perrott.—Whereas it appeareth unto us, that *churches and chauncells*, for the most part, within this realm, are not only *decayed*, *ruinated*, and *broken down*, to the great hindrance of Godde's divine service, whereby *the*

and pathetically has our bard exclaimed, in his address to the venerable ruins at Timoleague—

Oh! justice in the struggle where wert thou,
Thy foes have left this scene chang'd as we see it now.

The Mourner's Soliloquy at Timoleague Abbey, is one of the finest modern poems in the Irish language. The author *John Collins,* or *O'Cullane,* was a man of considerable poetic genius; and, with *John Mac Donnell,* deserves to stand at the head of the bards of the last century. He was a native of the county of Cork, born about the year 1754, and descended from an ancient Irish sept, the *O'Cullanes,* who were formerly lords of the town of Castlelyons, * and the surrounding territory, in that county. Stript of all their possessions, his tribe and family, like most of the plundered Irish, dwindled into peasants, and literally became the slaves of the *Act of Settlement Men,* than whom a more ruthless band of privileged usurpers were never, at any one time, assembled on the face of the earth, not even in Spanish America. Our bard having evinced an early disposition for learning, his education was carefully attended to by his parents. They wished him to embrace a clerical life, with a view to which, he made consi-

---

people are for the most parte, and in most places, lefte *without instruction,* to knowe their dutie to God and their prince; but also we fynde that fre-scholes, which are to be mayntained and kept for the education and bringing up of youth in good literature, are now, for the most parte, not kepte or mayntayned; and brydges also, in moste partes ruinated and fallen down, for reformation whereof," (they were fond of the word,) commissioners were appointed, "*to make enquiry into the same!*" The result of this "enquiry," we may conclude, was somewhat similar to those of most of our modern parliamentary *commissions of inquiry.*—It shews, however, that the reformation "worked well," at its commencement.

* Boyle, first earl of Cork, (*see p.* 165 *ante,*) in his last will, left the suppressed monastery of Castlelyons, to his daughter, Barrymore, "to buy her gloves and pins!"

derable progress in the classics; but their untoward circumstances, or, perhaps, his own inclinations, prevented the fulfilment of their wishes. Young Collins, in process of time, took a wife, and soon became the father of a family. He devoted himself to the instruction of youth, and was much respected in his native country, where he died at Skibbereen, in the year 1816, at the age of 64 years. Several beautiful pieces of poetry, composed in his native language, (for I do not find that he ever attempted *English*, although he spoke and wrote it with fluency and ease,*) are to be met with in Munster, where they are deservedly held in high estimation. His Soliloquy in the Abbey of Timoleague is considered as one of his best productions, and has therefore been selected for the present publication; but a hope is entertained, that some patriotic Irish scholar of Munster, may collect and publish the remaining pieces of this ingenious poet.

ELEGY ON THE DEATH OF OLIVER GRACE.

1 This affecting elegy was composed on the death of Oliver Grace, the youthful heir of the ancient baronial house of Courtstown, in the county of Kilkenny, which took place in the year 1604.

---

* Many Irishmen of poetical abilities have failed most miserably in their attempts to shine as poets in English, a language, which they did not sufficiently undertand. These men would have attained to a respectable rank amongst our national bards, had they confined themselves to their native tongue, with which they were thoroughly acquainted. One of them I have known. His mother tongue was the first he learned; and in it he spoke through life, with fluency and elegance. In it also he was accustomed to think, and his essays in English rhyme were but indifferent versions of his Irish thoughts. The structure of his stanzas and couplets closely resembled that of our bards; but his English verse is too mean for criticism.

[2] John Mac Walter Walsh, the author, was son of Walter Walsh *(Brenach)* chief of the sept of "*Walsh of the Mountains,*" in that county; and nearly related to the distinguished family whose loss he has so pathetically mourned.* His name, and poetical remains after a lapse of more than two centuries are yet familiar among the natives of that district; and if the rare qualifications of mind and person attributed to him by popular tradition, be not greatly exaggerated, John Mac Walter would not suffer much if put in comparison even with the admirable *Chrichton.* But traditionary tales must be cautiously received. In one respect, namely, as a poet, there is unerring proof of his having, perhaps, excelled the celebrated Scotchman. The present elegy, and several other fine compositions, yet remaining, entitle him to a distinguished place among our national bards. As these specimens of his genius principally depend on the memory of the inhabitants of the "Walsh Mountains," for their preservation, it would be highly creditable to the descendants of that ancient sept, to have them collected and published, as a tribute to the memory of so talented an individual of their name and family.

[3] Tá cling na marbh leis an n-gaóith.

"*The sound of death is on the gale.*"

In this line, the bard appears to have used the term, cling, which is foreign to our language, in place of the word creidhil,

---

* Pride of ancestry was not uncommon amongst our minstrels. The late Arthur O'Neill, a northern harper, always expected and received an extraordinary degree of attention, on account of the antiquity and respectability of his *tribe.* He generally sat at table with the gentlemen, whose houses he visited; and once at a public dinner in Belfast, where Lord —— presided, his lordship made a kind of apology to O'Neill, and expressed regret at his being seated so low at the festive board. "Oh! my Lord," answered the harper, "apology is quite unnecessary, for wherever an O'Neill sits, there is the head of the table." His lordship had the good sense not to appear offended, and the claim of the *Milesian* was not controverted.

which the sense and metre evidently required. The elegant effect, however, which this exercise of poetic licence has on the entire passage, will be immediately felt by the Irish reader. The whole stanza calls to mind the following, in Mickle's fine English ballad, of Cumner-Halle—

"The death-belle thrice was heard to ring,
An aerial voice was hearde to calle,
And thrice the raven flapp'd its wing,
Arounde the towers of Cumner-Halle."

[4] Courtown, rectius Courtstown, the ancient seat of the Grace family, in the county of Kilkenny.

ELEGY ON THE DEATH OF JOHN CLARACH MAC DONNELL.

[1] Some short notices of this favorite Irish poet, will be found at p. 140 of this volume. Here one of the many elegies composed after his death, by his cotemporary bards, is laid before the reader.

John Toomy, the author of the present lines, is known among his countrymen as an ingenious poet. He was born in 1706, at Croome, in the county of Limerick. His parents being poor, were unable to afford him any education, beyond what little he could glean at such of the *Cimmerian* seminaries of the period, commonly called "Hedge-Schools," as happened to escape the vigilance of the Popish-school hunters under the penal laws. Here, under cover of the bogs of his native county, young Toomey contrived to acquire a tolerable knowledge of the Greek and Latin classics; and he soon became known among his companions, as the author of several poems and songs, in his native language, which gave promise of future excellence. These juvenile productions show, that he was, even at that early period, as much indebted for the cultivation of his mind to the study of the great book of nature, as to the flying lectures of the poor bare-footed professors of Irish and classic literature. Having married early, our bard soon found himself involved in domestic cares, and as the tuneful profession had become rather a precarious mode of providing for the wants of a growing family, he was induced by the sage advice of some brother poets to open a house of public "entertainment," in Limerick, where he exhibited a sign-board, notifying, in Irish, his new occupation of *Biatagh*, and humorously inviting all "*can*-pay" customers, to partake of his cheer and hospitality. Like Taylor, the English water-poet, he was one of the very few followers of the muses, who have succeeded in that line of trade. His house, for many years, was the favorite resort of the bards and wits of Munster; and under that plain but festive roof, there frequently assembled as many men of learning and genius, as more vaunted and favored societies then, or since, at any one time, have been able to boast of. John Toomey is remembered by many old persons still living in Limerick, who speak of him as a worthy man, and, in his station, a respectable citizen. He died on 1st Sept. 1775, and his remains were borne to the grave-yard of Croome, by a few surviving bards. His poetry is held in high estimation by his countrymen, particularly in his native province.

3 ——— "*on Maig's green banks*"—

A river in the county of Limerick.

4 ——— "*Clare's illustrious bard.*"

John Mac Donnell was surnamed *Clarach*, as before observed, p. 140, from the place of his birth near Charleville, in the county of Cork.

ELLEN HARTNAN,
A MONODY.

This poem was composed by Patrick *Connor*, a Kerry bard, on the death of his wife, Ellen *Hartnan*. Of him I could learn no more, than that he lived in the last century; and, for many years, successfully taught Greek and Latin, through the medium of the Irish language, to the mountain youth, among his native hills of Kerry. Some of his productions, which I have seen, show him to have been a man of cultivated mind, and of poetical talents.

EDMOND WALSH,
A PASTORAL DIRGE.

These verses contain the lamentation of a betrothed maiden, for the beloved object of her affections, who was accidentally drowned in the river Shannon. It is inserted as a specimen of the extemporaneous elegy of the Irish.

[1] "*In Dinan's depth thy dwelling-place is found.*"
Gur b'í an deighnín úd, &c. The *Dinan*, or *Doynan*, is a river near Callan, in the county of Kilkenny. This passage I suspect to have been corrupted, and that it should be read Gur b'í an t-sionnan úd, &c. In Shannon's depth, &c.—In the line immediately preceding, there occurs Sliabh bán na ccuach, Slieve-bawn of Cuckoos, a mountain in the county of Mayo; and in the last line, the deceased is called "the topmost branch of Slieve-bawn's side." Mention is also made of Lough-ree, the broadest part of the Shannon, from its source to the sea. Interpolations like the above, have often been attempted, in order to found local claims to favorite songs or

pieces of poetry, but seldom so effectually as to escape detection.

There are in this little poem, like most of our old simple ballads, some inexpressibly tender passages, which often depend on a single word or expression, and are of too delicate a texture to be transferred to another language. The poetry and music of our old bards and minstrels seldom fail to engage the finest feelings of the human heart. Many an instance might be given of effects produced by them on our countrymen, similar to those of the celebrated *Rans-des-vaches*, on the natives of Switzerland, when heard in a foreign clime. According to Rousseau, the music does not, in this instance, act as such, but as a sign which recalls past images by association. That this observation may be extended to poetry, has been proved by a circumstance which lately occurred in Dublin.—A youth from the romantic scenery of the *Curlew* mountains in Roscommon, recently brought to that city, and placed at business, having accidentally heard, among other verses of an Irish pastoral poem, the following simple lines—

Ioná ceólta uile na cruinne,
'S iad ag seinim ann mo chluasaibh,
Budh bhinne liom-sa géimneach
Na m-bó ans a' m-buailídh !

Every feeling of his soul became, as it were, suddenly awakened. His imagination carried him back to the rural objects with which he had been familiar from infancy. His eyes filled with tears, and, unable any longer to sway his sensations, he involuntarily wandered forward in the direction of home, in order once more to enjoy the beloved scenes from which he had been so cruelly torn. All night he pursued his journey. The following day he was overtaken by his friends, who used every entreaty to induce him to return, but their endeavours proved fruitless. At length he reached his native spot, and from it he could never since be prevailed on to separate. Similar instances have been related of the effects of some of our old mountain melodies.

THE LADY IVEAGH,

AN ODE.

Margaret Bourke, eldest daughter of William, Earl of Clanricarde, first married to Brian Magennis, Viscount *Iveagh;* and secondly to the Hon. Col. Thomas Butler of *Kilcash,* county Kilkenny, where she died 19th July, 1744. She was a lady of great personal charms, and a bright example of every female virtue. Her piety, charity, and universal benevolence, are eloquently described in the funeral sermon, preached after her death, by the Rev. Richard Hogan, and printed in Kilkenny. The ode here presented to the reader was composed, in her lifetime, by a grateful student of the name of *Lane,* whom this excellent woman had educated, at her own expense, for the priesthood. It is more remarkable for purity of language and elegance of expression than for any of the higher attributes of poetry.

[2] Here the author submits his verses to the judgment of his talented friend, John *Clarach* Mac Donnell, whose poetical supremacy was acknowledged by all the Munster bards of that period. This passage shews the high estimation in which that excellent genius was held by his contemporaries.

ELEGY ON THE DEATH OF DENIS MAC CARTHY.

[1] This lamented member of the *Mac Carthy* family, is described in a curious manuscript quoted by Mr. Brewer, as a "gentleman who retained much of the dignity appertaining to the ancient Irish chief. His name was *Mac Carthy,* and he was, in the language of our MS., titular King of Munster. He was descended from *Mac Carthy More,* king or prince of this province, and held in his possession the crown, sceptre, and other regalia appertaining to his antient dignity and family. He possessed also a cup, said to be from the cranium of an ancestor of *Brian Boiroimh,* whom the Mac Carthys had slain in battle." Vol. II. 449. The venerable Charles O'Conor describes this great Irish sept, as "the most eminent by far of all the noble families of the south, and sovereigns of all that part of Ireland, including the greatest part of the county of Cork. Even when we were broken down by our own divisions, rather than the power of our enemies, the chief of this gallant family retired into the mountains, where he maintained his hospitable independence, and the religion of his ancestors, in a manner which reflected back the honors he had received from them; and glad am I to hear that several respectable branches of the family still support a manly independence, after the wreck of almost all that was dear to us both at home and abroad. I am really anxious for a good account of the celebrated *Florence* Mac Carthy*, who assumed the title of *More,* by the unanimous

---

* In this he was disappointed. The following table, carefully compiled by the writer from original documents, may, he thinks, be depended on.—The two great heads of this princely family in the reign of Elizabeth were—1. Donyl Mac Carthy More *reagh* of *Desmond,* created Earl of Clancarre.—2. Mac Carthy *reagh* of *Carberry,* both cousins, and descended from brothers. The earl had one daughter, Ellen-Anne, his only child. Her (in despite of secretary

suffrages of Tyrone. the clergy, and the people, and was kept prisoner eleven years in the tower of London, after which he

---

Walsingham) he gave in marriage to his kinsman ***Florence,*** the eldest son of Mac Carthy reagh of Carberry. This Florence afterwards became sole head of both houses, and is the person above alluded to by Mr. O'Conor. I have been favored with a curious original paper, (now in the possession of Mr. Herbert of Mucruss) indorsed "Florence Mac Carthy More's statement of his transactions with the Browns," which would be indispensible towards furnishing the information wished for by Mr. O'Conor. Florence had two sons, ***Daniel*** and *Florence.* The first married Sarah, daughter of the earl, and sister to the Marquess of Antrim. By her he had two sons, *Florence* and ***Charles.*** The first of these married Elinor, daughter of John Fitzgerald, Knight of Kerry, and died without issue. His brother Charles married Honora, daughter of Lord Brittas, and had a son *Florence,* who died early in the reign of Geo. II. This Florence married Mary, daughter of Charles Mac Carthy of Cloghroe, and was father of *Randle,* (the first of the line who became a protestant) who married Agnes, eldest daughter of Edward Herbert of Mucruss, by Frances, youngest daughter of Nicholas the second, and sister to Valentine the third, Lord Kenmore. Their son was *Charles Mac Carthy More,* who was an officer in the guards, and enjoyed but a small part of the great possessions of his ancestors. He died in 1770, without issue, and in him ended the direct eldest line of the family. His estates, about the lakes of Killarney, became vested in his cousin Herbert.—The reader will now please to return to *Florence* the second son of the first mentioned Florence, and the Lady Ellen-Anne his wife. He married Mary, daughter of *The O'Donovan,* by whom he had *Denis,* who obtained a grant of the lands of Castlelough, in the reign of Charles II. from his cousin *Florence,* son of Daniel Mac Carthy More and Sarah Mac Donnell. This Denis married Margaret Finch, an English lady of distinction, and by her had two sons, *Florence* and *Justin.* The first followed James II. to France, and was father of Charles (living in 1764 and in the French service), and of several other children, among whom the head of the family is now to be traced. *Justin,* the second son of Denis, remained at Castlelough. He married Esther, daughter of Colonel Maurice Hussey of Cahirnane, and, by her, was father of *Randle;* who, shortly after the accession of Geo. II. sold Castlelough to Colonel William Crosbie. This Randle had several sons, ***who were bred to low trades, and were uneducated paupers,*** some of whom are still living.—*Sic transit gloria Mundi.*

The following affecting incident is taken from an interesting work, recently published.—"A considerable part of the Mac Carthy estates, in the county of Cork, was held by Mr. S. about the middle of the last century. Walking one evening in his demesne he observed a figure, apparently asleep, at the foot of an aged tree, and approaching the spot, found an old man extended on the

escaped and joined in the Tyrone war. Mac Carthy More, Reagh of Desmond, had a right by an old custom and established rules, to call upon O'Donaghoe of Ross, O'Donaghoe of Glanflesk, Mac Donagh of Duhollow, O'Kief of Drumtariff, Mac Awley of Clan-Awley, O'Callaghan of Cloonmeene, O'Sullivan More, O'Sullivan Bear, Mac Gillicuddy, and others, to attend him in the field; and furnish 60 horse and 1500 foot, to be at the call of the Earls of Desmond. Mac Carthy Reagh of Carberry's followers, were the O'Driscols of Baltimore, Barry Oge Roe, Barry Oge-Oge, O'Mahon, O'Donovan, O'Crowly, O'Mulrian, and Mac Patrick; he was subject, in like manner, to the call of the Earls of Desmond—he could raise 60 horsemen, and 300 infantry. There was a spirit of rivalship among those ancient families, which excited among them great enthusiasm on the day of battle, and no power the English could send against them, could have availed, if they had not been fatally split into different factions."—*O'Conor's Memoirs*.—Mr. O'Conor wished for a history of the ancient families of the south of Ireland, but in that he was disappointed. Such an undertaking, however, if properly

---

ground, whose audible sobs proclaimed the severest affliction. Mr. S. inquired the cause, and was answered—'Forgive me Sir, my grief is idle, but to mourn is a relief to the desolate heart and humbled spirit. I am a Mac Carthy, once the possessor of that castle, now in ruins, and of this ground;—this tree was planted by my own hands, and I have returned to water its roots with my tears. To-morrow I sail for Spain, where I have long been an exile, and an outlaw since the revolution. I am an old man, and to-night, probably for the last time, bid farewell to the place of my birth and the house of my forefathers.'"—*Crofton Croker's Researches, p.* 305.—This unhappy descendant of the royal house of Mac Carthy More was probably Florence, the son of Denis, who followed James II. to France in 1691.—It must here be observed that the Mac Carthys of *Muskerry*, descended from *Cormac oge*, and resident at *Blarney* and *Macromp* castles, were from a minor branch of the great stock. The last male descendant of this line, Lord *Clancarty*, died an exile in France, about 1748. His two sisters and co-heiresses, married, one, Lord Delaware, and the other, Richard Trench! whose descendants pride themselves not a little, on their distant relationship to the great but fallen Irish family.

executed and extended to the *O'Neils* of the North, the *Mac Carthys* of the South, *O'Conors* of Conaught, and *O'Byrnes*, *O'Tooles*, and *O'Kavanaghs*, of Leinster, since the time of Henry II. might be made a work of national interest, and serve to throw open mines of historical information as yet unexplored. That the world knows comparatively nothing of the particulars of the *merc Irish*, during the period alluded to, is but too true. The Compilations, called "Histories" of this country, are little more than the sanguinary annals of the butchers of the pale, generally penned by bigotted or ignorant writers, the enemies of the ancient natives and their religion. For proof of this, let the reader turn to the work of *Leland*, by many considered the best of its class. There are, I know some exceptions, such as *Plowden*, and a few others, but as yet no *Las Casas* has arisen to do justice to the Irish. This, however, is wandering from the subject, to which, with the reader's leave, I now return.

The present elegy was composed by *Timothy* O'Sullivan, better known by the name of Tadhg Gaodhlach, *Thaddeus Hibernicus*, a principal bard of the last century, in the early part of which he was born. He was a native of Munster, and received a good education, from which, in the latter period of his life, he derived his principal means of support, as a teacher. Born a poet, he "lisped in numbers;" and the numerous poems, consisting of *Odes*, *Elegies*, *Epistles*, *Songs*, *Pastorals*, *&c.* which he has left, all bear the stamp of poetic genius, and shew him to have been eminently skilled in the beauties of his native language. It is to be regretted, that his muse sometimes indulged in sallies injurious to morality; but for this he endeavored to atone by an ineffectual effort to recal the offensive articles. He proved the sincerity of his sorrow, by abandoning his former follies and pleasures; and sought for real pleasure where only it can be found, in the consolations of Religion. For many years before his death, he devoted his talents to the composition of sacred poems and hymns, in

Irish; of which a collection was published in Limerick, under the title of "A Spiritual Miscellany." He died an exemplary penitent, and at an advanced age, on the 5th April, 1795. In some editions of the little publication alluded to, will be found a short account of his life and writings.

O'Sullivan was a man of wit, but, like *Ovid*, he too often suffered it to rule without restraint. In compound epithets he indulged to redundancy, and in this particular he was imitated by minor bards of less judgment, who thus introduced a species of turgid composition, far inferior to the simple but nervous style of our ancient writers. The following lines, merely descriptive of the hair of a beautiful female, from one of our author's poems, may suffice as a specimen:—

Ba gleannamhar, dréimreach, néamh rach, fraóinseach,
A carnn-fhoilt chlaona 'na sláodaibh ag síneadh,
Go bachallach, péurlach, go réultach, go soillseach,
Go camarsach, craobhach, go néamhdha, go h-aoibhinn,
Ag feacadh, 'sag filleadh, 'sag silleadh 'na deóigh,
Go haltaibh, go troighthibh, 's go h-imioll an fheóir,
Na m-beartaibh, nasrathaibh mar chriostal a cclódh,
Go slámach ag casadh go h-úmarach, órdha,
'Na n-dualaib go talamh go h-imeallach ómrach.

In these verses, the art of the poet and the richness of the language, may find admirers; but, for my part, I cannot avoid classing them among those examples of false wit, which ought not to be imitated. Here I must notice another reprehensible species of composition, consisting in a play or repetition of one or more words, sometimes met with in the productions of modern bards. The ensuing stanza of this class disfigures one of our (otherwise) sweetest amatory effusions, entitled, Máire shultmhar sheimh—Cheerful gentle Mary.—

A Mháire is tú mo ghrádh, a's grádh mo chroídhe do
grádh,
Grádh sin gan donas gan éisling,
Grádh ó aoís go bás, grádh ó bhaoís ag fás,
Grádh chuirrfidh go dlúith faoí chré mé;
Grádh gan súl le saeghal, grádh gan tnúth le spréidh.
Grádh d'fhág mé cráidhte a n-daerbhroid,
Grádh mo ghrádh thar mhnáibh, a's a shamhail súd de
grádh,
Is an-nuadh é le fághail ag aén fhear.

Here the word grádh, love, occurs no less than thirteen times in eight lines, a repetition which doubtless the poet esteemed as a beauty, but which others might consider as somewhat on a par with the following whimsical French stanza :—

"Quand un cordier, cordant, veut corder une corde,
Pour sa corde corder, trois cordons il accorde ;
Mais si un des cordons de la corde decorde,
Le cordon decordant fait decorder la corde."

Thus pleasantly versified by the celebrated English linguist, Doctor Wallis :—

"When a twister a twisting will twist him a twist,
For twisting his twist he three twines doth entwist,
But if one of the twines of the twist do untwist,
The twine that untwistheth untwistheth the twist."

To conclude, the elegy on the death of *Denis Mac Carthy*, is written in a species of verse anciently called Conachlonn, but in more modern times Dán-slabhra, *linked verse*, because every stanza must begin with the same word, that ends the preceding one; and the poem itself must conclude with the same word, with which it begins. This was invented to prevent interpolation; but it also shews whether the composition be perfect or not.—*See O'Brien, Dict. in voce Conachlonn.*—The translation imitates the original.

———

ODE TO THE MILESIANS.

*Πάλαι ποτ' ἦσαν ἄλκιμοι Μιλήσιοι.**

This ode, though addressed generally to the *Milesians,* was particularly intended for the Gabhail Raghnaill, the *O'Byrnes* of *Ranelagh,* in the county of Wicklow. It is preserved in the "Book of O'Byrne," among other spirited poems, addressed to the celebrated *Feagh Mac Hugh,* the heroic and chivalrous chieftain of that once powerful sept. This extraordinary man, who proved so terrible a scourge to the English settlers during the reign of Elizabeth, fell in battle against his hereditary foes, commanded by the Lord deputy Russell, in 1598. With him ended the dangerous power of those mountain warriors, which, for many centuries, hung over the settlers of the pale, not unfrequently carrying death and devastation to the very walls of

* This oracular response from Aristophanes' Plutus was versified, in imitation of a peculiar jingle in some Irish rhymes, by a Kerry schoolmaster, who certainly was better acquainted with Greek than with English, as follows:—

"In former days, the O's and Macs,
Were famed for treating foes to whacks;
But now, the sturdy Macs and O's,
Are famed for bearing whacks from foes."

Whacks, Anglice *Thwacks.*—Our translator has, however, added significantly enough from Virgil:—

Quondam etiam victis redit præcordia virtus.

the captital. The conquerors retaliated severely on the fallen clan. Its ancient possessions were conferred on the *Brabazons*, *Wingfields*, and other new English families, whose posterity are now numbered among the nobles of the land, while the descendants of the *O'Byrnes*, with a few solitary exceptions, are reduced to the lowest ranks of society.*

[1] Angus O'Daly, the author of the present [illegible], was one of the household of Feagh Mac Hugh, and every way worthy of that dauntless hero and his eagle bands. It may remind the reader of more than one of the odes of *Grey*; and even lead him to conclude, that if that noble English genius had been supplied with literal prose versions of the reliques of some of our bards, he would have consigned them to the same immortality in his deathless strains, that he did the ancient Welch poems, which, fortunately for the Cambrian bards, he found in "Evans's Specimens" of their remains. But even this humble advantage did not await the Irish. I cannot, while on this point, avoid expressing regret, that *O'Conor*, *O'Halloran*, or *Vallancey*, had not turned their thoughts in this way. That, by doing so, they would have signally benefitted our ancient literature, there can be no doubt; though, perhaps, not their own fame as *original* writers. It may be said, that the drudgery of literal translation was beneath their talents, but surely nothing can be beneath the talents of any man, however exalted, that can tend, even in a remote degree, to promote the honor of his native country.

Here the writer has to regret, his having been disappointed in his intention of including, in this collection, a fine ode

---

* Since the days of persecution have passed away, it has become customary with wealthy and aspiring individuals among us, (*Majorum primus quisquis fuit,*) to boast of their descent from our ancient fallen families, though often with no other right, than that which the Herald's fee can confer.

addressed to *Hugh Ruadh O'Donnell*, in 1596, by one of his bards. Independently of its poetic merits, it might, with the other poems in this volume, serve to shew the injustice of *Spenser's* indiscriminate censure of the Irish bards. The English poet's *assertions* have been carefully copied by succeeding writers; but his copyists ought to have reflected, that Spenser, though an able, was a prejudiced man; that he was ignorant of the language of our bards; and formed his judgment from versions which must have been made for him, by some sycophantic or renegade Irishman, who knew what would please the feelings of his employer. We know that even the Turks hesitate before they form their opinions of the Christians from the reports of a renegade. Yet an ingenious modern writer scruples not, on such authority, to assert that the panegyrics of the Irish bards were little better than avowed incentives to wrong and robbery, and that such maxims as, "Valor is justice," &c. were openly gloried in by them. Now I have read several of these poems, and have not met with one that answers this description: But how will the reader be surprised to hear, that the writer alluded to, perhaps, never saw one of the compositions which he has so minutely described; yet such has been the invariable mode of treating every subject relating to Ireland.—*Væ victis.*

ODE TO BRIAN NA MURTHA O'ROURKE.

[1] This distinguished chieftain (surnamed *na Murtha*, i. e. "of the bulwarks,") was one of the most powerful and determined opponents of the English, during the reign of Elizabeth. His life was a continued scene of warfare, but he was finally obliged to fly for shelter to James the VI. of Scotland. That mean-spirited prince, though he secretly fomented the troubles in Ireland, basely delivered up the unhappy exile to the

vengeance of his enemies, and sent him a close prisoner to the murderess of his own mother, shortly after Mary's decapitation. On this occasion it is said that the "virgin queen," struck with the noble deportment and manly beauty of her captive, had apartments assigned to him in her own palace, and intimated to her council that she wished, herself, privately to examine him, as to the affairs of Ireland. The particulars of their intercourse, as handed down by tradition, may be partly seen in Walker's Memoirs of the Irish Bards. After some time, the royal inquisitor, aware that "dead men tell no tales," transferred her victim to the care of the law. This occurred in 1592. The following account of his trial and death, is taken from an unpublished manuscript history of Ireland, page 452, written about 1636, and preserved in the library of the Royal Irish Academy, Dublin.—"Bryan O'Rourke, the Irish potentate, being thus, by the King of Scotts, sent into Engand, was arraigned in Westminster-hall, his indictments were, that he had stirred up Allexander Mac Connell and others to rebell; had scornfully dragged the Queen's picture att a horse-taill and disgracefully cut the same in pieces, giving the Spaniards entertainment against a proclamation; fier'd many houses, &c. This being told him by an interpreter, (for he understood noe English,) he said he would not submitt himself to a tryall of twelve men, nor make answer, *except the Queen satt in person to judge him.*" (This latter passage seems to corroborate the traditional story related by Walker.) "The lord chief justice made answer againe, by an interpreter, that whether he would submitt himself or not to a tryall by a jury of twelve, he should be judged by law, according to the particulars alledjed against him. Whereto he reply'd nothing, but '*if it must be soe, let it be soe.*' Being condemned to dye, he was shortly after carried unto Tyburne, to be executed as a traitor, *whereat he seemed to be nothing moved, scorning* the archbishop of Caishill, (Miler Magrath,) who was there to counsill him for his soule's health, because he had broken his vow, from a Franciscan turning Protestant."—*Orig. MS.*

The Londoners exulted at his death. Even "the brightest, meanest of mankind," Bacon, for a moment forgot his bribes and philosophy, to be witty on the occasion. "He (O'Rourke) gravely petitioned the queen, that he might be hanged with a *gad* or *withe* after his own country fashion, which *doubtless* was readily granted him."—*Bacon's Essays.* But the world has now to decide which of the two men, the brave but betrayed Irishman, or the corrupt and bribed judge, most deserved the *gad.* This petition, however, if any such was ever sent, shews that O'Rourke relied on the queen, and that his real object was to apprise her of his condemnation. Sir Richard Cox, in his virulent "History," inserts another anecdote, from *Philip O'Sullivan,* worth relating.—"Being asked why he did not bow his knee to the queen, he answered, that he was not used to bow. 'How, not to images?' says an English lord. 'Aye,' says O'Roark, 'but there is a great deal of difference between your queen and the images of the Saints.'"—His head was placed on a spike, on the tower which formerly stood on London Bridge, and was one of the "Reorum læsæ majestatis capita," of which Hentzner says, he reckoned thirty in 1598, "Ultra triginta nos horum numeravimus."—*Itin.* 115.

Such was the fate of the gallant O'Rourke, Prince of Breifney. For particulars, concerning his private virtues and public character, the reader is referred to the poem here translated; which is classed by Irish scholars among the best specimens of the ancient style of composition, in our language.

John, son of *Torna, O'Mulconry of Ardchoill* in *Thomond,* Ard Ollamh, *or laureat* of Ireland, composed this ode, when *Brian na Murtha* was saluted chief of his sept, on the death of his brother *Hugh,* in 1566. It is one of the panegyrical poems of the Irish bards, and, as may be seen, does not contain any of the censurable passages attributed to these composions by Spenser. It is written in the *Bearla Feine*, or *Phœnician dialect* of the Irish, which the poet tells us he used, because the bearla rústach, or Plebeian dialect, was unworthy of his hero.—*See the fifth stanza.*—The family of O'Mulconry is distinguished in the annals of Irish literature, as having produced several eminent writers.

The gloss, without which this poem could not be well understood, was added by *Thaddeus Ruddy*, or *O'Rody*, of Crossfield, in the county of Leitrim, Esq. 'an excellent scholar, well skilled in the Greek and Latin languages, and intimately acquainted with the language, history, and antiquities of his native country*"—*Trans. Ibern. Celt. Society, Dublin.* He was born near the source of the Shannon, in that county, in 1623; and "was the intimate friend of O'Flaherty, author of the Ogygia, and also the friend and correspondent of Sir Richard Cox, (Lord Chancellor) and author of the 'History' of Ireland. He patronised learning and men of science, and to him the poets of his day devoted many of their best compositions."—*Id.*—He was, himself, a pleasing poet, and his gloss to the present ode, "compiled," says my MS., "with great labour and industry, from several old authors," shews him to have been well versed in the ancient dialects of his native language. He died about the year 1706, at an advanced age, agus trócaire go bhfagh a anmuin.

---

* The author of the "Curiosities of Literature" represents this learned Irish gentleman, as one "scarcely knowing his own language, and totally ignorant of all others."—In every direction, the Irish have been misrepresented by prejudiced and ignorant English writers, but that so respectable an author should join the throng, and, by the sanction of his name, give the appearance of truth to the unfounded assertions of party, is matter of just regret. Foreigners, (and among these I include the English, who, with regard to *correct* knowledge of Ireland, are as foreign to us as any other nation of Europe), should consider well, before they expose themselves, by unexamined statements respecting this country, to the censure or ridicule of a people so tremblingly alive to the honor of their native land, as the Irish: and amongst whom knowledge is increasing, far beyond any example of ancient or modern times.

The idol of guilt"———

Crom crù, the arch-deity of our pagan ancestors, whose rude altars may to the present day, be met with in wild and sequestered situations.*

---

[1] THE ROMAN VISION.

The Roman Vision, An Siogaidhe Romanach, Sprite or Apparition, one of the most popular of our *modern* historical poems, was written in 1650, but by whom does not appear. The author supposes himself at Rome, air ór-chnoc Chephas, where the vision appears to him, over the graves of two exiled descendants of the Gael. These were, the famous *Hugh O'Niall, Earl of Tyrone*, the Irish Hannibal, whose signal successes against the forces of Queen Elizabeth, in Ireland, embittered the latter years of that princess; and *Rory O'Donnell* (brother of the celebrated *Hugh Ruadh,*) the first Earl of Tyrconnell.† After bewailing the unhappy state of the Irish,

---

* This horrid idol and its abominable worship are described in the *Din Seanchas*, quoted by Doctor O'Conor in his Catalogue of the Irish MSS. in Stowe library, to which invaluable work, and the general histories of Ireland, I am constrained to refer the reader, for particulars concerning this, and the several other ancient personages and places, mentioned throughout this poem. It is to be observed that the translation of the last Irish stanza, on p. 292, is first on p. 295; the third and fourth, p. 294, are first and second, p, 297; and so, two English stanzas in advance, to p. 305.

† The great possessions of these devoted Irish princes proved the cause of their ruin. After the successful issue of the plot—contriving Cecil's gunpowder adventure in England, he turned his inventive thoughts towards this country, where every English minister may, at all times, be sure of finding ready instruments to carry any plan into execution. A plot to implicate the great northern chieftains in treasonable projects, was soon set on foot, and finally proved successful. This conspiracy is thus related by a learned English divine, Doctor Anderson, in his "Royal Genealogies," printed in London, 1736. "Artful

the bard describes the English monarchs, from Henry VIII. to Charles I. the progress of the civil war of 1641, and the great Irish leaders of that time. He dwells at considerable length on the character and exploits of the distinguished Irish general *Owen Roe O'Niall,* and the patriotic bishop *Mac Mahon,* of Clogher, who exchanged the crozier for the sword, and succeeded Owen Roe in the command of the Ulster forces. After again lamenting the downfall of the nation, which was hastened by the dissentions of some of his degenerate countrymen, the bard enumerates the chiefs of the ancient families, in whose union he placed his only hope for the salvation of the country. This spirited and patriotic effusion abounds with poetical beauties, and may be justly ranked amongst the best productions of the modern muse of Ireland.*

The avowed object of the bard was to stimulate his countrymen against the parliamentary forces, whose war-cry was, Destruction without mercy to Irish papists.—*See p.* 152, *ante.* In order thoroughly to understand the poem, the reader should keep in view the political state and divisions of the Irish, at

---

Cecil employed one St. Lawrence to entrap the earls of Tyrone and Tyrconnel, the lord of Delvin, and other Irish chiefs into a sham plot, which had no evidence but his. But those chiefs being basely informed that witnesses were to be hired against them, foolishly fled from Dublin, and so taking guilt upon them, they were declared rebels, and six entire counties in Ulster were at once forfeited to the crown, which was what their enemies wanted." Tyrone fled privately into Normandy in 1607, thence to Flanders, and then to Rome; where he lived on the Pope's allowance, became blind and died 20th July, 1610. Tyrconnell fled at the same time, and died at Rome on 28th July 1608. Several original documents are preserved in the State Paper Office, London, connected with the above plot, including the correspondence of the weak and unprincipled St. Lawrence, which develope a scene of human turpitude seldom paralleled.

* The poet Cowley's " Discourse, by way of Vision," concerning the government of Oliver Cromwell, will convey to the English reader an idea of the poetic machinery adopted by the Irish bards in many of their effusions, and of which the present poem affords an example.

the period it was written. For upwards of four centuries after the invasion, the people of Ireland was divided into *English* and *Irish*. From the Reformation the distinctions of *Catholic* and *Protestant*, superadded all the bitterness of sectarian zeal and persecution to the former feelings of national animosity. Whatever progress the Reformation made in Ireland, was amongst the descendants of the English. The great body of the people retained the ancient faith, but the old distinctions of *Anglo*-Irish and *Milesian*-Irish still continued amongst the catholics. During the civil war of 1641, the latter, with Owen Roe O'Niall, and other Irish leaders, espoused the cause of the Nuncio *Rinucini*, while the former, or Anglo-Irish catholics, adhered to his opponents. This fatal division facilitated the progress of Cromwell's arms, which ended in the subjugation of the entire. To the Milesian catholics belonged the author of our poem, in which the views and feelings of his party are fully described. Most of the leading facts which he mentions will be found detailed in Carte's Life of Lord Ormonde.

" *The apostate Henry spurns his spotless queen*
For Anna's fresher beauties."

p. 313, *l.* 12.

Anne Boleyn, Henry the Eighth's " Night Crowe," was an object of peculiar abhorrence to the Irish. Our bard calls her Henry's daughter.

" *Can we forget Elizabeth?—Oh never.*"

p. 313, *l.* 18.

This queen was as much execrated by her Irish, as she was idolized by her English subjects. It must be admitted, that both had good reasons for their opposite feelings towards her.

" *Eogan the red!—to freedom's strife he flies.*"

p. 317, *l.* 23.

The character of Owen Roe O'Niall for patriotism and

bravery, is so well known to every reader of Irish history, that it would be unnecessary to mention him here, except to correct a strange mistake of the late Doctor O'Conor, injurious to the memory of that distinguished hero, and incorruptable patriot. The Doctor, in his valuable Catalogue of the MSS. in the Stowe Library, vol. i. p. 272, has given the following letter from Charles II. to the Lord Lieutenant of Ireland.—

" Whereas we have seen a paper sent from you, our Lieutenant of Ireland, intituled, Doubts arising upon some particulars claymed by his R. Highnesse the Duke of York's Agents, &c.—The first particular is claimed as a debt due from the pretended Parliament to *Owen Row, regicide*, and by him assigned to Edmund Ludlow, and by severall orders of the said Parliament in 1653, and of the pretended Councell in Ireland in 1658, the same was to be satisfyed in Ireland; and part thereof having been accordingly satisfyed by the late powers, is granted to and enjoyed by his Royal Highnesse, by vertue of the clause, page 111, of the Act of Settlement, &c. the remaining part of the £5065, which was never satisfyed, is now claymed by his Royal Highnesse his Agents, upon the clause, page 44, of the Act of Explanation. But in regard that the said £5065, doth not appeare to be either an adventure, or an arrear for service in Ireland, or money lent for provisions for the army of Ireland; but either some *reward*, or other debt due to the said *Owen Row*, from the said pretended parliament," &c.—" From this interesting original document," says Doctor O'Conor, " it appears that the Regicide Parliament granted to *Owen Roe O'Neal*, a pension of £5065. 17s. 6d. a fact hitherto unknown in our history, *from which it is evident* that he privately confederated with Cromwell, and that Ireland was conquered by her own hands, by Owen Roe in the North, and by Lord Orrery in the South."—Again,—" No writer has hitherto asserted or discovered the fact, that Owen Roe's delays in signing the treaty with Ormond, were owing, not to the causes assigned by Carte, but to his receiving a bribe from

Cromwell."—Finally, in the preface, page iv. of the work alluded to, the Doctor repeats the charge thus: "Who would have supposed, for instance, that Owen Roe O'Nial, would have accepted a bribe of £5662. 17s. 6d. from Cromwell? that he, who was the favorite patriot general of Ireland, should have been, at one and the same time, in the pay of the Pope, and of the Rump Parliament of England? Thus far Doctor O'Conor.

Now, to all this the answer is easy, viz. that *Owen Row*, "the regicide," named in the King's letter, was a different person altogether from *Owen Roe O'Niall*, "the favorite patriot general of Ireland." Owen Row was an Englishman, and was well called a regicide, for he was one of the commissioners of the high court of justice who tried Charles I. was present at the king's tryal, and signed the death-warrant for his execution,* at the very time that Owen Roe O'Niall was in arms against that king's enemies in Ireland. How the learned author could have fallen into such a mistake, and that in a work which throughout displays such deep research and critical acumen, is to me wholly unaccountable.—

> Verùm ubi plura nitent ——— non ego paucis
> Offendar maculis, quas aut incuria fudit,
> Aut humana parum cavit natura.

The explanation was, however, considered necessary, in order to remove a grievous imputation, inconsiderately cast on

---

* See the proceedings on the king's trial, where this person's surname is written *Roe*, and he signs it so to the death-warrant. In the Irish privy council books during Cromwell's government, and in the records of the Act of Settlement, I find it written indiscriminately *Row* and *Roe*. Doctor Lingard, in a note, cautions his readers against confounding "Owen Roe O'Nial with another *of the same name*, one of the regicides." But they were not of the same name. Doctor O'Conor was the first who dignified the English revolutionist with the name of O'Nial.

the memory of one of the purest and bravest Irishmen that ever existed.

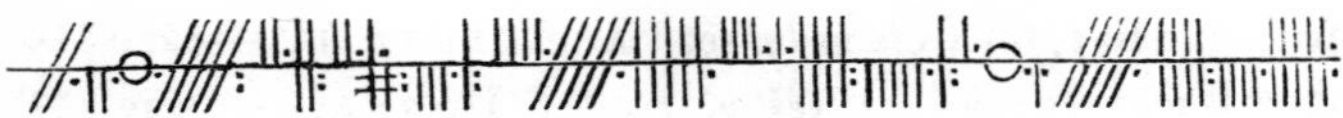

Glóir do Dhía fa críche na h-oibre-si.

FINIS.

ERRATA, Vol. I.

Page 113, line 16, for *O'Reilly*, read O'DONNELL.—same page and line, for *accidently*, read ACCIDENTALLY.—page 114, lines 8 and 16, for *O'Reilly*, read O'DONNELL.—page 151, line 2, for *prevades*, read PERVADES.—page 168, line 27, for Mı, read Ṁı.—page 271, line 10, for *drop*, read DROOP.—page 326, line 5, for *Costello*, read CASSIDY.—page 343, line 4, for *ωολιαν*, read *πολιαν*.—page 352, line 22, for *find*, read FINDING.

Note.—INTROD. p. IX.—Major invariably calls the Highlanders, "Scoti Sylvestres;" and describes the bard who appeared at the coronation of Alex. III. as "Quidam Scotus montanus, quem Sylvestrem vocant."

ERRATA, Vol. II.

Page 15, line 5, read "FREE *from all controul.*"—page 105, line 2, for *these*, read MERE.—page 117, line 3, read This poem presents an awful picture.—page 202, 203, line 1, for *Mac Liag*, read MAC GIOLLA CAOIMH.—page 320, line 5, dele ḋo ṡḣrón.—page 335, line 2, for *storm*, read STRONG.—page 348, line 4, for *scattered*, read OLD.

ROBINS AND SONS, PRINTERS, SOUTHWARK.